Romantische Künstlerfiguren in der Prosa von Peter Härtling

Warschauer Studien zur Germanistik und zur Angewandten Linguistik

Herausgegeben von Sambor Grucza
und Lech Kolago

Band 21

PETER LANG
EDITION

Maciej Ganczar

Romantische Künstlerfiguren in der Prosa von Peter Härtling

Bibliografische Information der Deutschen Nationalbibliothek
Die Deutsche Nationalbibliothek verzeichnet diese Publikation
in der DeutschenNationalbibliografie; detaillierte bibliografische
Daten sind im Internet über http://dnb.d-nb.de abrufbar.

Diese Publikation wurde finanziell unterstützt durch
die Medical University of Warsaw.

Der Autor möchte sich herzlichst bei den folgenden Personen für ihre
vielseitigen Ratschläge und Mithilfe bedanken:
Prof. Grażyna Szewczyk, Prof. Grażyna Kwiecińska
sowie Prof. Mirosław Ossowski.

Gedruckt auf alterungsbeständigem,
säurefreiem Papier.

ISSN 2192-7820
ISBN 978-3-631-66078-2 (Print)
E-ISBN 978-3-653-05481-1 (E-Book)
DOI 10.3726/978-3-653-05481-1

Diese Publikation wurde begutachtet.

www.peterlang.com

Inhaltsverzeichnis

Vorwort...7

1.   Leben und Schaffen Peter Härtlings...................................... 13
1.1. Kinder- und Jugendzeit..13
1.2. Beruflicher Werdegang und politisches Engagement......................14
1.3. Literarisches Werk..17

2.   Peter Härtlings Künstlerbiographien.....................................27
2.1. Härtlings Annäherungen an seine Künstler...............................27
2.2. *Niembsch oder Der Stillstand. Eine Suite.* Ein Traktat
      über Zeit, Erinnerung und Sprache.......................................32
2.3 *Hölderlin. Ein Roman.* Flucht in die Dichtung.........................41
2.4. *Die dreifache Maria. Eine Geschichte.* Liebe und Leid
      des Dichters Mörike..63
2.5. *Waiblingers Augen.* Rebell gegen Tradition 70
2.6. *Schubert. Zwölf Moments musicaux und ein Roman.*
      Zufluchtsort: Musik..83
2.7. *Schumanns Schatten. Variationen über mehrere Personen.*
      Der Komponist in der Nervenheilanstalt.................................96
2.8. *Hoffmann oder Die vielfältige Liebe.* Liebe und Lust
      des gespaltenen Künstlers 108

3.   Die Identitäten der Künstlerfiguren..................................... 119
3.1. Nikolaus Lenau – Gefangener der Geschichte........................... 119
3.2. Friedrich Hölderlin – Zerrissener zwischen
      Ideen und Wirklichkeit 122
3.3. Eduard Mörike – An der Welt leidender Dichter........................ 128
3.4. Wilhelm Waiblinger – Unbotmäßiger Dichter 132
3.5. Franz Schubert – Einsamer Musiker 137
3.6. Robert Schumann – Gescheiterter Romantiker........................... 142
3.7. E.T.A. Hoffmann – Weltfremder Künstler 145
3.8. Resümee – Identitäten des Härtlingschen Künstlertypus................ 147

Schlusswort 151

Anhang 155
„Ich finde um zu erfinden." Peter Härtling im Gespräch
mit Maciej Ganczar 155
Kalendarium 159
Peter Härtlings Werke im Überblick 162

Literaturverzeichnis 167
Primärliteratur 167
Sekundärliteratur 167

Vorwort

Die vorliegende Arbeit *Romantische Künstlerfiguren in der Prosa von Peter Härtling* hat zum Ziel, die Künstlerbiographien, Erscheinungsdaten folgend: *Niembsch oder Der Stillstand. Eine Suite* (1964), *Hölderlin. Ein Roman* (1976), *Die dreifache Maria. Eine Geschichte* (1982), *Waiblingers Augen. Roman* (1987), *Schubert. Zwölf Moments musicaux und ein Roman* (1992), *Schumanns Schatten. Variationen über mehrere Personen. Roman* (1996) und das im Jahre 2002 erschienene Werk *Hoffmann oder Die vielfältige Liebe. Eine Romanze* unter Berücksichtigung der Rolle der Künstlerfigur zu analysieren.

Die bisherige Härtlings-Forschung beschäftigte sich mit drei Richtungen, die im Werk Peter Härtlings ganz deutlich werden: die Kinderliteratur und Außenseiterthematik, Hölderlin-Biographie, ihre Darstellungsform sowie solche Aspekte wie Fremde und Wanderschaft und schließlich die Musikalität im Schaffen Härtlings.

Das Autorenbuch *Peter Härtling*[1] von Burckhard Drücker macht 1983 den Anfang der akademischen Diskussion zum Leben und Werk Peter Härtlings. Die Arbeit beinhaltet die Werkanalyse aller bis zum Jahr 1982 erschienenen Romane. Darunter sind zu finden die Analysen von *Niembsch oder Der Stillstand*, *Hölderlin* und *Die dreifache Maria*.

Die zweite akademische Auseinandersetzung ist *Peter Härtlings Hölderlin. Untersuchung zur Struktur des Romans*[2] von Hildegard Fritsch. Die Arbeit hat zum Ziel, die Anordnung und Umsetzung des biographischen Materials in einen Roman aufzuzeigen und zu erläutern. Hildegard Fritsch versucht in ihrer Arbeit die Frage zur Form des Werks zu beantworten, wobei sie den Roman *Hölderlin* analysierend auf die Verschmelzung von Roman und Biographie und das Spiel von Faktischem und Fiktionalem hinweist. Was sie in ihrer Arbeit berücksichtigt, sind: Methoden des Erzählens, Erzähler, Erzählfigur und Zeitstruktur.

Mit der Härtlings Tätigkeit auf dem Gebiet der Kinderliteratur beschäftigt sich akademisch Yoko Koyama, die im Jahre 1992 die Dissertation *Außenseiterproblematik in der deutschen und japanischen Kinderliteratur. Unter besonderer Berücksichtigung der Werke von Peter Härtling und Haitani Kenjirô*[3] herausgibt.

---

1 B. Dücker: *Peter Härtling*. München 1983.

2 H. Fritsch: *Peter Härtlings Hölderlin. Untersuchung zur Struktur des Romans*. New York, Bern, Frankfurt a. M. 1983.

3 Y. Koyama: *Außenseiterproblematik in der deutschen und japanischen Kinderliteratur. Unter besonderer Berücksichtigung der Werke von Peter Härtling und Haitani Kenjirô*. Frankfurt a. M., Berlin, Bern, New York, Paris, Wien 1992.

In der Arbeit befasst sie sich mit dem Außenseitertum. Der Begriff wird als ein individuelles und als ein gesellschaftliches Problem betrachtet. In der Studie wird untersucht, wie sich die Kinderliteratur zur Außenseiterthematik verhalten hat und verhält. Sie vergleicht die Kinderliteratur aus dem deutschsprachigen Raum mit der aus Japan, wobei sie die Werke zweier zeitgenössischer Schriftsteller, Peter Härtling und Haitani Kenjirô, analysiert. So beschäftigt sie sich mit dem Terminus *Außenseiter* und seinem Pendant *Innenseiter* und bespricht spezielle Aspekte des Außenseitertums.

Im Jahre 1995 erscheint die von der Philosophischen Fakultät an der Universität Zürich im Wintersemester 1993/1994 im Auftrag von Hans Wysling als Dissertation angenommene Arbeit „*Die Fremde ist das Normale*". *Fremde und Heimat in Peter Härtlings „Der Wanderer"*[4] von Nicole Hess. Die Arbeit befasst sich mit der Fremdsein- und Wanderschafts-Problematik in dem Roman *Der Wanderer* von Peter Härtling. Die Dissertation beinhaltet unter anderem: eine etymologische Erklärung des Begriffs des Wanderns, die Schilderung der Wanderer der Romantik: Gottfried Seume, Friedrich Hölderlin, Wilhelm Müller, Franz Schubert und Eduard Mörike. Zum Schluss wird der *Wanderer* als Sprachwerk analysiert, wobei hier die musikalischen Mittel d.h.: Erscheinungsformen von Musik, Musikalität der Sprache und Musikalität der Form gemeint sind.

Sabine Maria Hosp veröffentlicht im Jahre 1999 ihre Dissertation „*Texte sind Gelehrten"*. *Peter Härtling: Literatur für Kinder. Eine erziehungswissenschaftliche Analyse seiner siebzehn Kinderbücher*[5]. Der sozialwissenschaftliche Teil gibt Auskunft über die heutige Kindheit, die Struktur der Familie und die familiären Verhältnisse, Freundschaften und den Wert der Kommunikation. Die Autorin legt in der Analyse den Wert auf die Beziehungen des jeweiligen Protagonisten zu den anderen Personen (Familienmitgliedern, Freunden oder Erziehern), auf die Interaktionen unter Menschen im Hinblick auf das Kommunikationsverhalten, die Funktionstüchtigkeit des Familiensystems, das Familienklima, die Beziehungsstrukturen innerhalb der Familie und des Freundschaftssystems. Nach der Lektüre der Dissertation bekommt man Informationen über die Geschichte der Kinder- und Jugendliteratur, über die Kinder- und Jugendliteratur als Erziehungsmittel, das Lesen und die Wirkung der Literatur. Im weiteren Teil erhält man biographische Informationen über Peter Härtling, wobei das Gewicht auf seine Kindheit und deren Einfluss auf sein Leben und Schreiben gelegt wird.

---

4   N. Hess: „*Die Fremde ist das Normale"*. *Fremde und Heimat in Peter Härtlings „Der Wanderer"*. Bern, Berlin, Frankfurt a. M., New York, Paris, Wien, 1994.

5   S. M. Hosp: „*Texte sind Gelehrten"*. *Peter Härtling: Literatur für Kinder. Eine erziehungswissenschaftliche Analyse seiner siebzehn Kinderbücher*. Innsbruck 1999.

Sabine Maria Hosp setzt sich mit der Motivation und Intention des Autors auseinander. Es werden auch Informationen über die Kindheit heute, Familie, Freundschaften sowie Kommunikation geliefert.

Im Jahre 2000 erscheint die Doktorarbeit *Die Wirklichkeit des Fiktiven. Peter Härtlings Dichterromane*[6] von Małgorzata Kalisz. Sie beschäftigt sich mit den Formen der literarischen Biographie Hölderlins, Mörikes, Lenaus und Waiblingers aus der psychoanalytischen Perspektive. Berücksichtigt werden: Formen des Zeitverhältnisses, Begriff der *Wiederholung* und *Erinnerung* und das Don-Juan-Motiv.

Vier Jahre später erlangt Małgorzata Grabowska den Doktorgrad mit der Arbeit *Musik und Musiker im Werk Peter Härtlings*. Sie analysiert in ihrer Dissertation die Musiker und die musikalischen Phänomene im literarischen Schaffen Peter Härtlings. In der Dissertation versucht sie zu beweisen, dass es möglich ist, den Eindruck zu machen, die Musik außerhalb des Wortes zu hören. Veröffentlicht hat Sie ihre Arbeit unter demselben Titel im Jahre 2006.

Im Vergleich zu den früheren Dissertationen und akademischen Kritiken setzt sich die vorliegende Monographie zum Ziel alle bis dato erschienenen oben aufgezählten Künstlerbiographien Peter Härtlings der Analyse zu unterziehen. In der Abhandlung habe ich vor, folgende Thesen zu begründen: Die Künstler leben und agieren in der Romantik- und Biedermeierzeit, sie schreiten jedoch über ihre Epochen hinaus. Bei den Künstlern lassen sich die Eigenschaften der Künstler der Moderne feststellen, d.h.: Entfremdung, Einsamkeit, Weltfremdheit und Spaltung. Sie empfinden Sprach-, Existenz- und Ich-Krise. Die zu den Erzählfiguren gewählten Künstler haben Gemeinsamkeiten. Es lässt sich deswegen einen neuen universalen Künstlertypus herausarbeiten. In der Arbeit will ich darauf verweisen, dass alle Künstler, die von Peter Härtling gewählt wurden, Außenseiter sind. Ich beabsichtige zu recherchieren, inwieweit das Außenseitertum dieser Künstler von den äußeren und inneren Faktoren wie die Vater-Sohn- und Mutter-Sohn-Beziehungen, die Lieben und Freundschaften sowie die politischen Verhältnisse verursacht und beeinflusst wird. Ich will den Grund dafür zu erforschen, warum sie sich entweder auf die Wanderschaft begeben oder den Weg nach innen einschlagen.

Die Arbeit setzt ein mit dem Lebenslauf von Peter Härtling. Berücksichtigt werden die Kinder- und Jugendzeit des Schriftstellers, sein beruflicher Werdegang und politisches Engagement. Es werden seine Vorbilder aus der Literatur und seine ersten literarischen Versuche präsentiert. Darüber hinaus wird sein

---

6 M. Kalisz: *Die Wirklichkeit des Fiktiven. Peter Härtlings Dichterromane.* Stuttgart 2000.

literarisches Werk kurz erwähnt, wobei es auf drei Tendenzen dessen hingewiesen wird, nämlich: Kinderliteratur, Erinnerungsliteratur und seine Künstlerbiographien. Vergessen werden nicht seine Versuche auf dem Gebiet des Dramas. Zum Schluss werden die Mitgliedschaften sowie die Preise besprochen, die dem Schriftsteller verliehen worden sind. Im Weiteren werden die Künstlerbiographien einzeln präsentiert und zugleich analysiert. Hingewiesen wird in den Unterkapiteln auf die Entstehungsgeschichte des einzelnen Werkes. Da die Künstler in den Zeitrahmen platziert werden müssen, werden auch deren Lebensläufe in der Kürze angegeben. Analysiert werden der Erzähler und die Art und Weise, auf die man dem Leser den Künstler, sein Leben und Werk bzw. eine Episode aus seinem Leben und deren Einfluss auf das Werk vermittelt. Es werden vor allem die familiären, gesellschaftlichen und historischen Verhältnisse und deren Einfluss auf die Entwicklung der Künstleridentität dargeboten. Die Freundschaften und Liebschaften werden außer Acht nicht gelassen. Im letzten Teil der Monographie werden die Identitäten der Künstlerfiguren einzeln untersucht.

Ganz behilflich haben sich bei der Arbeit an dieser Monographie Gespräche, Essays, sowie Reden der letzten Jahrzehnte erwiesen, die zur Erläuterung der Künstlerproblematik in den Künstlerbiographien Peter Härtlings beitragen, die in den folgenden Bänden: *Meine Lektüre*[7] (1981), *Auskunft für Leser*[8] (1988), *Und hören voneinander*[9] (1984), *Zwischen Untergang und Aufbruch*[10] (1990), *Peter Härtling im Gespräch*[11] (1990) und schließlich *Das andere Ich*[12] (1998) veröffentlicht wurden.

Bei der Bearbeitung der kurzen Künstler-Biographien griff ich auf folgende Literatur zurück: Bei der Lenau-Biographie unterstützte ich mich vor allem mit der *Lenau-Chronik. 1802–1851*[13], die von Norbert Otto Eke und Karl Jürgen Skrodzki im Jahre 1992 bearbeitet wurde sowie mit der Biographie *Nikolaus Lenau. Geschichte seiner Wirkung 1850–1918*[14] von Reiner Hochheim. Die

---

7 K. Siblewski (Hg.): *Meine Lektüre. Literatur als Widerstand*. Darmstadt und Neuwied 1981.

8 W. M. Lüdke (Hg.): *Peter Härtling: Auskunft für Leser*. Darmstadt 1988.

9 P. Härtling: *Und hören voneinander. Reden aus Zorn und Zuversicht*. Stuttgart 1984.

10 G. Drommer (Hg.): *Zwischen Untergang und Aufbruch. Aufsätze, Reden, Gespräche*. Berlin und Weimar 1990.

11 K. Siblewski (Hg.): *Peter Härtling im Gespräch*. Frankfurt a. M. 1990.

12 P. Härtling: *Das andere Ich. Ein Gespräch mit Jürgen Krätzer*. Köln 1998.

13 *Lenau-Chronik. 1802–1851*. Bearb. v. Norbert Otto Eke und Karl Jürgen Skrodzki. Wien 1992.

14 R. Hochheim: *Nikolaus Lenau. Geschichte seiner Wirkung 1850–1918*. Frankfurt a. M. 1982.

Hölderlin-Biographie rekonstruierte ich in Anlehnung an *Friedrich Hölderlin. Eine Biographie*[15] von Pierre Bertaux, sowie an *Friedrich Hölderlin mit Selbstzeugnissen und Bilddokumenten*[16] von Ulrich Häussermann. Die Mörike-Biographie entstand in Anlehnung an drei Biographien: *Eduard Mörike*[17] von Ehrenfried Kluckert, *Eduard Mörike*[18] von Birgit Mayer und *Eduard Mörike*[19] von Peter Lahnstein. Bei der Bearbeitung der Waiblinger-Biographie hat sich *Marbacher Magazin. Sonderheft 14/1979. Wilhelm Waiblinger. Zum 175. Geburtstag 1804–1830 und zur 150. Wiederkehr seines Todestages*[20] behilflich erwiesen, das von Hans-Ulrich Simon bearbeitet wurde. Die Schubert-Biographie stützt sich auf *Franz Schubert mit Selbstzeugnissen und Bilddokumenten*[21] von Marcel Schneider und auf *Schubert*[22] von Tadeusz Marek. Die Rekonstruktion des Lebens und Werks von Robert Schumann hat zur Grundlage die folgenden Biographien: *Robert Schumann mit Selbstzeugnissen und Bilddokumenten*[23] von André Boucourechliev und *Robert Schumann – Eine Lebenschronik in Bildern und Dokumenten*[24] von Ernst Burger. Die E.T.A. Hoffmann-Biographie fußt auf drei Biographien: *E.T.A. Hoffmann. Dichter, Zeichner, Musiker. Biographie*[25] von Peter Braun, auf *E.T.A. Hoffmann mit Selbstzeugnissen und Bilddokumenten*[26] von Gabrielle Wittkop-Ménardeau und auf *E.T.A. Hoffmann: Epoche, Werk, Wirkung*[27] von Brigitte Feldges und Ulrich Stadler.

---

15 P. Bertaux: *Friedrich Hölderlin. Eine Biographie.* Frankfurt a. M. 2000.

16 U. Häussermann: *Friedrich Hölderlin mit Selbstzeugnissen und Bilddokumenten.* Reinbek bei Hamburg 1989.

17 E. Kluckert: *Eduard Mörike.* Köln 2004.

18 B. Mayer: *Eduard Mörike.* Stuttgart 1987.

19 P. Lahnstein: *Eduard Mörike.* München 1986.

20 *Marbacher Magazin. Sonderheft 14/1979. Wilhelm Waiblinger. Zum 175. Geburtstag 1804–1830 und zur 150. Wiederkehr seines Todestages.* Bearb. v. Hans-Ulrich Simon.

21 M. Schneider: *Franz Schubert mit Selbstzeugnissen und Bilddokumenten.* Reinbek bei Hamburg 1989.

22 T. Marek: *Schubert.* Kraków 1955.

23 A. Boucourechliev: *Robert Schumann mit Selbstzeugnissen und Bilddokumenten.* Reinbek bei Hamburg 1990.

24 E. Burger: *Robert Schumann – Eine Lebenschronik in Bildern und Dokumenten.* Mainz 1998.

25 P. Braun: *E.T.A. Hoffmann. Dichter, Zeichner, Musiker. Biographie.* Düsseldorf 2004.

26 G. Wittkop-Ménardeau: *E.T.A. Hoffmann mit Selbstzeugnissen und Bilddokumenten.* Reinbek bei Hamburg 1989.

27 B. Feldges; U. Stadler: *E.T.A. Hoffmann: Epoche, Werk, Wirkung.* München 1986.

1. Leben und Schaffen Peter Härtlings

1.1. Kinder- und Jugendzeit

Geboren wird Peter Härtling im Jahr der Machtergreifung am 13. 11. 1933 in Chemnitz. Acht Jahre lang wächst er in Hartmannsdorf bei Chemnitz auf, wo sein Vater eine Rechtsanwaltskanzlei unterhält. Im Jahre 1941 ziehen seine Eltern nach Olmütz (Mähren) in die Tschechoslowakei ins damalige Protektorat um, wo der Vater zunächst seine Rechtsanwaltstätigkeit fortsetzt und sich dem direkten Zugriff der Nazis zu entziehen versucht. Obwohl der Vater unter schweren Herzproblemen leidet, wird er doch in die Wehrmacht eingezogen. Die ersten Jahre seines Lebens verbringt Härtling also „im Schatten des Hakenkreuzes"[28]. In der ersten Klasse der Oberschule lernt er die Lebensläufe Adolf Hitlers, des Reichmarschalls Hermann Göring und die Geschichte des Protektorats kennen. „Mit zehn Jahren, 1943, musste ich für eine Prüfung einen Aufsatz über Adolf Hitlers Leben und Werk schreiben."[29] In dieser Zeit lernt Härtling die Literatur des Nationalsozialismus kennen. So lernt er Gedichte von dem Dichter und Jugendschriftsteller, Maler und Buchillustrator Robert Reinick auswendig, liest *Das harte Geschlecht* (1931) von Wilhelm Vesper und *Volk ohne Raum* (1926) von dem Vorzeigeautor des NS-Regimes Hans Grimm. Schon als ein zehnjähriger Junge erfährt er die Grausamkeiten des II. Weltkrieges: „Ich habe als Zehnjähriger drei Namen gekannt: Auschwitz, Dachau und Mauthausen."[30] Er hört von der Theresienstadt[31] und dem Lager, in das Freunde seiner Eltern und seiner tschechischen Verwandten kommen. Den Jungen ziehen faschistische Rituale: „Fahnen hissen, Dienst machen, Vereidigungen"[32] an. 1945 flüchtet seine Familie nach Zwettl in Niederösterreich, wo Härtling den Einmarsch der russischen Armee erlebt. Weiter flüchten sie durch Wien nach Nürtingen am Neckar, in die Stadt Friedrich Hölderlins und Eduard Mörikes. Härtling verliert seine Eltern frühzeitig. Sein Vater stirbt im Juni 1945 im russischen Kriegsgefangenenlager

---

28 P. Härtling: *Das andere Ich…* op. cit., S. 9.
29 P. Härtling: *Abschied von den Ideologen. Versuch einer politischen Selbsterklärung. In: Zwischen Untergang und Aufbruch. Aufsätze, Reden, Gespräche.* Hg. v. G. Drommer. Berlin, Weimar 1990, S. 371.
30 Ebenda, S. 373.
31 Theresienstadt wurde im II. Weltkrieg durch die Nationalsozialisten in ein Ghetto umfunktioniert, in dem 140000 Juden interniert wurden. Die meisten stammten aus dem Protektorat Böhmen und Mähren, aber auch aus Mittel- und Westeuropa.
32 P. Härtling: *Das andere Ich…* op. cit., S. 12.

Döllersheim[33], wovon er erst ein Jahr später erfährt. Seine Mutter, die im Beisein der Tochter vergewaltigt wurde, nimmt sich im Oktober 1946 das Leben. Von nun an wird er mit seiner Schwester bei einer Tante erzogen: „Ich habe" 45 ja etwas verloren: den Anfang meines „Mannes- und Heldentums", der Beginn war auch gleich wieder verspielt. In demselben Moment verlor ich den Zugang zur Männerwelt, all die Helden und Versprechungen verschwanden. Was blieb, waren aufgeregte, aufgescheuchte und hysterische Frauen."[34] 1946 geht er aufs Gymnasium. Wie er selber erzählt, war er „ein sehr ungelehriger wie auch ungebärdiger Schüler."[35] Im Winter 1951 verlässt er das Gymnasium. Zuerst geht er in eine Korkfabrik in Nürtingen, wo er ein halbes Jahr in der Registratur sitzt. Im Frühjahr 1951 besucht er die Bernstein-Schule, die von dem Holzschneider, Drucker und Maler Helmut Andreas Paul Grieshaber gegründet wurde. Danach geht er in die Lokalredaktion der „Nürtinger Zeitung", wo er in den Jahren 1952–1954 als Volontär tätig ist.

1.2. Beruflicher Werdegang und politisches Engagement

In den Jahren 1954–1955 ist Härtling zuerst als Setzer und dann als Redakteur bei der „Heidenheimer Zeitung" tätig. Hier arbeitet er mit Erwin Roth, dem späteren Kulturattaché und Generalkonsul, mit Hans Klein, dem zukünftigen Stellvertreter des Bundestagspräsidenten, mit Ulrych Renz, dem Chef der Presseagentur UPI, der Härtling auf John Roderigo Dos Passos und William Faulkner hinweist, zusammen. In dieser Zeit verschickt er Glossen, Manuskripte, Aufsätze an die „Stuttgarter Zeitung" und den „Standpunkt", an „Die Tat" in Zürich und an die „Deutsche Zeitung" in Stuttgart. Er gibt die Tätigkeit als Chef des Feuilletons in Heidenheim auf und setzt sich in Nürtingen nieder, wo ihn Helmut Cron, Vorsitzender des Deutschen Journalistenverbandes in dessen Anfangsjahren, besucht und ihm eine Stelle bei der „Stuttgarter Zeitung" anbietet, die er annimmt. Zunächst arbeitet er in Stuttgart und nach 1960 in Köln. Im Jahre 1959 heiratet

---

33 1938–1945 Truppenübungsplatz für die Einheiten des nach Einmarsch der Deutschen Wehrmacht 1938 entstandenen Wehrkreises XVII. Am TÜPl-Gelände befanden sich einige Gefangenenlager. Am 9. Mai 1945 besetzten russische Truppen das TÜPl-Areal. Im März 1946 erklärten die Sowjets den TÜPl-Döllersheim als „Deutsches Eigentum" und übernahmen die Verwaltungsagenden. Die Gefangenenlager am Areal wurden nun Sammel- und Durchgangslager für Angehörige der ehemaligen Wehrmacht vor der Fahrt in die sowjetische Kriegsgefangenschaft.

34 P. Härtling: *Das andere Ich... op. cit.*, S. 48.

35 R. Ekkehart: *Protokoll zur Person. Peter Härtling*. In: R. Ekkehart: *Autoren über sich und ihr Werk*. München 1971, S. 75.

er seine Freundin Mechthild, geb. Maier, Psychologin von Beruf. Bei der „Deutschen Zeitung" ist er für das Literaturblatt zuständig. Im Jahre 1962 bekommt er Besuch von dem Historiker, Journalist, Herausgeber und Essayisten Melvin Jonah Lasky (1920–2004), der ihm eine Stelle als Redakteur im „Monat" und später als Mitherausgeber anbietet. Mit seiner Frau zieht er nach Berlin, wo er sechs Jahre verlebt. Dort kommen drei ihrer Kinder zur Welt: '63 Fabian, '65 Friederike und '66 Clemens. Ende 1966 wird ihm von Klaus Harpprecht (geb. 1927), dem Chef bei S. Fischer, die Stelle des Cheflektors angeboten. Daraufhin zieht seine Familie nach Walldorf um, wo er ein dreiviertel Jahr Cheflektor ist. In dieser Zeit befasst er sich mit der deutschen Literatur der zwanziger Jahre und der Emigration und gibt eine Sammlung von Essays, Hinweisen, Aufsätzen und Kritiken *Die vergessenen Bücher* (1966) heraus. Er rezensiert u.a. *Die Großmutter* (1855) von Božena Němcová, *Das Jahrhundert des Kindes* (1902) von der Pädagogin und Frauenrechtlerin Ellen Key (1849–1926), *Tagebuch eines Verzweifelten* (1947) von Friedrich Percyval Reck-Maleczewen, *Blanche oder das Atelier im Garten* (1957) von Paul Kornfeld und *Die Gesellschaft vom Dachboden* (1946) von Ernst Kreuder. Peter Härtling schreibt Kritiken zu solchen Autoren wie Franz Hessel (1880–1941), Josef Guggenmos (1922–2003), Rudolf Kassner (1873–1959) und Wilhelm Lehmann (1882–1968). Im Gespräch mit Jürgen Krätzer gibt er die Richtlinien einer Kritik: „Kritik vermittelt, das heißt, die Kritik darf drei Dinge nicht vergessen – das ist das Werk, das erläutert sein will, und das ist der Leser, der's erklärt haben will, das ist der Art der Vermittlung. Das zweite ist die Herkunft: jedes Werk hat seine Geschichte, man kann also nicht voraussetzungslos bloß dieses eine sehen, sonst ist Kritik platt, dumm und vergeblich. Und das dritte ist, dass aus einer Kritik eigentlich der zeitliche Zusammenhang ablesbar sein müsste. Weshalb jemand so schreibt, das hat mit den Zeitbedingungen und der Poetologie zu tun, die wiederum mit Zeit zu tun haben."[36] In demselben Gespräch zieht er die Grenze zwischen einer Kritik und einem Essay, indem er unter einer Kritik einen flinken Reflex[37] und unter einem Essay eine Reflexion versteht.

Als Klaus Harpprecht im Jahre 1968 aus dem Verlag ausscheidet, übernimmt Peter Härtling dessen Leitung, die er bis zur Kündigung zum vierzigsten Geburtstag führt. Als Cheflektor im Fischer Verlag ist er vor allem für die Reihe *Das Fischernetz*[38] verantwortlich, eine Reihe von Büchern aus den zwanziger Jahren.

---

36 P. Härtling: *Das andere Ich...* op. cit., S. 111.

37 Vgl.: Ebenda, S. 109.

38 In der Reihe *Das Fischernetz* gibt Peter Härtling bei S. Fischer folgende Bücher heraus:
J. Wittlin: *Das Salz der Erde.* Frankfurt a. M. 1969.
J. Levin: *Das Lächeln des Herrn von Golubice-Golubicki.* Frankfurt a. M. 1970.

In dem *Fischernetz* gibt er die Werke von dem Lyriker und Übersetzer Joseph Wittlin (1896–1976), dem im Lager Buchenwald ermordeten Schriftsteller Julius Levin (1862–1935), dem Mitbegründer der Zeitschrift „Der Stürmer" Otto Flake (1880–1963), Eduard von Keyserling (1855–1918), Karl Jakob Hirsch (1892–1952), dem Redakteur der „Vossischen Zeitung" Hans Meisel (1900–1991), dem Schriftsteller, Kunsthistoriker und Diplomaten Wilhelm Hausenstein (1882–1957), Georg Hermann (1871–1943) und Alice Berend (1876–1938) heraus. Zum Jahreswechsel 1973/74 scheidet Peter Härtling aus der Geschäftsführung des S. Fischer-Verlags aus und widmet sich als freier Schriftsteller ausschließlich der literarischen Tätigkeit: „Als ich bei Fischer kündigte, hatte ich den ersten Teil von *Eine Frau* geschrieben und merkte, dass mir nicht nur die Zeit mehr und mehr fehlte, sondern die Konzentrationskraft nachließ, ich immer längere Anläufe brauchte. Und Anläufe inmitten eines Romans sind zerstörend. Von daher war meine Kündigung eine Art von lebensrettendem Akt"[39]. Was ihm Journalismus beibringt, ist: „eine professionelle Neugier – im Hinschauen, im Hinhören […]"[40] Härtling gehört nur noch zum Betriebsrat des 1981 gegründeten Magazins für Kinderliteratur „Der bunte Hund".

Härtlings politisches Engagement beginnt mit der Unterstützung[41] der SPD im Wahlkampf im Jahre 1965. Günter Grass kommt auf die Idee, ein „Wahlkontor Deutscher Schriftsteller" zu gründen, dessen Ziel ist, Wahlkampfslogans zu überlegen und Reden für Politiker zu schreiben: „Aber alle hatten den Wunsch und die Hoffnung, diese depolitisierte Adenauer-Zeit zu repolitisieren, und das ging gar nicht anders als über die Opposition. Das ging für uns auch über einige Leute, in denen sich alle Hoffnung versammelte, das ging vor allem über Willy Brandt, der damals noch Berliner Bürgermeister war."[42] Zu dem Wahlkontor gehören nicht nur Literaten wie Günther Grass, Schriftsteller und Verlagslektor Klaus Roehler (1929–2000), Publizist und Verleger Klaus Wagenbach (1930),

---

O. Flake: *Hortense oder Die Rückkehr nach Baden-Baden.* Frankfurt a. M. 1970.

E. von Keyserling: *Wellen.* Frankfurt a. M. 1971.

K. J. Hirsch: *Kaiserwetter.* Frankfurt a. M. 1971.

H. Meisel: *Torstenson.* Frankfurt a. M. 1972.

W. Hausenstein: *Lux perpetua.* Frankfurt a. M. 1972.

G. Hermann: *Kubinke.* Frankfurt a. M. 1974.

A. Berend: *Spreemann & Co.* Frankfurt a. M. 1976.

39 P. Härtling: *Das andere Ich...* op. cit., S. 80.

40 Ebenda.

41 P. Härtling: *Offener Brief an Willy Brandt.* In: *Zwischen Untergang...* op. cit., S. 419.

42 P. Härtling: *Das andere Ich...* op. cit., S. 90.

deutsch-amerikanischer Schriftsteller und Literaturwissenschaftler Reinhard Lettau (1929–1996) und Peter Härtling, sondern auch Professoren, Historiker wie Eberhard Jäckel, Günter Gaus und Nicolas Born. Auch Gudrun Ensslin (1940–1977), die Mitbegründerin der sogenannten Baader-Meinhof Gruppe, ist an dem Kontor beteiligt. Jedes Mitglied des Kontors soll sich einen der Politiker auswählen und für ihn Reden schreiben. Klaus Wagenbach hat Helmut Schmidt, Günter Grass Willy Brandt und Peter Härtling Fritz Erler. Nach der Bildung der Großen Koalition[43] kracht das Wahlkontor auseinander: „Die ganzen Linken waren nicht mehr willens, den Sozialdemokraten weiter zu helfen."[44]

In den Jahren 1979–1980 beteiligt sich Härtling am Widerstand gegen den Bau der Startbahn West am Frankfurter Flughafen. Der Vorfall findet seine Widerspiegelung im Werk *Das Windrad. Roman* (1984). Im Jahre 1980 schreibt er einen *Offenen Brief an Willy Brandt*[45], in dem er seine Enttäuschung mit Willy Brandt und seiner Politik ausdrückt. „Die SPD ist in dem Sinn nicht mehr eine Partei, in der es Personen gibt, auf die ich meine Hoffnung setzen kann. Man kann es heute kaum mehr verstehen, mit welcher Inständigkeit man Wünsche an die Gestalt Willy Brandts fesselte, band. Er war wirklich einer, dem man Geschichte auflud, zukünftige Geschichte. Da wüsste ich heute niemanden."[46]. Damit endet Härtlings Beziehung zur Sozialdemokratie: „Doch nun bin ich daran, meine tätige Sympathie aufzukündigen."[47]

1.3. Literarisches Werk

Die Lesefreude erbt Peter Härtling von der Mutter, die „eine wahnsinnige Leserin war"[48]. Als Kind liest er unter anderem *Ein Kampf um Rom* (1876) von

---

43 Im Oktober 1966 zerbricht die Regierungskoalition von CDU/CSU und FDP. Bundeskanzler Ludwig Erhard muss zurücktreten. Anlass für den Kanzlersturz sind wirtschaftliche Schwierigkeiten und Auseinandersetzungen über den Bundeshaushalt. Rasch einigen sich jedoch die Bundestagsfraktionen von CDU/CSU und SPD auf die Bildung einer Großen Koalition. Bereits am 1. Dezember 1966 wählt der Bundestag Kurt Georg Kiesinger (CDU) zum neuen Bundeskanzler. Die FDP geht in die Opposition. Dem Kabinett von Bundeskanzler Kiesinger gehören 10 Minister der CDU/CSU und 9 der SPD an. Der SPD-Vorsitzende Willy Brandt wird neuer Bundesaußenminister.

44 P. Härtling: *Das andere Ich...* op. cit., S. 91.

45 P. Härtling: *Offener Brief...* op. cit., S. 419–421.

46 P. Härtling: *Das andere Ich...* op. cit., S. 92.

47 P. Härtling: *Offener Brief...* op. cit., S. 419.

48 P. Härtling: *Das andere Ich...* op. cit., S. 64.

dem Rechtshistoriker und Schriftsteller Felix Dahn (1834–1912), *Aus dem Leben eines Taugenichts* (1826) von Joseph Freiherr von Eichendorff (1788–1857) und *Nora oder Ein Puppenheim* (1879) von Henrik Ibsen (1828–1906). Im Jahre 1948 lernt Peter Härtling den früheren Kommunisten und Maler Fritz Ruoff (1906–1986) kennen, der für ihn zum Mentor wird. Wie der Schriftsteller selber zugibt: „Der Fritz Ruoff war die absolute kritische Instanz."[49] Ein weiterer Mentor ist für ihn sein Deutschlehrer Erich Rall. Er macht ihn aufmerksam auf die Gedichte von Georg Trakl (1887–1914), Georg Heym (1887–1912), Stefan George (1868–1933), Gottfried Benn (1886–1956), Peter Rühmkorf (1929–2008) und den Lyriker Bertolt Brecht (1898–1956). Dr. Brendle, der Leiter des Volksbildungswerks, gibt ihm die Gelegenheit – als Fünfzehn- Sechzehnjähriger – Vorträge über Literatur zu halten. Das wichtigste Vorbild für ihn als Lyriker ist jedoch Georg Trakl. Hinzu kommen Rainer Maria Rilke (1875–1926), Stefan George und Robert Musil (1880–1942). Drei weitere Vorbilder sind für ihn der Maler, Bildhauer und Dichter Hans Arp (1887–1966), der expressionistische Dichter Kurt Schwitters (1887–1948) und der Schriftsteller sowie Kritiker Max Herrmann-Neiße (1886–1941).

Die literarische Karriere Peter Härtlings fängt mit der Lyrik an. Die ersten Gedichte schreibt er schon als Schüler. Burckhard Dücker erklärt die Rolle der Lyrik bei Peter Härtling: „Seine Gedichte legen Zeugnis davon ab, dass er sich als Außenseiter fühlt, zugleich befreien sie von Problemen, indem sie sie objektivieren. Daher kann man in Härtling keinen Aussteiger in poetischen Gegenwelten sehen; denn im poetischen Widerstand gegen die Realität stärkt sich sein Selbstbewusstsein, das ihn diese Wirklichkeit besser meistern lässt."[50] Der erste Band der Gedichte *poeme und songs* erscheint als Manuskript, gedruckt im Jahre 1953 im Bechtle Verlag: „Die Gedichte, die in *poeme und songs* stehen, habe ich als Sechzehn-, Siebzehnjähriger geschrieben."[51] Zwei Jahre nach dem ersten Band erscheint der zweite *Yamins Stationen*. Mit diesem Band will er gegen die ihn umgebende Welt protestieren, von der er sich „terrorisiert"[52] fühlt: „das ist der Yamin: eine Objektivierung, Widerstand gegen eine Welt, die ich abscheulich fand, die ich heute noch abscheulich finde. Eine Erklärung gegen die Welt mit Partikeln dieser Welt. Es ist also wirklich Protest darin, Protest, der bloß leiser ist […]"[53] In diesen Jahren nimmt er Kontakt mit dem Schriftsteller, Kritiker sowie

---

49 Ebenda, S. 69.
50 B. Dücker: *Peter...* op. cit., S. 17.
51 P. Härtling: *Das andere Ich...* op. cit., S. 66.
52 R. Ekkehart: *Protokoll zur Person...* op. cit., S. 78.
53 Ebenda, S. 77.

Essayisten Helmut Heißenbüttel (1921–1996) auf: „Die ersten Yamin-Gedichte sind im Herbst 1953 entstanden. Ich kann das deswegen so genau datieren, weil ich im Oktober '53 zu Helmut Heißenbüttel nach Hamburg reiste und zweierlei mitnahm."[54] 1958 erscheint der weitere Lyrikband unter dem Titel *Unter den Brunnen. Neue Gedichte*, 1962 *Spiegelgeist, Spiegelgeist. Gedichte*, danach die *Neuen Gedichte* 1972 und die *Anreden* 1977. Zehn Jahre später erscheint der weitere Lyrikband *Die Mörsinger Pappel. Gedichte* (1987). Erst im Jahre 1997 wird der in „elegischen Tönen"[55] verfasste Band *Horizonttheater. Neue Gedichte* herausgegeben.

Peter Härtlings Werk besteht zum größten Teil aus Romanen. Sie bilden eine „thematische (Erfahrungsfeld des Autors), geographische (Mähren, Zwettl, Württemberg) und zeitliche (Lebensgeschichte des Autors) Geschlossenheit"[56]. Härtlings Romane resultieren aus seiner Geschichtsauffassung, die wiederum aus einer Diskrepanz von individuell erinnerter Geschichte und der kollektiv empfundenen Geschichte[57] hervorkommt. In seiner Prosa spiegelt sich diese Geschichtsauffassung durch die Anwendung einer Zitat- und Montagetechnik wider. Zeugenaussagen, Zitate aus dem Quellmaterial und die ständige Unsicherheit prägen dadurch sein ganzes Schreiben. Härtling setzt sich bewusst vom Objektivitätsanspruch des Historismus ab. Er schließt es aus, vergangene Wirklichkeiten objektiv wiederzugeben. Man soll mit dem Quellmaterial kritisch umgehen, spätere Umdeutungen berücksichtigen. Zu beachten ist auch die Subjektivität des Autors und seiner Zeit. Für Härtling ist also die Geschichte ein „prinzipiell unabgeschlossener, korrekturfähiger Prozess."[58]

Der Erstlingsroman *Im Schein des Kometen*, der ohne großes Interesse von den Kritikern wahrgenommen wurde, erscheint im Jahre 1959. Der Roman thematisiert das vor allem in den ersten Nachkriegsjahren vielfach verwendete „Heimkehrermotiv"[59]. Die Erzählfigur, der ehemalige Oberleutnant Martin Farrant, leidet darunter, dass ihm seine Geschichte gestohlen und die Vergangenheit verdrängt wird. Sein Leben wird dadurch „sinn- und orientierungslos"[60]. Durch

---

54 P. Härtling: *Das andere Ich...* op. cit., S. 70.
55 J. Krätzer: *Endstrophen, erdenschwer. Peter Härtling probt im „Horizonttheater"* den *Abschied*. In: „Neue Deutsche Literatur", 1998. H. 1, S. 173.
56 B. Dücker: *Peter...* op. cit., S. 24.
57 Vgl.: *„Ich finde um zu erfinden." Peter Härtling im Gespräch mit Maciej Ganczar*. Anhang, S. 202.
58 B. Dücker: *Peter...* op. cit., S. 13.
59 Vgl.: Ebenda, S. 25.
60 Ebenda.

Niederschreiben der kurz zurückliegenden Kriegs- und Nachkriegszeit versucht er, die historische Distanz aufzubauen.

Sein erster größerer Erfolg in der literarischen Öffentlichkeit ist *Niembsch oder Der Stillstand. Eine Suite*, eine Künstlerbiographie, in der Nikolaus Lenau – eigentlich Nikolaus Franz Niembsch seit 1820 Edler von Strehlenau – zur Erzählfigur wird. Diesem Roman verdankt Härtling die Einladung zur Lesung bei der Gruppe 47 nach Schweden[61] im Jahre 1964 durch den Mitbegründer der Gruppe 47, Hans Werner Richter (1908–1993). Peter Härtling schlägt[62] jedoch diese erste Einladung aus. Richter lädt ihn ein weiteres Mal ein. Die Lesung[63] findet auf der Tagung der Gruppe 47 im „Alten Casino" am Wannsee in Berlin in den Tagen vom 19.–21. November 1965 statt. In der ersten Reihe sitzen der Literaturwissenschaftler, Kritiker und Essayist Hans Mayer (1907–2001), der Schriftsteller und Literaturkritiker Marcel Reich-Ranicki, der Schriftsteller, Kritiker und Literaturwissenschaftler Walter Jens sowie der Publizist und Schriftsteller Fritz Joachim Raddatz. Peter Härtling liest *Janek läuft los* vor. Der Roman *Niembsch oder Der Stillstand. Eine Suite* eröffnet die Reihe von Künstlerbiographien, in denen er sich mit den Künstlern beschäftigt. Im Jahre 1976 erscheint die Künstlerbiographie *Hölderlin. Ein Roman*. Zwei weitere Biographien folgen in den Jahren 1982 *Die dreifache Maria. Eine Geschichte*, wo Peter Härtling das Leben und den Werdegang von Eduard Mörike bearbeitet, und 1987 *Waiblingers Augen. Roman*, wo er sich mit dem Leben von Wilhelm Waiblinger auseinander setzt. Seit Mitte der achtziger Jahre hält Peter Härtling Seminare und Vorträge über Musik und Liedertexte. Im Jahre 1986 beginnt er mit Seminaren und Vorträgen über Schubert und die von ihm vertonten Liedertexte. Durch seine Freundschaft mit dem Lied-Duo, mit der Sängerin Mitsuko Shirai und dem Pianisten Hartmut Höll kommt er in die Beziehung mit der Musik-Dichtung. Zusammen mit Mitsuko Shirai, Hartmut Höll und Tabea Zimmermann nimmt er Franz Schuberts *Winterreise*[64] auf. In den Jahren 1990, 1992, 1993 und 1994 ist er „poet in residence" der Internationalen Sommerakademie „Mozarteum" Salzburg und gestaltet im Sinne des interdisziplinären Anspruches der Internationalen Sommerakademie

---

61 Zwei Gruppentagungen fanden im Ausland statt: im September 1964 die 26. Tagung in Sigtuna/Schweden und im April 1966 die 28. Tagung in Princeton in den USA.

62 Vgl.: P. Härtling: *Das andere Ich...* op. cit., S. 82.

63 Auf der Tagung lesen auch: Bernd Jentzsch *In stärkerem Maße* und andere Gedichte, Günter Kunert *Meine Sprache* und andere Gedichte, Rolf Schneider *Aufhebung eines Zustands* und Peter Bichsel *Skizzen aus einem Zusammenhang*.

64 Schuberts Liederzyklus vollendet 1827/1828, Vertonung eines Gedichtzyklus von Wilhelm Müller, Zyklus von 2 x 12 Liedern (heute zu 24 Liedern zusammengezogen).

gemeinsam mit Mitsuko Shirai und Hartmut Höll die Klasse „Das deutsche Lied für Sänger und Pianisten" mit. In den Jahren 1994–1995 hält er Vorlesungen an der Musikhochschule in Karlsruhe. Die Musik prägt sein ganzes Werk. Der *Niembsch* heißt schon im Untertitel *Eine Suite*. Ihr folgen *Der Wanderer* und *Schubert*. *Zwölf Moments musicaux und ein Roman* (1992), der Roman über Franz Schubert. Elsbeth Pulver zufolge: „er [Härtling] versagt sich, Kompositionen Schuberts zu beschreiben, versagt sich, den schöpferischen Prozess auch nur anzudeuten"[65]. Vielmehr beschreibt er seine Biographie und die Entstehungsgeschichten dessen Werke. Die weitere musikalisch inspirierte Künstlerbiographie ist *Schumanns Schatten. Variationen über mehrere Personen* (1996), die die letzten Jahre Robert Schumanns Leben thematisiert. Im Jahre 1994 schreibt er *Das wandernde Wasser. Musik und Poesie der Romantik*. Die nächste musikalisch bedingte im Jahre 2002 erschienene Künstlerbiographie *Hoffmann oder Die vielfältige Liebe* erzählt über den Abschnitt aus dem Leben eines Komponisten und Schriftstellers E.T.A. Hoffmann.

Im Jahre 1988 erscheint der Roman *Der Wanderer*, in dem das Motiv des Fremdseins in den Mittelpunkt rückt. Das Zitat aus dem Gedicht von Wilhelm Johann Ludwig Müller (1794–1827): „Fremd bin ich eingezogen. Fremd zieh ich wieder aus"[66] wird zum Sinnbild des Lebens der im Werk geschilderten Künstler: Gottfried Seume (1763–1810), Friedrich Hölderlin, Wilhelm Müller, Franz Schubert und Eduard Mörike, womit das Werk im engen Zusammenhang mit den Künstlerbiographien steht. Martin Lüdke hält das Erinnerungsbuch jedoch für unvollständig und den Stoff für „unbearbeitet"[67]: „Man kann und muss aber von einem Autor erwarten, dass er mehr vorlegt als nur den Stoff, die Materialsammlung zu einem (voraussichtlich großen, ja ungeheuerlichen) Buch. [...] Härtlings ‚Wanderer' ist leider nur ein Zwitter geworden"[68].

Im Jahre 1966 schreibt Peter Härtling den Roman *Janek. Porträt einer Erinnerung*. Das Werk eröffnet wiederum eine Reihe von sogenannten Erinnerungsromanen, in denen er seine eigene Lebensgeschichte thematisiert. Die Handlung spielt sich in Mähren ab. Ganz deutlich werden im Roman die autobiographischen Züge. Der Erzähler verwendet die Erinnerung an seine Großmutter, ihre Wohneinrichtung, an die Atmosphäre im Haus, an den Geruch in der Küche. Gestaltet wird die Erinnerung an den Selbstmord der Mutter. Thematisiert wird

---

65 E. Pulver: *Zeitgenosse Schubert. Vier Bemerkungen zum Roman „Schubert" von Peter Härtling*. In: „Schweizer Monatshefte", 1992. H. 12, S. 1041.

66 W. Müller: *Gute Nacht*. In: N. Hess: *„Die Fremde ist das Normale"*... op. cit., S. 127.

67 M. Lüdke: *Kurzstreckenläufer*. In: „Die Zeit", 07. 10. 1988.

68 Ebenda.

zum ersten Mal die komplizierte Vater-Sohn-Beziehung. Die Atmosphäre des Umlands sowie die Mentalität der Menschen wird durch Dialektausdrücke veranschaulicht. 1969 gibt Peter Härtling *Das Familienfest oder Das Ende der Geschichte. Roman* heraus, einen Familienroman, in dem er einen gewissen Georg Lauterbach, Professor für Geschichte und Philosophie schildert, der seine Heimatstadt Nürtingen besucht, um die Vergangenheit zu ergründen. Der kommt jedoch zur Schlussfolgerung, dass es „keine objektive Realität, sondern nur subjektive Darstellung, keine Fakten und Ereignisse, sondern nur noch Spiegelungen und Deutungen, keine Gewissheiten, sondern nur Mutmaßungen"[69] gibt. Mit diesen Romanen eröffnet Peter Härtling eine neue Richtung in seiner schriftstellerischen Karriere. Er versucht auf dem literarischen Wege, sich mit den Kindheits- und Jugenderinnerungen auseinander zu setzen. Vier Jahre später erscheint das Erinnerungsbuch *Zwettl. Nachprüfung einer Erinnerung* (1973), in dem sich Peter Härtling auf „die Suche nach der verlorenen Zeit" begibt. Zwettl ist eine Ortschaft, in der sich er und seine Familie von Mai 1945 bis April 1946 aufhalten. In dieser Zeit stirbt der Vater, und die Mutter nimmt sich das Leben. Dieses Buch scheint ein Versuch zu sein, die Korrektur der kindlichen Erinnerungsbilder mit Hilfe der Zeugen durchzuführen. Der Untertitel weist schon auf Härtlings Ansatz hin. Der Literaturkritiker Werner Ross fragt jedoch: „Nur was bringt sie [die Wahrheit] dem Leser, der ja keineswegs begierig ist, über die exakte Unterbringung Peter Härtlings am 1. Mai 1945 aufgeklärt zu werden?"[70] und setzt fort: „Man kann darin blättern wie in einem Familienalbum mit verblassten Photographien, das ist Vater, das ist Mutter, Schwester, Tante – Staub und Wehmut, immer mehr entweichendes Begreifen. Nur zum Lesen, für Leser, ist es eigentlich nicht."[71] *Eine Frau. Roman* (1974) ist ein weiteres Werk Peter Härtlings, das autobiographisch fundiert ist. Es ist die Geschichte einer Frau, es sind Lebensstationen der Fabrikantentochter und Fabrikantenfrau Katarina Perchtmann. Das familiäre Umfeld, die Kindheit und Jugend sowie einige spätere Erlebnisse der Erzählfigur entsprechen der Biographie von Härtlings Mutter. Der Kritiker Rolf Michaelis weist auf die Suche des Erzählers und der Erzählfigur nach der zukünftigen Zeit hin: „Sie kämpfen beide, für eine Politik der Vernunft, der möglichen Veränderung, aus Furcht vor dem Menschen."[72] Er

---

69 M. Reich-Ranicki: *Wirrwarr von Erinnerung.* In: „Die Zeit", 19. 09. 1969.

70 W. Ross: *Proust aber zu trocken. Peter Härtlings Erinnerungsbuch „Zwettl".* In: „Die Zeit", 18. 05. 1973.

71 Ebenda.

72 R. Michaelis: *Unterhaltungsroman – na und? Peter Härtling: „Eine Frau".* In: „Die Zeit", 30. 08. 1974.

betrachtet diesen Roman als ein Emanzipationsroman. 1980 kommt der Erinnerungsroman: *Nachgetragene Liebe* heraus, in dem Peter Härtling die traumatische Vaterbeziehung aufarbeitet. Der Erzähler stellt dem Vater die Frage, die nie beantwortet wird: „Warum hast du damals dein Schweigen begonnen und es so gut wie nie gebrochen?"[73] Härtling ist in seinen Vorwürfen nicht aggressiv, er sieht den Vater mit „trauriger Zärtlichkeit, vorwurfsvoller Bedenklichkeit"[74] an. Zum Schluss wird er sentimental: „Er dränge dem Vater die nachgetragene Liebe auf"[75] in den Worten: „Du warst weit weg, Vater, jetzt nähern wir uns einander... Ich fange an, dich zu lieben."[76] Burckhard Drücker zufolge scheint dieses Buch für Härtling ein „einzigartiger selbsttherapeutischer Akt zu sein, in dem er seine leidvolle, unbewältigte Vaterbeziehung literarisch objektiviert und so zu bewältigen versucht."[77] 1986 kommen *Felix Guttmann. Roman* – ein weiteres Erinnerungsbuch – 1994 *Božena. Eine Novelle* heraus, in der Härtling die Geschichte Boženas Koska erzählt, der der Leser schon als Frau Spatschek, der Sekretärin begegnete, im Roman *Nachgetragene Liebe*. Schon wieder erkennt man die Stationen des Vaterslebens von der Übernahme der Rechtsanwaltskanzlei in Olomouc (Olmütz) bis zu seiner Gefangenschaft und dem Tod. Das Werk handelt schon wieder von „Einsamkeit und Kälte"[78].

Im Jahre 1970 kommt Peter Härtlings viertes Kind Sophie zur Welt. In demselben Jahre schreibt er *... und das ist die ganze Familie*, womit seine Karriere als Kinderbuchautor beginnt. Der Anfang dieser Karriere ist eher zufällig. Im Jahre 1969 soll er in Bayreuth die Laudatio auf den Kinderbuchpreisträger Jan Procházka[79] halten. Darüber spricht er vor der Vorbereitung der Lobrede mit seinem Sohn: „Fabian, erzähle doch mal, was du heute so gemacht hast. Und das, was er erzählt hat, habe ich zum Teil mitgeschrieben, zum Teil es mir gemerkt. Aus dem, was er da erzählt hat, habe ich dann eine Montage gemacht. Es sind fast alle Texte von ihm, die allerdings rhythmisch montiert werden mussten, damit eben dieser Tagesablauf klar wurde. Das habe ich dann vorgelesen in Bayreuth

73 P. Härtling: *Nachgetragene Liebe*. Darmstadt, Neuwied 1980, S. 10.

74 R. Stumm: *Vater – lieber Vater. Thema mit Variationen in neuen Büchern*. In: „Die Zeit", 15. 02. 1980.

75 Ebenda.

76 P. Härtling: *Nachgetragene... op. cit.*, S. 168.

77 B. Dücker: *Peter... op. cit.*, S. 54.

78 J. Krätzer: *Ein nur bedingt gestattetes Leben*. In: „Neue Deutsche Literatur", 1994. H. 6, S. 145.

79 Jan Procházka bekommt im Jahre 1969 den Deutschen Jugendliteraturpreis für das Jugendbuch *Es lebe die Republik*.

und dann kamen eben einige Verleger. Einer sagte zu mir: ‚Schreiben Sie doch noch mehr'."[80] Seitdem wird die Kinderliteratur zu einem wesentlichen Teil von Härtlings Schriftstelleridentität: „Für mich gehören die Kinderbücher zu meiner Literatur ganz wesentlich dazu, es ist eine Spielart von Literatur, die ich sehr ernst nehme."[81] Peter Härtling setzt sich theoretisch mit der Kinderliteratur auseinander. Am schärfsten wird es in dem folgenden Zitat zum Ausdruck gebracht: „Kindliche Leser sollen sich engagieren – freilich nicht für irgendeine Partei, irgendeine Ideologie, sondern sie sollen Recht und Unrecht erkennen, sie sollen beim Lesen lachen und weinen, zornig sein und sanft, dafür reden und dagegen. Das geschieht am ehesten, wenn sie sich identifizieren. Auf der Fährte solcher anziehenden Gestalten und mit einer Sprache, die das Schwierige nicht vereinfacht, können sie auch an die Ränder unserer Wirklichkeit geführt werden, in die Verlassenheit, die Armut, die wortlose Verzweiflung."[82] Sabine Maria Hosp zufolge schildert Härtling in seinen Kinderbüchern keine heile Welt[83]. Die Realität wird den Kindern ohne Tabus und Vorbehalte präsentiert. Genau beschrieben werden unterschiedliche soziale Milieus. Fast die ganze Bandbreite sozialer Probleme wird abgedeckt. Der Handlungsort ist meist geographisch fixiert. Die Erzählfiguren, Kulissen und Themen sind gegenwartsbezogen. Immer wieder greift der Härtlingsche Erzähler auf die Vergangenheit zurück, in dem er alte Menschen einsetzt, die den Kindern von früher erzählen. Die Erzählfiguren gehören zu den Einsamen, Behinderten, Verlassenen. Vom Erzähler werden sie bis in ihren privaten Raum hinein verfolgt. In fast allen Kinderbüchern werden mal stärker, mal schwächer den Kindern Erwachsene an die Seite gestellt, an denen sie sich orientieren können. Die Erwachsenen helfen ihnen, den eigenen Weg zu finden. Keine Happyends werden dem Leser geschildert. Härtlings Kinderbücher werden nicht nur an Kinder, sondern auch an Erwachsene gerichtet. In seinen Kinderbüchern vermittelt Härtling viel Autobiographisches. Der Kern seines kinderliterarischen Schreibens ist, seiner Meinung nach, das Zusammenleben, der Dialog zwischen den Generationen. Härtlings Kinderbücher durchschmuggeln erzieherische Absichten. Weitere Bücher für Kinder, in denen er gegen das Versagen der Eltern schreibt und das „schöne Wunschbild der heilen Familie

---

80 R. Ekkehart: *Protokoll zur Person...* op. cit., S. 83.

81 S. Onderdelinden: *Gespräch mit Peter Härtling.* In: „Deutsche Bücher", 10. Jg., 2/1980, S. 90.

82 P. Härtling: *Über die Schwierigkeiten und das Vergnügen beim Schreiben für Kinder.* In: *Zwischen Untergang...* op. cit., S. 357/358.

83 Vgl.: S. M. Hosp: *„Texte sind Gelehrten"...* op. cit.

bewahrt"[84], sowie „für seine verlassenen Kinder Bezugspersonen sucht"[85], sind: *Das war der Hirbel* (1973), *Zum laut und leise Lesen. Geschichte und Gedichte für Kinder* (1975), *Oma* (1976), *Theo haut ab* (1977), *Hubert oder die Rückkehr nach Casablanca. Roman* (1978), *Ben liebt Anna* (1979) und *Sofie macht Geschichten* (1980). Weitere Kinderbücher: *Alter John* (1981), *Jakob hinter der blauen Tür* (1983), *Krücke* (1987), *Geschichten für Kinder* (1988), *Fränze* (1989), *Mit Clara sind wir sechs. Von den Scheuerers, die sich alle Mühe geben, eine Familie zu sein* (1991), *Lena auf dem Dach* (1993), *Jette* (1995), *Tante Tilli macht Theater* (1997) und schließlich *Reise gegen den Wind* (2000). Sein weiterer Aktivitätsbereich auf dem Gebiet Kinderliteratur ist die Herausgabe von verschiedenen Texten der großen Literaten bzw. Musiker für Kinder. Die Reihe eröffnet der Band *Ich bin so guter Dinge*[86] vom Jahre 1998. Darauf folgt im Jahre 2004 als Buch und Hörbuch zugleich: *... und mich – mich ruft das Flügeltier*[87]. Ein Jahr später erscheint als Buch und Hörbuch: *Ich bin ein Musikus*[88].

Peter Härtling wagt auch Versuche auf dem Gebiet des Dramas. 1970 verfasst er *Gilles. Ein Kostümstück aus der Revolution* ein Stück. Ein zweites Stück schreibt er im Jahre 1997 unter dem Titel: *Melchinger Winterreise. Stationen für die Erinnerung*, das am 13. Dezember 1997 im Theater „Lindendorf", Melchingen Uraufführung hat. Motive dieses Stückes: Flucht und Flüchtlingskind, Sprachelernen und Fremde in der Heimat sind Motive, die sein ganzes Schaffen durchziehen.

Peter Härtling ist Mitglied der Akademie der Wissenschaften und der Literatur in Mainz, der Akademie der Künste von Berlin und Brandenburg und der Deutschen Akademie für Sprache und Dichtung in Darmstadt. Im Erscheinungsjahr der ersten Künstlerbiographie *Niembsch oder Der Stillstand. Eine Suite* wird Härtling mit dem ersten Literaturpreis des Verbandes der Kritiker (Kritikerpreis) gewürdigt. Darauf folgen weitere Preise für das Werk: Förderpreis Literatur des Landes Niedersachsen (1965), Ehrengabe des Kulturkreises im Bundesverband der Deutschen Industrie (1966), in demselben Jahr Prix du meilleur Livre Étranger für französische Ausgabe von *Niembsch*. Zu den wichtigsten Auszeichnungen, die ihm verliehen werden, gehören: der Gerhart-Hauptmann-Preis der

---

84 B. Dankert: *Familie Einspruch! Peter Härtlings Roman „Lena auf dem Dach"*. In: „Die Zeit", 08. 10 1993.

85 Ebenda.

86 P. Härtling (Hg.): „*Ich bin so guter Dinge"*. Goethe für Kinder. Frankfurt a. M. 1998.

87 P. Härtling (Hg.): „*...und mich – mich ruft das Flügeltier"*. Schiller für Kinder. Frankfurt a. M. 2004.

88 P. Härtling (Hg.): „*Ich bin ein Musikus"*. Mozart für Kinder. Frankfurt a. M. 2005.

Freien Volksbühne Berlin für *Gilles. Ein Kostümstück aus der Revolution*, der Schubart-Preis der Stadt Aalen für *Das Familienfest*. Im Jahre 1976 bekommt er den Deutschen Jugendbuchpreis für das Kinderbuch *Oma*. Ein Jahr später 1977 wird ihm der Titel des Stadtschreibers von Bergen verliehen. 1978 bekommt er den Wilhelmine-Lübke-Preis des Kuratoriums Deutsche Altershilfe. Im Jahre 1980 erhält er den Zürcher Kinderbuchpreis „La vache qui lit" für *Ben liebt Anna* und *Sofie macht Geschichten*. Darauf folgen: der Naturschutzpreis der Kreisgruppe Groß-Gerau des Bundes für Umwelt und Naturschutz (1982), der Preis der Stiftung zur Förderung der Geistigen und Kulturellen Arbeit (1985), der Hermann-Sinsheimer-Preis und der Hölderlin-Preis der Stadt Bad Homburg (1987), der Lion-Feuchtwanger-Preis (1992), die Verleihung des Titels eines Professors durch das Land Baden Württemberg (1994), des Großen Bundesverdienstkreuzes, des Titels des Mainzer Stadtschreibers (1995), der Wilhelm-Leuschner-Medaille des Landes Hessen und der Karl-Preuser-Medaille durch die Deutsche Literaturkonferenz (1996). Im Jahre 1998 wird er zum Präsidenten der Hölderlin-Gesellschaft gewählt und im Jahre 2000 bekommt er den Eichendorff-Preis. Ein Jahr später wird ihm der Sonderpreis des Jugendbuchpreises für das kinderliterarische Gesamtwerk verliehen. Im Jahre 2003 bekommt er den Deutschen Bücherpreis für sein Gesamtwerk. In demselben Jahr erhält er den Titel des Ehrenbürgers der Stadt Mörfelden-Walldorf. Ein Jahr später wird ihm der Titel des Ehrenbürgers der Stadt Nürtingen am Neckar verliehen.

2. Peter Härtlings Künstlerbiographien

2.1. Härtlings Annäherungen an seine Künstler

Peter Härtling fühlt sich sehr eng mit Romantikern verbündet und verwandt. Seine Affinität zum Zeitalter der Romantik und des Biedermeiers kommt vor allem dadurch zum Ausdruck, dass der von ihm zu der Erzählfigur seiner Künstlerbiographie ausgewählte Künstler eben in den erwähnten Epochen gelebt und geschaffen hat. Der Künstler der Romantik- und Biedermeierzeit wird zur Erzählfigur, seine Epoche, seine Einstellung zu der Umwelt, in der er zu wirken hatte, aber auch die Einstellung der Umwelt zu ihm werden in den Romanen mal in allen Einzelheiten mal nur knapp dargestellt. Geschildert wird in den Künstlerbiographien der Künstler in seiner Zeit, seine Kunst- und Weltauffassung. Vermittelt bekommt der Leser das Verhältnis zwischen dem Künstler und der Gesellschaft. Thematisiert werden die Motive des menschlichen Fremdseins und des Außenseitertums.

Härtlings Kindheit erinnert ihn an die seiner Künstler, die er sich zu Protagonisten wählt. Der frühe Vaterverlust – im Februar 1943 muss der Vater in den Krieg und kurz darauf in die Kriegsgefangenschaft, wo er 1945 stirbt – ruft bei ihm die Assoziationen mit dem frühen Verlust des Vaters von Friedrich Hölderlin, Eduard Mörike oder Robert Schumann hervor. Genauso wie seine Erzählfiguren verliert er damit den Zugang zu der Männerwelt. Die Frauenherrschaft gewinnt dann an Bedeutung: „Ich würde schon behaupten wollen, dass ich, bis in meine Berufsjahre hinein, häuslich, jetzt sag' ich nicht zu Hause, nichts anderes erfahren habe als Frauen. Und eben immer, wenn auch beruhigt und anders, die Erinnerungen und Erfahrungen der Frauen mit teilte."[89] Ähnliches betrifft „seinen" Lenau, Hölderlin, Mörike und Schumann. Als der sehr frühe „Nestflüchter" findet er jedoch sehr schnell Männer in seiner Umgebung, die ihm zum Vaterersatz oder zum „Jungzugführer" werden. Wie Hölderlin, Waiblinger, Schubert und Mörike, die Internatsschüler waren, also in „Männergesellschaften aufwuchsen"[90], die dort Männerfreundschaften geschlossen haben, schließt auch Härtling seine ersten Männerfreundschaften in der Schulzeit, sei es mit Fritz Ruoff, Erich Rall oder Alexander Besser, seinem Nachbarn, die zu dieser Zeit zugleich zu seinen Ersatzvätern[91] werden.

---

89 P. Härtling: *Das andere Ich...* op. cit., S. 49.
90 Ebenda.
91 Vgl.: Ebenda, S. 50–58.

Der weitere Grund, warum sich Härtling seinen Künstlern so nahe fühlt, ist die geographische Nähe. Im Jahre 1946 begibt sich seine Familie nach Nürtingen, in die Stadt, wo er sein Zuhause gefunden hat: „[…] nach 1945 gab es zwar Heimatvertriebene und Einheimische, doch von Heimat war nicht mehr die Rede, nur von dem ungleich wichtigeren Zuhause."[92] Er gibt selber zu, dass Nürtingen zu seinem Zuhause wurde: „Als ich aus dem Güterwaggon, der zufällig in Nürtingen abgekoppelt worden war, die Alb sah, las ich die Urschrift meiner Landschaft."[93] In Nürtingen am Neckar lebt er von 1946 bis 1954. Nürtingen ist auch die Stadt der Kindheit und frühen Jugend Friedrich Hölderlins, der hier als vierjähriges Kind mit der Mutter, dem Stiefvater und der Schwester Heinrike umgezogen ist. Seine Mutter lebte in der Stadt bis zu ihrem Tod im Jahre 1828. In Nürtingen bzw. im Umland von der Stadt lebte auch Eduard Mörike, dessen Mutter Charlotte Dorothea aus einem Pfarrhaus in Grafenberg stammte. Sein Amt als Vikar führte ihn nach Oberboihingen, Möhringen, Owen, Ochsenwang, Weilheim, Teck und Ötlingen.

Peter Härtling wächst ungefähr zwanzig Kilometer von der „Gelehrtenrepublik"[94], von Tübingen auf, wo die Mehrzahl seiner zu den Erzählfiguren gewordenen Künstler studiert haben: „Ich bin zweiundzwanzig Kilometer östlich von Tübingen aufgewachsen. Da geht's den Neckar flussauf nach Tübingen, und die Nürtinger, die auch nur irgendwann studiert hatten, haben alle in Tübingen studiert."[95] So hat Friedrich Hölderlin in den Jahren 1788–1793 studiert, Eduard Mörike und Wilhelm Waiblinger waren Studenten im Tübinger Stift in den Jahren 1822–1926. Härtling lernt die Tübinger Universität sozusagen aus der zweiten Hand, und zwar durch Lehrer, Bekannte und Mentoren in Nürtingen. Doch die Nähe zu der Stadt sowie die Aura der Universität wurden zum Impuls, sich sehr früh für die Künstler zu interessieren: „Ich habe als 14- oder 15jähriger durch reinen Zufall eine antiquarische Ausgabe von Waiblingers HÖLDERLIN gekauft. Das ist mein erster Anstoß gewesen, seine Erfahrungen mit dem alten, kranken Hölderlin. Das war für mich eminent, damals schon, und ist es bis heute geblieben."[96]

Die Verbrüderung mit den Künstlern der Romantik- und Biedermeierzeit zeichnet sich jedoch nicht nur durch die lokale Nähe, vielmehr durch die geistige

---

92 P. Härtling: *Über Heimat.* In: *Zwischen Untergang… op. cit.,* S. 45.
93 Ebenda, S. 46.
94 P. Ross, P. Härtling: *Von Nürtingen nach Tübingen. Auf Hölderlins Spuren. Gespräch.* In: *Zwischen Untergang… op. cit.,* S. 332.
95 Ebenda.
96 Ebenda, S. 334/335.

aus. Wie seine Erzählfiguren musste er sich als freier Schriftsteller durchkämpfen. Wie diese musste er um seine schriftstellerische Existenz kämpfen. Er brauchte gegen die Pläne der Mutter nicht zu rebellieren oder seine Wahl ständig zu rechtfertigen wie Hölderlin: „Mein sonderbarer Charakter, meine Launen, mein Hang zu Projektionen und (um nur recht die Wahrheit zu sagen) mein Ehrgeiz – alles Züge, die sich ohne Gefahr nie ganz ausrotten lassen – lassen mich nicht hoffen, dass ich im ruhigen Ehestande, auf einer friedlichen Pfarre glücklich sein werde."[97] oder wie Hölderlin es im Briefe an die Schwester Rike ausdrückt: „Und da ist mein höchster Wunsch – in Ruhe und Eingezogenheit einmal zu leben – und Bücher schreiben zu können, ohne dabei zu hungern."[98] Was Härtling und seine Künstler verbindet ist derselbe Wunsch: „Als ich bei Fischer kündigte, hatte ich den ersten Teil von *Eine Frau* geschrieben und merkte, dass mir nicht nur die Zeit mehr und mehr fehlte, sondern die Konzentrationskraft nachließ, ich immer längere Anläufe brauchte. Und Anläufe inmitten eines Romans sind zerstörend. Von daher war meine Kündigung eine Art von lebensrettendem Akt. [...] Ich hatte alle Bequemlichkeiten, aber keine Bequemlichkeit hilft, wenn man sich hinsetzt und den ersten Satz schreibt."[99] Sich auf das Schreiben konzentrieren heißt der Wunsch Härtlings. Er will sich an die freien Schriftsteller anreihen, den Beruf ausüben, der sich in Hölderlins Epoche herausbildete[100]. In der Anfangsphase tritt er doch verschiedene Stellen an, um sein Brot zu verdienen, ähnlich wie Mörike, der sich als Pfarrer versucht, Hölderlin, der verschiedene Hauslehrerstellen antritt oder die Komponisten Schubert, der immer wieder als Musiklehrer sein Brot zu verdienen versucht, was jedoch ständig scheitert, Schumann, der sich als Dirigent zu verdingen versucht und schließlich Hoffmann, der verschieden öffentliche Ämterstellen bekleidet. Doch das freie Schaffen ist für Härtling sowie für seine Künstler das wichtigste. Genau wie sie hat er sich entschlossen, seiner Kunst und von seiner Kunst zu leben. Noch ein Aspekt

---

97   F. Hölderlin: *Briefe. An die Mutter vom Juni 1791*. In: F. Hölderlin: *Sämtliche Werke und Briefe*. Zweiter Band, München 1989, S. 544.

98   F. Hölderlin: *Briefe. An die Schwester vom März 1791*. In: F. Hölderlin: *Sämtliche Werke... op. cit.*, S. 542.

99   P. Härtling: *Das andere Ich... op. cit.*, S. 80.

100   Vgl.: H. J. Haferkorn: *Zur Entstehung der bürgerlich-literarischen Intelligenz und des Schriftstellers in Deutschland zwischen 1750 und 1800*. In: *Literaturwissenschaften und Sozialwissenschaften 3: Deutsches Bürgertum und literarische Intelligenz 1750–1800*. Hg. v. B. Lutz. Stuttgart 1974, S. 195 ff., Oder: W. von Ungern-Sternberg: *Schriftsteller und literarischer Markt*. In: *Deutsche Aufklärung bis zur Französischen Revolution*. Hg. v. R. Grimminger. München 1980, S. 133–185.

verbindet ihn mit seinen Künstlern. Wie seine Erzählfiguren ist er nicht ganz zur Tat fähig. Das Denken ist seine Stärke, nicht der Kampf. Durch Schreiben versucht er der Gesellschaft den Weg zu weisen. Sich nicht einmischen, sondern mitdenken und mitfühlen ist sein Lebensprogramm.

Peter Härtling fühlt sich auch mit den Musikern der Romantik- und Biedermeierzeit verbrüdert. Zu betonen ist aber gleich am Anfang, dass Härtling keine musikalische Ausbildung vorzuweisen hat. Im Gespräch mit Jürgen Krätzer gibt er zu: „[…] ich spiele kein Instrument, und Noten kann ich lesen, wie ein Kind die Fibel buchstabiert. Ich bin also technisch nicht sonderlich gut ausgerüstet, um fachlich mit Musik umzugehen. Aber ich habe […] ein ganz natürliches Formverständnis für Musik, den Aufbau eines Musikstückes und ein relativ gutes musikalisches Verständnis."[101] Härtling bedauert, kein Musiker zu werden, denn „die Musik beginnt dort, wo im Extremen der Text endet."[102] Er äußert den Wunsch: „Wenn ich schreibe, habe ich den Wunsch: Jetzt muss die Musik kommen."[103] Bewundert wird der Biedermeier-Komponist Franz Schubert, dem gelungen ist, aus dem Text, aus dem Wort, Musik herauszuholen. „Bei Schubert […] geschieht beides so, dass es einem Musiker gelingt, Wortbedeutung in Musikbedeutung umzusetzen. Dass also die begleitende Musik, denn es ist ja eigentlich Begleitmusik, absolut adäquat ist und auch übers Wort hinausgeht. Sie schafft plötzlich etwas, das ich mir immer wünsche: Dass die in den Wörtern steckende Musik herausspringt und hörbar wird."[104] Nicht nur die musikalische Ebene des Wortes verbindet Härtling mit Franz Schubert und Robert Schumann. Vielmehr ist es die Thematik, mit der sich die Künstler abgeben, weil die Musik, die sie schaffen, „voller fluchtartiger Bewegung" und „voller Flüchterangst"[105] ist.

Das Aufgreifen der Motive von Peter Härtling, die so charakteristisch für seine Künstler sind, ist auf das Leben des Romanciers selbst zurückzuführen: „Mit fünfzehn Jahren hörte ich zum ersten Mal mein Lied […]. ‚Fremd bin ich eingezogen, Fremd zieh ich wieder aus […]' Gerade dieses suchende und gesuchte FREMD bewegte mich tief. Es sprach von mir, das ganze Lied erzählte von mir."[106] Mit dem ersten Satz seines im Jahre 1988 erschienen Werks *Der Wanderer* kommt der Zusammenhang zwischen dem Motiv der Wanderschaft

---

101 P. Härtling: *Das andere Ich…* op. cit., S. 140.
102 Ebenda, S. 141.
103 Ebenda.
104 Ebenda, S. 144.
105 Ebenda, S. 147.
106 P. Härtling: *Der Wanderer*. Darmstadt, Neuwied 1988, S. 11.

und der Fremde in der Autobiographie Härtlings zum Vorschein. Die Kindheit und Jugend, die nur traumatische Erlebnisse mit sich brachten, d.h. die kriegsbedingte Emigration, die Flucht, der Verlust des Vaters und später der Mutter sowie Neubeginn in Nürtingen (Schwaben) scheinen dazu beizutragen, die geistige Verwandtschaft zu den Romantikern aufzuspüren und dann ganz bewusst diese zu unterhalten. Die Erlebnisse und die Folgen deren charakterisiert er in *Meine Lektüre* folgendermaßen: „Es war das Gefühl einer verzweifelten Freiheit, eines Rauschs, alles verloren zu haben, was zuvor fesselte, reglementierte; die Sinnlosigkeit gewann Kraft, sie war ein Teil des Lebens, wie auch die Verwüstung, mit der ich umging."[107] Die entscheidenden Punkte, die den Anstoß zu dem Erkennen und der Analyse des menschlichen Fremdseins allgemein und der Auseinandersetzung mit der Thematik in Bezug auf die romantischen Künstler und sich selbst in den Künstlerbiographien geben, bilden Härtlings erlebtes Fremdsein und literarischerseits das erste Lied des Liederzyklus *Die Winterreise* von Wilhelm Müller und Franz Schubert. Die Fremde, die die Romantiker anbelangt, ist Nicole Hess zufolge in zwei verschiedenen Wegen zu ertragen. Der Künstler bewahrt in sich ein Stück kultureller Heimat in der geographischen Fremde oder er bleibt am bzw. kehrt zurück an den Heimatort und begibt sich auf die geistig-kulturelle Wanderschaft[108]. Die Emigration findet also statt in die beiden Richtungen. Der äußeren Emigration wird die innere entgegengesetzt. Die Härtlingschen Künstler d.h.: Nikolaus Lenau, Friedrich Hölderlin, Eduard Mörike, Wilhelm Waiblinger, Franz Schubert, Robert Schumann und E.T.A. Hoffmann versuchen die beiden Möglichkeiten einzuschlagen, am Ende jedoch gewinnt der zweite Weg, die innere Flucht, die in der Kunst verwirklicht wird.

All die oben genannten Künstler können als die abgestempelt werden, die „aus der Realität in die Kunst geschlüpft"[109] sind. Die sind zwar unterwegs, doch ihre Wanderschaft führt in sie hinein, wie es bei Peter Härtling heißt: „Der Wanderer schreitet nicht mehr aus, er wendet sich nach innen."[110] Die Kunst als Ersatz für die Fremde, die man jeden Tag erlebt und erfährt, betrachtet man als das Zuhause. Wodurch zeichnet sich die Fremde in einzelnen Fällen aus? Worauf beruht sie? Es sind die ersten Fragen, die man sich stellen soll. Die Fremde ist durch zwei Faktoren verursacht: die Künstler als Opfer der gesellschaftlichen Verhältnisse, sei es Friedrich Hölderlin, Eduard Mörike, Wilhelm Waiblinger, Franz Schubert, Robert Schumann und schließlich E.T.A. Hoffmann, und zuletzt

---

107 P. Härtling: *An den Studienrat Dr. S.* In: *Meine Lektüre...* op. cit., S. 139.
108 Vgl.: N. Hess: *„Die Fremde ist das Normale"...* op. cit., S. 28.
109 P. Härtling: *Der Wanderer...* op. cit., S. 33.
110 Ebenda, S. 88.

die Künstler als Opfer der familiären Verhältnisse. Der Gruppe kann man alle genannten Dichter und Musiker zuordnen. Ähnlich verlassen durch die Familie, durch die vorzeitig gestorbenen Eltern fühlt sich Peter Härtling. Fremd fühlt er sich auch in der Gesellschaft, in der er sich anfänglich politisch engagieren will, was er jedoch mit dem *Offenen Brief an Willy Brandt*[111] aufgibt. Zurückgezogen in Mörfelden-Walldorf widmet sich der Schriftsteller seiner Kunst. Hier versucht er seine Affinität zur Romantik, zu den Eigenschaften, die ihn besonders an die Romantiker heranziehen d.h.: der äußerste Individualismus der romantischen Dichter, ihre leidenschaftliche Suche nach dem Unendlichen, ihre tiefe Schwermut, ihre Sehnsucht nach dem Tode, ihre Liebe zur Musik, ihr Streben die Poesie mit der Philosophie in Berührung zu bringen, in seinen Künstlerbiographien wiederzugeben.

2.2. *Niembsch oder Der Stillstand. Eine Suite.* Ein Traktat über Zeit, Erinnerung und Sprache

Der vom Ende 18. und der ersten Hälfte des 19. Jahrhunderts angezogene Peter Härtling schreibt im Jahre 1964 seine erste Künstlerbiographie *Niembsch oder Der Stillstand. Eine Suite.* Zur Erzählfigur seiner Künstlerbiographie nimmt sich Härtling den Dichter österreichischer Herkunft Nikolaus Franz Niembsch Edler von Strehlenau. Es ist zu bemerken, dass auf dem Umschlag der ersten Ausgabe des Textes vom Jahre 1964 das Wort Roman erscheint. In den späteren Ausgaben gibt's diese Bezeichnung nicht mehr. Dafür fügt Härtling, in Anlehnung an die Musik, die Bezeichnung *Eine Suite* hinzu. Eine aus einer Folge von in sich geschlossenen, nur lose verbundenen Sätzen bestehende Komposition ist nicht nur an dem Untertitel zu erkennen. Der literarische Text ist in acht Kapitel eingeteilt, die nach musikalischen Sätzen benannt werden. Die Suite ist ein meist aus der Satzfolge Allemande, Courante, Sarabande und Gigue gebildetes musikalisches Gerüst, das aber durch Vorspann freier Einleitungssätze (Präludium) und durch Einschub französischer Tänze wie das Menuett, die Bourrée, die Gavotte oder das Air vielfältig erweitert werden kann. Härtling hat nur die Courante weggelassen, dafür aber ein Rondo eingeführt.

Zur Erzählfigur wird Nikolaus Franz Niembsch[112], Edler von Strehlenau. Er wird am 13. August 1802 in Csatád in Ungarn, als das dritte von vier Kindern

111 P. Härtling: *Offener Brief...* op. cit., S. 419–421.
112 Zu Nikolaus Franz Niembsch: H. Schmidt-Bergmann: *Nikolaus Lenau. Zwischen Romantik und Moderne. Studien.* Wien 2003; M. Ritter: *Zeit des Herbstes. Nikolaus Lenau. Biografie.* Wien 2002.

des aus einer im preußisch-schlesischen Strehlen beheimateten österreichischen Offiziersfamilie hervorgegangenen Rentamtschreibers Franz Niembsch geboren. Die Mutter, Maria Theresia Antonia, geborene Maigraber, entstammt einer österreichischen, in Ungarn lebenden Bürgerfamilie. Nach dem frühen Tod des Vaters am 23. April 1807 lebt die Familie, die inzwischen nach Buda umgezogen war, zunächst in Armut bis zur Wiederverheiratung der Mutter im Jahre 1811 mit dem ehemaligen Militärarzt Karl Vogel. In den Jahren 1812–1815 besucht Lenau das Piaristengymnasium in Pest. In Tokaj, wohin die Familie 1816 übersiedelt, erhält er Privatunterricht durch den Ungarn Joseph von Kövesdy, er lernt nebenher das Geigen- und Gitarrenspiel. Im Jahre 1817 besteht er seine Prüfungen am Piaristengymnasium in Sátoraljaújhely und 1818 am Gymnasium in Pest. Anschließend zieht er auf Wunsch seiner Großeltern väterlicherseits zu ihnen nach Stockerau bei Wien um. Hier besucht er einen auf 3 Jahre angelegten philosophischen Lehrgang, ohne ihn jedoch abzuschließen. 1820 wird sein Großvater Oberst Josef Niembsch in den Adelsstand erhoben, stirbt aber bereits 1822. Von 1821–1830 studiert Lenau jeweils für kurze Zeit in Pressburg das ungarische Recht, in Ungarisch-Altenburg Landwirtschaft, in Wien Rechtswissenschaft und dann Medizin. Seit 1823 pflegt er anregende Kontakte mit Wiener Schriftstellern, wie mit dem Lyriker und Dramatiker Johann Gabriel Seidl (1804–1875), mit dem Lyriker, Epiker und Übersetzer Anastasius Grün (1806–1876), dem Wissenschaftler Eduard von Bauernfeld (1802–1890), mit Franz Grillparzer (1791–1872), dem Schauspieler Ferdinand Raimund (1790–1836), dem Lyriker und Dramatiker Joseph Christian von Zedlitz (1790–1862) sowie dem Arzt, Philosophen, Lyriker und Literaturkritiker Ernst von Feuchtersleben (1806–1849). 1828 wird erstmals eines seiner Gedichte, *Die Jugendträume*, in Johann Gabriel Seidls Taschenbuch *Aurora* veröffentlicht. Seit 1830 publiziert er unter dem Pseudonym Nikolaus Lenau. Nach dem Tode seiner Mutter 1829 und seiner Großmutter väterlicherseits 1830, die ihn zum Erben einsetzt, gibt er sein Studium auf. Von 1821 bis 1828 währt seine Freundschaft mit Bertha Hauer. Im Jahre 1830 lernt er in Gmunden Nanette Wolf kennen. Im August 1831 hält sich Lenau in Schwaben auf, wo er Kontakte zu den Dichtern der Schwäbischen Schule[113] knüpft, insbesondere zu dem Pfarrer, Dichter und Publizisten Gustav

---

113 Schwäbische Schule auch schwäbische Romantik oder schwäbischer Dichterbund benannter württembergischer Dichterkreis zwischen 1810 und 1850 um Ludwig Uhland und Justinus Kerner. Der ursprüngliche Kreis, dem noch Gustav Schwab und Karl Mayer angehörten, erweiterte sich später um Wilhelm Hauff, Gustav Pfizer, Johann Georg Fischer und Eduard Mörike. Vgl.: G. Storz: *Schwäbische Romantik. Dichter und Dichterkreise im alten Württemberg.* Stuttgart 1967. Oder: *Metzler*

Schwab (1792–1850), dem Dichter und Professor für deutsche Sprache und Literatur an der Universität Tübingen Ludwig Uhland (1787–1862), dem Dichter und Arzt Justinus Kerner (1786–1862), dem Grafen Alexander von Württemberg (1801–1844), Karl Hartmann Mayer (1786–1870), und wo er seinen ersten Vertrag mit dem Stuttgarter Verlag Cotta abschließt. Zeitweilig setzt er sein Medizinstudium in Heidelberg fort. Die Liebe zu Lotte Gmelin gibt ihm den Impuls zu neuen Gedichten. 1832 unternimmt er eine Reise nach Amerika. Hier erwirbt der Dichter ein Grundstück in Crawford County. Ein Jahr später kehrt er jedoch enttäuscht nach Stuttgart zurück. Im Jahre 1832 erscheinen in Stuttgart bei Cotta *Schilflieder* in Gedanken an Lotte Gmelin und *Winternacht*. 1833 lernt der Dichter in Wien die verheiratete Schriftstellerin Sophie von Löwenthal, geborene von Kleyle (1810–1889) kennen. Ihr widmet er Liebesgedichte, mit ihr pflegt er einen intensiven Briefwechsel und in ihrem Haus wohnt er von 1837 bis 1841, unterbrochen durch seine Aufenthalte in Schwaben. 1835 stellt er das Gedicht *Faust* fertig. Ein Jahr später beginnt er die Arbeit an *Savonarola*. Er schließt Bekanntschaft und unterhält Korrespondenz mit dem dänischen Theologen Hans Lassen Martensen (1808–1884) über religiöse und philosophische Themen. Im Sommer 1838 verweilt er in Bad Ischl bei Sophie von Löwenthal. 1840 kommt die von Lenau als Ausweg aus seiner Beziehung zu Sophie gewünschte Heirat mit der Sängerin Caroline Unger-Sabatier (1803–1877) nicht zustande. Im Jahre 1842 werden die Gedichte *Die Albigenser* veröffentlicht, ein Jahr später entstehen *Waldlieder*. 1844 erscheint das Drama *Don Juan*. Im August desselben Jahres verlobt sich Lenau in Stuttgart mit Marie Behrends. Er trifft sich mit dem Maler und Zeichner Moritz von Schwind (1804–1871) und dem Komponisten Felix Mendelssohn-Bartholdy (1809–1847) zusammen. Am 29. September 1844 erleidet Lenau eine Lähmung der Gesichtsnerven. Danach verfällt er dem Wahnsinn, wird im Oktober in die Heilanstalt Winnenthal bei Stuttgart eingeliefert. Im Mai 1847 wird er in die Pflegestätte Oberdöbling bei Wien verlegt, wo er noch 3 Jahre bis zu seinem Tode in geistiger Umnachtung am 22. August 1850 verbringt.

Peter Härtling nimmt aus der ganzen Biographie von Nikolaus Lenau nur die Zeit von der Rückkehr aus Amerika im Jahre 1833 bis zu seinem Tode im Jahre 1850. Der Härtlingsche Erzähler wählt nur einzelne Lebensstationen des Künstlers aus. Nur an manchen Stellen erscheinen die Rückblicke auf die Kinderzeit des Künstlers. Im Präludium erfährt man von seiner Rückkehr aus Amerika.

Literatur Lexikon. Begriffe und Definitionen. Hg. v. G. u. I. Schweikle. Stuttgart 1990, S. 419–420.

Er kehrt „verändert" (N. 8)[114] zu den Schwestern Maria und Margarethe Winterthaler nach Stuttgart zurück. Auf dem Rückweg fällt er auf Wolfgang Amadeus Mozart und seinen *Don Juan*. Der Härtlingsche Erzähler vermutet: „Etwas aus Verwandtschaftsgründen?" (N. 15) In dem ersten Kapitel trifft man auf die ersten Rückblenden, die über Niembschs Kinderzeit berichten, über sein gebrochenes Verhältnis zu der Mutter, über seine ersten sexuellen Erfahrungen mit der Prostituierten Josefine Kutschera. In dem zweiten Kapitel *Rondo* werden die Szenen aus dem Besuch in Linz bei Karoline von Zarg und seinem Mann Otto, bei erfundenen Figuren, geschildert. Mit Karoline führt er Gespräche über die Zeit und den Stillstand. Hier wird seine Liebe zu Karoline thematisiert. Schon wieder werden die Rückblicke auf die Kindheit des Dichters vermittelt. Die schwere Ödenburger Zeit, in der er der Augenzeuge der sexuellen Abenteuer der Mutter wird. In der *Gigue* werden mit Karoline Gespräche über die Wörter und die Musikalität der Sprache, über die Bewegung und den Stillstand geführt. Weiterhin wird die Liebe zu Karoline, von der ihr Mann alles weiß, dargestellt. In dem vierten Kapitel *Menuett – Gavotte* erfährt man von seiner Rückkehr aus Linz nach Stuttgart zu den Schwestern zurück. Ein neuer Gesprächspartner ist der Poet Roller, eine erfundene Figur. Mit ihm führt er Gespräche über die Erinnerung im philosophischen Sinne von Søren Kierkegaard sowie über die Mozartsche Figur *Don Juan*, aber auch über sein eigenes Drama unter demselben Titel. In der *Allemande* wird Gottlob Kürner, eine neue erfundene Figur, eingeführt, mit dem sich Niembsch über die Zeit und den Stillstand, über den Zeitkreis und die Wiederholung unterhält. Im Kapitel *Bourrée* wird über die Abreise des Dichters „von den Schwestern, von Karoline, von Kürner […]" nach Baden-Baden, wo er Juliette Zegerlein kennen lernt, wieder mal eine erfundene Figur, um deren Hand er anhält. Da sich erwiesen hat, Juliette sei ein „leichtes Mädchen" (vgl. N. 124), kommt es zur Entlobung. Nach dem Abenteuer zieht

---

114 Die Zitatnachweise in Klammern beziehen sich auf Peter Härtlings Werk. Dabei bezeichnet der großgedruckte Buchstabe den Titel und die arabische Ziffer die Seitenzahl. Hier werden folgende Bände wie folgt abgekürzt:

N. P. Härtling: *Niembsch oder Der Stillstand. Eine Suite*. München 1994.

H. P. Härtling: *Hölderlin. Ein Roman*. Köln 1999.

M. P. Härtling: *Die dreifache Maria. Eine Geschichte*. Köln 1996.

W. P. Härtling: *Waiblingers Augen. Roman*. München 1998.

F. P. Härtling: *Schubert. Zwölf Moments musicaux und ein Roman*. München 1998.

R. P. Härtling: *Schumanns Schatten. Variationen über mehrere Personen. Roman*. Köln 1996.

E. P. Härtling: *Hoffmann oder Die vielfältige Liebe. Eine Romanze*. Köln 2002.

er sich nach Schwarzwald zurück, wo er an seinem *Don Juan* arbeitet. Nach dem kurzen Aufenthalt im Schwarzwald kehrt er zu den Schwestern nach Stuttgart zurück. In dem vorletzten Kapitel *Sarabande* erfährt man von dem letzten Besuch des Dichters bei seiner Liebe Karoline von Zarg, die im Sterben liegt. Wieder mal führt er Gespräche mit Otto von Zarg über die Zeit, Wiederholung und Sprache sowie über sein Werk *Don Juan*. Mit dem Tod Karolinas, der ihn an den der Mutter erinnert, bricht der Dichter zusammen. Das knappe letzte Kapitel berichtet nur noch kurz über den Zustand der Umnachtung, in den der Dichter geriet.

Seiner Suite stellt Peter Härtling ein Zitat aus der Einleitung von dem dänischen Theologen und Philosophen Søren Kierkegaards (1813–1855) Werk aus dem Jahre 1843 *Gjentagelsen. Et forsøg i den experimenterende Psychologi af Constantin Constantius (Die Wiederholung. Ein Versuch in der experimentierenden Psychologie von Constantin Constantinus*[115]) voran, was die „philosophische Tragweite"[116] des Werks betont: „Wiederholung und Erinnerung sind dieselbe Bewegung, nur in entgegengesetzter Richtung. Denn was da erinnert wird, ist gewesen, wird nach rückwärts wiederholt, wohingegen die eigentliche Wiederholung nach vorwärts erinnert wird."[117] An einigen Stellen wird in der Suite auf Kierkegaards Philosophie hingewiesen: „Man wird, ich bin sicher – und sei's ein Däne –, einmal die Philosophie der Wiederholung predigen." (N. 18), was nicht nur den philosophischen Charakter des Werkes unterstreicht, aber auch dessen Chronologie sprengt.

Härtlings Absicht war es bestimmt nicht einen historischen bzw. biographischen Roman zu verfassen. Der wahre und unmittelbare Anlass, den Lyriker und Epiker Nikolaus Niembsch Edler von Strehlenau zur Erzählfigur der Suite auszuerwählen, war für ihn – so behauptet der Verfasser – ein aus Stuttgart abgeschickter Brief Lenaus an Sophie von Löwenthal, in dem sich dieser die Dauer erhofft, die sich „schützend um ihn schließt."[118] Lenaus Lebenslauf interessiert Härtling nur bedingt. Ihm geht es darum, eine Art von Romanessay zu den Themen Erinnerung, Wiederholung, Ruhe und Dauer, Lustgewinn zu schreiben.

---

115   S. Kierkegaard: *Die Wiederholung. Ein Versuch in der experimentierenden Psychologie von Constantin Constantinus*. Übersetzt von Liselotte Richter. Hamburg 1991.

116   M. Tabah: *Peter Härtlings Erzählung „Niembsch oder der Stillstand"*. In: „Recherches Germaniques", 1981. H. 11, S. 190.

117   S. Kierkegaard: *Die Wiederholung...* op. cit., S. 7.

118   P. Härtling: „*Warum ich nicht wie Theodor Fontane schreibe". Peter Härtling über sein literarisches Vorbild. Tagebuch mit und ohne Fontane.* In: *15 Autoren suchen sich selbst.* Hg. v. U. Schutz. München 1967, S. 155–163.

Biographische Details aus Lenaus Leben benutzt er nur, wenn sie geeignet sind, seine Überlegungen in einen Handlungsverlauf einzufügen. Er nimmt nur die Passagen aus dem Leben des Künstlers, die ihm dazu verhelfen, seine Idee zu veranschaulichen: „den Versuch des absoluten Geistes, die Ketten menschlicher Gebundenheit zu sprengen und aus der Zeit auszubrechen."[119]

Niembsch im Härtlingschen Text ist keineswegs Nikolaus Niembsch Edler von Strehlenau. Man trifft in der Suite nur auf beiläufige Bemerkungen wie: „Niembsch sei eine europäische Zelebrität, ein Poet magyarischer Herkunft [...]" (N. 7) Deswegen gönnt sich der Erzähler solche Bemerkung: „[...] wir wünschen nur, Niembsch ein kurzes Stück zu begleiten, mit ihm zu sehen und durch ihn." (N. 64) Niembsch wird also zur Erzählfigur, das Äußerste wird aus der Gestalt Lenaus herausgeholt. Der Schriftsteller, Essayist und Literaturkritiker Martin Gregor-Dellin (1926–1988) schlägt sogar einen anderen Namen für den Protagonisten vor. Er möchte ihn N.[120] genannt haben.

Härtlings Niembsch ist ein „vehementer Erotiker"[121], der die vom Härtlingschen Erzähler aufgestellte These verficht, nämlich, dass die unendliche erotische Wiederholung, sich endlich zum Kreis schließen könnte, was wiederum zum Stillstand[122] führt. Wichtig ist also nicht Nikolaus Niembsch Edler von Strehlenau selbst, sondern ein Mensch, der danach strebt, die Zeit zum Stillstand zu bringen, der schließlich ein Ende noch vor dem Tod in einem Zustand erreicht, der „einst ‚Umnachtung' hieß und für Lenau damals Paralyse bedeutete"[123], zu erkennen. Niembschs „Ende", die letzten Jahre in der Umnachtung, sind unzugänglich. Deswegen lässt die Ausscheidung Niembschs aus dem Leben, aus der Zeit, seine Flucht in die Umnachtung für den Härtlingschen Erzähler viele Deutungsmöglichkeiten zu. Der Erzähler reflektiert selbst, dass auch das „Ende" gedeutet wird: „Es gibt zu viele Erklärungen. Auch das, was hier geschrieben wird, ist nur eine von mehreren. Eine Variante, welche die Musik fordert [...]" (N. 166) Seine Kommentare tauchen ab und zu auf: „Auch der Philosophie wollen wir nicht in die Quere geraten. Kierkegaard und wen sonst, haben wir nicht bemüht, um sogleich auf ein ganzes, in sich geordnetes System zu verweisen, er dient uns als anrührende Figur, als ein Denker, der sich in Lebensläufe einzumischen vermag." (N. 64)

---

119   M. Tabah: *Peter Härtlings Erzählung... op. cit.*, S. 191.
120   Ebenda.
121   R. Baumgart: *Beckett und Biedermeier*. In: „Der Spiegel", 21. 10. 1964.
122   Vgl.: Ebenda.
123   Ebenda.

Die Frauenfiguren sind nur wenig mit den aus der Literaturgeschichte bekannten Geliebten Lenaus verwandt. Karoline von Zarg ist Sophie von Löwenthal nur insofern, als sie eine Funktion in der Suite zu erfüllen hat. Gottlob Kürner, der romantische Geisterseher in Weinsberg, und der politische Dichter Roller sind Decknamen für Justinus Kerner bzw. Ludwig Uhland nur insofern, als sie eine Funktion in Niembschs Versuch, sich dem Stillstand zu nähern, ihn zu erreichen, erfüllen. Ähnliche Rolle hat in dem Werk ebenfalls Juliette zu verkörpern, die der Härtlingsche Erzähler „aus einer unglücklichen frühen Liebe Lenaus und seiner späteren Verlobten, einer Patriziertochter"[124], zusammenzieht.

Schon im Präludium der achtsätzigen Suite setzt Peter Härtling mit dem Stillstand ein, als er Niembsch die Erzählung eines Kapitäns, der bei einem Schiffbruch den Tod im kalten Wasser schon „gefühlt" (N. 7) haben wollte, hören lässt. Niembsch interpretiert es später, es sei ein Zustand, in dem die Zeit stillstehe. Dies sei dem Tod gleich, nur mehr, denn „es lässt sich erfahren" (N. 150). Das Motiv des Stillstandes verzweigt sich dann in zwei Themen, die bis zum letzten Kapitel thematisiert werden: Liebe und Tod.

Ursprung des Projektes Niembschs, die Zeit in den Stillstand zu bringen, ist die Einsicht, „dass wir nichts anderes sind als die Stimmen eines Ablaufes, die wir Geschichte oder Zeit heißen." (N. 98) Die Wahrnehmung der Vergänglichkeit, die ihm Angst und Trauer einflößt, die Wehmut, die bei ihm durch Erinnerung hervorgerufen wird, versucht er im „Stillstand" zu überwinden, im Zustand, in dem die Zeit stillsteht, wo wiederum keine Erinnerungen, die ihm schmerzlich sind, zustande kommen. In ihm vereinigen sich außerhalb der Zeitlichkeit Vergangenheit, Gegenwart und Zukunft. Die Zeit, und was damit verbunden ist, die Erinnerung, werden beseitigt. Niembsch verspürt jedoch Angst vor der Leere, die er mit dem Stillstand assoziiert. Er fürchtet sich sowohl vor der Bewegung der Zeit, die die Erinnerungen weckt, als auch vor der Leere, dem Nichts, was er im Zustand des Stillstandes vermutet. Deswegen sucht er einen „Zwischenbereich", wo die Menschlichkeit beibehalten und die Erinnerung geschwächt wird. Die schnurgerade Linie der Zeit durch ständige Wiederholung zum Kreise gebogen, zur „Kugel" geformt werden. Er hofft, in diesem Kreise wird die Erinnerung eine andere Gestalt annehmen: „eine Kugel, in der, eingefasst, alles sich befindet, was wir waren, was wir erlebten, erhellt von dem Blick größter Gnade, der nichts, gar nichts im Dunkeln lässt." (N. 101) Nach seiner Rückkehr aus Amerika ist Niembsch von der Mozartschen Oper *Don Juan* begeistert. Die Gestalt sieht sich nicht um, vergleicht nicht, in der

---

124   M. Gregor-Dellin: *Versuch, der Zeit zu entrinnen.* In: „Die Zeit", 30. 10. 1964.

Wiederholung sucht sie die Dauer. Don Juan ist „eine Gestalt ohne Bindung, ohne Reminiszenz, mit der Fähigkeit, alles zu tauschen." (N. 15) In der Figur findet Niembsch einen, der den Zustand vollkommener Ruhe zu erreichen weiß. Niembsch selbst versucht in die Rolle Don Juans zu schlüpfen, was jedoch misslingt. Karoline, die Frau des Freundes Otto von Zarg, ist nicht im Stande, ihm dabei zu helfen. Die beiden Schwestern, Maria und Margarethe Winterhalter, in denen sich Niembsch in der Nacht der Verwechslung verdoppelt, helfen ihm nicht dabei, den Stillstand zu erzielen. Schritt für Schritt nähert er sich dem „Zwischenbereich". Wenn aber das Ziel erreicht wird, versteht er, dass es kein Stillstand ist, nur die Grenze. Weiter noch, er fasst keinen Mut, die Grenze zu passieren. So erliegt er der Idee, sich durch Wiederholung von der Zeit zu befreien, obschon es bei Kierkegaard heißt: „Dass die Erinnerung in der Gleichheit aufhört, dass sie zusammenschmilzt und dann, in ständiger Übung, nicht mehr nötig ist, welch melancholisierende Erkenntnis; und so wird das Bewusstsein der Zeit fortfallen" (N. 18) Die Wiederholung des Beischlafs mit verschiedenen Frauen hat die Erinnerung nicht ausgelöscht. Er gibt sein Experiment auf und vergeblich versucht in Juliett und im bürgerlichen Leben Beruhigung zu finden.

Was in der Suite zusätzlich thematisiert wird, ist die Sprachproblematik. Das entgültige Verstummen der Erzählfigur spiegelt Härtlings Sprachskepsis wider. Niembschs Zweifel an der Ausdrucksfähigkeit der Sprache ist der Härtlings: „Sicher ist die Sprache mehr geschunden als je, wird sie tiefer angegriffen von Scheinheiligkeit, Oberflächlichkeit und Gemeinheit, von der Eile des Tages und von der Lüge einer einebnenden Politik. Vielleicht sehnen wir uns, weil wir die Sprache nicht mehr reinigen können, nach dem Schweigen, vereinzeln deshalb die Wörter, in einer Trauer, die schon wortlos ist, und treiben verarmte Sätze der Stille zu."[125] Niembschs Werk *Don Juan* – so der Härtlingsche Erzähler – scheitert an Dürftigkeit der Sprache. Die schweren Sätze, die „gebrechliche Grammatik", die „armseligen", durch ständig wiederholten unreflektierten Gebrauch entleerten Worte hindern das Schreiben, statt es zu fördern. Was der Künstler anstreben will, ist eine neue Sprache, „die noch niemand gesprochen hat" (N. 148).

Von der Sprache ihrer Gesprächspartner hat die Härtlingsche Erzählfigur die Musikalität erhofft: „Musikalität erwartete er von seinen Partnern, ihr Mitspielen

---

125 P. Härtling: *Das Ende der Geschichte. Über die Arbeit an einem ‚historischen Roman'. Mainzer Akademie der Wissenschaften und Literatur. Abhandlungen der Klasse der Literatur 1968*, Nr. 3. Mainz 1968, S. 3. Oder: P. Härtling: *Das Ende der Geschichte. Über die Arbeit an einem ‚historischen Roman'.* In: *Meine Lektüre...* op. cit., S. 113.

nach einer Partitur, deren Leichtigkeit und Gefälligkeit hörbar bleiben musste, wo sich die Gedanken dem Melodiösen unterzuordnen hatten, einer Grundführung, die girlandesk, dennoch tiefsinnig sein sollte." (N. 42) Der Musikalität schreibt Härtlings Niembsch eine größere Rolle als dem Satz zu: „Er war sicher, dass die ‚kleinen Worte' auch der weitgespannten Emphase, der Leidenschaft näher stünden als jede Phrase." (N. 42) Niembschs Bemerkungen zeugen davon, dass er nicht das Wort sondern die Musik bevorzugt.

Niembsch verstummt, das Verstummen ist hier höchst zweideutig. Es kann als Zeichen der Flucht aus der Zeit ausgelegt werden oder als Ausdruck der Verzweiflung des Autors selber vor der Vergeblichkeit des Schreibens. Es wird zum Paradox, dass der Autor sich der Sprache bedient, die er für ungenügend hält und deren Unzulänglichkeit in der Suite thematisiert. Die Form, die er gewählt hat, soll dieses Paradox überwinden. Die Suite ermöglicht[126] die Absicht des Erzählers nicht erzählprozessual zu schildern, keine Entwicklungen mehr zu erzählen, sondern die einzelnen Stationen, die Stadien der Veränderung, darzustellen. In der Suite hat Härtling den Versuch unternommen, die Sprache der Musik anzugleichen. Die Sprache[127] der Suite wird durch Wiederholung und Variation gekennzeichnet. Aufzuspüren sind hier keine schönen Worte, keine rhetorischen Stilfiguren. Der Ausdruck ist einfach. Zwar sind die Sätze lang, doch bestehen sie nur aus kurzen, aneinandergereihten unabhängigen Satzteilen. Gleich einer Melodie kreisen die Sätze immer wieder um den Kern der Aussage. „Er hatte, schreibend, oft das Verlangen, dass sich die Wörter vom Leib der Schrift lösten, dass nichts von ihnen sich halte denn ein Laut-Particell; dieser Wunsch zerrte an seinen Sätzen, aber er nahm ihnen nicht ihre Schwere; er hätte lieber gesungen als gesprochen" (N. 41)

Mit der Sprache ist auch weitere Problematik verbunden: „Die Geschichte freilich, noch nicht geschrieben, […] gliche am ehesten einem Musikstück mit Themen, Variationen, Rückgriffen und Wiederholungen, die Krebsgänge nicht vergessen, Umkehrungen auch – so vieles, was unsere armselige Sprache nur im Anschein wiedergibt, was die Reflexion, der wir huldigen, allemal flugs zerstört, verwischt." (N. 86) Die philosophische Reflexion drückt sich in einem Stil und in einer Erzählstruktur aus, die den Grundgedanken der Suite, nämlich die Überwindung der Zeit zu verwirklichen suchen. Härtlings Sprache überwindet den Prozesscharakter der Erzählung nicht. Im Gegensatz zu seiner Erzählfigur

---

126 Vgl.: W. Michel: *Poetische Transformationen Kierkegaardischer Denkfiguren im neueren deutschen Roman*. In: *Festschrift für Friedrich Kienecker*. Hg. v. Gerd Michaelis. Heidelberg 1980, S. 163.

127 M. Tabah: *Peter Härtlings Erzählung…* op. cit., S. 200.

verschweigt der Erzähler nicht. Die „Sehnsucht nach Gestalt" (N. 46) ist zu stark. Er vertraut in die Möglichkeiten der Sprache der Dichtung, die dem Schriftsteller ermöglichen, „aus den vorgegebenen Formen der Erzählung auszubrechen, Gesetze zu tilgen, neue Gesetze zu finden für eine neue Erzählung."[128] Die Wortlosigkeit sowie die „heilende Melancholie" (N. 115) sind keine Zufluchtsorte, in die man aus der „Zeit" flüchten kann. Es gibt kein Entrinnen aus der „Zeit". Niembsch endet in Verlassenheit. Er sitzt da benommen und umdüstert, Umnachtung hat ihn erreicht: „Sie fanden, dass sein Lächeln freundlich und ohne Torheit sei." (N. 176) Und weiter: „Er war zärtlich zu nichts." (N. 176) Niembsch erreicht das Absolute, indem er verstummt.

Niembsch oder Der Stillstand. Eine Suite eröffnet im Schaffen Peter Härtlings eine Reihe von den Künstlerbiographien, in denen nicht die ganze Biographie geschildert wird, sondern die einzelnen vom Erzähler gewählten Lebensstadien oder sogar nur ein einzelnes Stadium, das dem Erzähler dazu verhilft, seine These zu unterbauen bzw. zu veranschaulichen. In der Suite *Niembsch* geht es um den Versuch, der Zeit also der Erinnerung durch Wiederholung zu entkommen, den Stillstand zu erreichen. Nur an manchen Stellen wird es vermittelt, dass es sich um den Lyriker Lenau handelt. Viel wichtiger als die Darstellung der Biographie des Künstlers ist für den Erzähler die Auseinandersetzung mit solchen Begriffen wie Wiederholung und Erinnerung im philosophischen Sinne von Søren Kierkegaard sowie Zeit und Stillstand. Ein weiteres Problem, mit dem man konfrontiert wird, ist die Sprachskepsis des geschilderten Künstlers und des Erzählers selbst.

2.3 *Hölderlin. Ein Roman.* Flucht in die Dichtung

Im Frühjahr 1946, als Härtling als jugendlicher Flüchtling aus dem ehemaligen Protektorat Mähren über Wien nach Nürtingen kam, findet er hier sein neues Zuhause, was er selber zugibt: „Als ich aus dem Güterwaggon, der zufällig in Nürtingen abgekoppelt worden war, die Alb sah, las ich die Urschrift meiner Landschaft."[129] In Nürtingen, wo er von 1946 bis 1954 lebt, trifft er das erste Mal auf Hölderlins Leben und Schaffen, indem er das in den Jahren 1827/1828 von Wilhelm Waiblinger verfasste Werk *Friedrich Hölderlins Leben, Dichtung und Wahnsinn* liest: „Ich habe als 14- oder 15jähriger durch reinen Zufall eine

---

128   P. Härtling: *Das Ende der Geschichte…* op. cit., S. 3. Oder: P. Härtling: *Das Ende der Geschichte…* op. cit. In: *Meine Lektüre…* op. cit., S. 112.
129   P. Härtling: *Über Heimat.* In: *Zwischen Untergang…* op. cit., S. 46.

antiquarische Ausgabe von Waiblingers HÖLDERLIN gekauft."[130] Ein weiteres Datum, das für den Roman entscheidend ist, ist das Jahr 1968. Peter Härtling gibt selber zu, dass er sich mit den fortschrittlichen Ideen identifiziert, dass er sich den politischen Aktivisten nahe fühlt, er schreckt jedoch vor der Umsetzung dieser Gedanken in die Tat zurück: „Ich gehöre nicht zu den Tätern, das muss ich sagen, auch wenn ich im Wahlkampf nahe dran bin, in Prügeleien zu geraten. Das hat jedoch mit Tun nichts gemein. Es ist eine Art Mitdenken. Etwas, was mich Hölderlin nahe bringt und was er viel einleuchtender, mich viel erschütternder, ausgelebt hat bis in die Flucht hinein, die man Wahnsinn nennen kann […]"[131]

Der Härtlingschen Künstlerbiographie steht eine lange Diskussion in den 60er Jahren um den Dichter Friedrich Hölderlin, die unter Literaten und Literaturkritikern geführt wird. Der erste umstrittene Punkt betrifft Hölderlins Einstellung zu der Französischen Revolution vom Jahre 1789. Nicht ohne Belang für die Diskussion und die Genese des Romans ist der französische Gelehrte Pierre Bertaux mit seinem Werk *Hölderlin und die Französische Revolution*[132], der Härtling darauf aufmerksam gemacht hat, Hölderlin nicht nur als ein geistiges Wesen anzusehen, sondern auch als „politischen Kopf" und einen, der die menschlichen Dimensionen vorzuweisen hat. Von der Zeit der Debatte an wird Hölderlin von Härtling dem Literaturkritiker Burckhard Dücker zufolge nicht mehr nur als „esoterischer Seher und vaterländischer Sänger, sondern auch als kritischer Anhänger der Französischen Revolution"[133] angesehen. In den Siebzigerjahren, in denen Hölderlin immer noch zum Gegenstand politischer Debatten wird, wird er auch zum Gegenstand literarischer Gestaltung. Zu dieser Zeit erscheinen das Hörspiel *Scardanelli* (1970) von Stephan Hermlin (1915–1997), das Theaterstück *Hölderlin* (1971) von Peter Weiss (1916–1982) und der Prosatext *Der arme Hölderlin* (1972) von Gerhard Wolf (geb. 1928). Die Debatte um die gesellschaftliche Rolle des Schriftstellers und Intellektuellen gibt Peter Härtling den Impuls, den Roman zu verfassen, den Dichter aus seiner politischen, literarischen, kulturellen und sozialen Zeitgenossenschaft verstehen zu versuchen. Zum Jahresende 1973 stellt Härtling seine Stelle beim S. Fischer Verlag zur Verfügung. Im Mai 1975 legt er in einem nicht erhaltenen Ankündigungsbrief Eduard Reifferschied, dem damaligen Verleger des Luchterhand

---

130 P. Ross, P. Härtling: *Von Nürtingen nach Tübingen. Auf Hölderlins Spuren. Gespräch.* In: *Zwischen Untergang...* op. cit., S. 334.

131 Ebenda, S. 342.

132 P. Bertaux: *Hölderlin und die Französische Revolution.* Frankfurt a. M. 1969.

133 B. Dücker: *Peter...* op. cit., S. 76.

Verlags, sein Vorhaben vor, ein umfangreich angelegtes Werk über Hölderlin zu verfassen. Die Niederschrift nimmt zwei Jahre in Anspruch. Der Roman *Hölderlin. Ein Roman* erscheint im Jahre 1976.

Johann Christian Friedrich Hölderlin[134] wird am 20. März 1770 in Lauffen am Neckar geboren. Zwei Jahre später stirbt sein Vater, Heinrich Friedrich. In diesem Jahr kommt seine Schwester Maria Eleonora Heinrike auf die Welt. Im Jahre 1774 heiratet seine Mutter, Johanna Christina, geborene Heyn, Johann Christoph Gok. Die Familie zieht nach Nürtingen um, wo sein Stiefvater Bürgermeister ist. Hier stirbt er im Jahre 1779. Im Jahre 1784 tritt Hölderlin in die niedere Klosterschule in Denkendorf bei Nürtingen ein. In den Jahren 1786–1788 besucht er die höhere Klosterschule in Maulbronn. Im Jahre 1788 beginnt er sein Theologiestudium im Tübinger Stift, wo er Georg Wilhelm Friedrich Hegel (1770–1831) kennen lernt. Hier gründet er einen Dichterbund mit dem künftigen Pfarrer und Schriftsteller Christian Ludwig Neuffer und Rudolf Friedrich Heinrich Magenau (1767–1846), der ebenfalls die Karriere des Pfarrers und Schriftstellers einschlagen wird. Er lernt den künftigen Schriftsteller und Advokaten Gotthold Friedrich Stäudlin (1758–1796) und den Publizisten Christian Friedrich Daniel Schubart (1739–1791) kennen. Im Jahre 1790 tritt der künftige Philosoph Friedrich Wilhelm Joseph von Schelling (1775–1854) ins Tübinger Stift ein, mit dem Hölderlin auch Bekanntschaft schließt. Im April 1791 besucht Hölderlin in Zürich den Theologen und Philosophen Johann Kaspar Lavater (1741–1801). Vier Gedichte werden in Gotthold Friedrich Stäudlins *Musenalmanach fürs Jahr 1792* veröffentlicht. 1793 lernt Friedrich Hölderlin den Jura-Studenten Isaac von Sinclair (1775–1815) kennen, der sich der Karriere des Diplomaten und Schriftstellers widmen wird. In demselben Jahr legt er das Abschlussexamen ab. Im Dezember tritt Hölderlin eine Hofmeisterstelle bei Charlotte von Kalb in Waltershausen an. Ein Jahr später begibt er sich im November mit dem Zögling Fritz von Kalb nach Jena. Hier besucht er Johann Gottlieb Fichtes Vorlesungen, lernt Friedrich Schiller kennen, trifft sich das erste Mal mit Johann Wolfgang von Goethe zusammen. In diesem Jahr erscheint das Fragment von seinem Briefroman *Hyperion oder Der Eremit in Griechenland*

---

134 Zu Friedrich Hölderlin: I. Joppien: *Friedrich Hölderlin. Eine Psychobiographie.* Stuttgart 1998; G. Martens: *Friedrich Hölderlin.* Reinbek 1996; H. L. Arnold (Hg.): *Friedrich Hölderlin.* München 1996; D. Constantine: Friedrich Hölderlin. München 1992; U. Häussermann: Friedrich Hölderlin mit Selbstzeugnissen und Bilddokumenten. Reinbek bei Hamburg 1989; P. Bertaux: Friedrich Hölderlin. Eine Biographie. Frankfurt a. M. 2000.

in Schillers Zeitschrift „Neue Thalia"[135]. Im Dezember zieht er mit Charlotte und Fritz von Kalb nach Weimar um, wo er den Philosophen und Theologen Johann Gottfried Herder (1744–1803) besucht. 1795 gibt er die Hofmeistertätigkeit im Hause von Kalb auf und kehrt nach Jena zurück, wo er am Johann Gottlieb Fichtes Kolleg teilnimmt. In diesem Jahr beginnt seine Freundschaft mit Isaac von Sinclair. Ende Mai oder Anfang Juli reist er plötzlich aus Jena ab. Im Juli besucht er Friedrich Wilhelm von Schelling in Tübingen. Im Dezember kommt Schelling zu Hölderlin nach Nürtingen. Im Januar 1796 tritt Hölderlin eine Hofmeisterstelle in Frankfurt bei der Familie Gontard an, wo er sich in die Hausherrin Susette, von Hölderlin *Diotima* genannt, verliebt. Im April trifft er sich mit Friedrich Wilhelm Schelling zusammen, der sich einige Tage in Frankfurt aufhält. Im Sommer dringen Truppen der Französischen Republik bis Frankfurt vor. Mit Susette Gontard und deren Kindern reist Hölderlin nach Bad Driburg. In dem Jahre schließt er Bekanntschaft mit dem Dichter und Bibliothekar Wilhelm Heinse (1746–1803) und erfährt vom Freitod Stäudlins. Im Herbst kehren sie nach Frankfurt zurück. Im Januar 1797 trifft Georg Wilhelm Friedrich Hegel in Frankfurt ein, wo er eine Hofmeisterstelle im Haus des Weinhändlers Johann Noe Gogel übernimmt. Im April erscheint der erste Band des Briefromans *Hyperion oder Der Eremit in Griechenland*. Im September 1798 trennt er sich vom Haus Gontards, hält sich in Homburg auf. Hier arbeitet er am Drama *Der Tod des Empedokles* und an den philosophischen Aufsätzen. Im September trifft er sich mit Hegel in Frankfurt zusammen. Im November nimmt er auf Einladung Sinclairs am Rastatter Kongress[136] teil. Im Oktober 1799 erscheint der zweite Band des Briefromans *Hyperion oder Der Eremit in Griechenland*. Im Juni 1800 endet sein erster Homburger Aufenthalt. Hölderlin wohnt kurze Zeit in Nürtingen bei seiner Mutter, zieht dann weiter nach Stuttgart, wo ihn sein Freund Christian Landauer, der Kaufmann, aufnimmt. Von Januar bis April 1801 bekleidet er die Hofmeisterstelle im schweizerischen Hauptwil bei der Familie Gonzenbach, danach kehrt er nach Nürtingen zurück, um Ende Dezember nach Frankreich aufzubrechen. 1802 trifft Hölderlin in

---

135 Friedrich Schiller gibt die Zeitschrift „Rheinische Thalia" in den Jahren 1784–1786 heraus. Er führt die Herausgabe der Zeitschrift als „Thalia" (1787–1791) und schließlich als „Neue Thalia" (1792–1793) fort.

136 Der Rastatter Kongress tagt in den Jahren 1797–1799. Er soll die Beschlüsse des Friedens von Campo Formio ausführen, gemeint sind die Abtretung des linken Rheinufers an Frankreich und die Entschädigung der deutschen Fürsten durch Säkularisierung von Kirchengütern. Mit dem Ausbruch des II. Krieges der zweiten Koalition gegen Frankreich wird der Rastatter Kongress abgebrochen.

Bordeaux ein, wo er Hauslehrer bei der Familie des Konsuls Daniel Christoph Meyer wird. Im Juni kehrt er wieder nach Deutschland zurück. Die Familie bemerkt bei ihm Erschöpfungs- und Erregungszustände. Am 22. Juni stirbt Susette Gontard. Im Juli verweilt er in Nürtingen und Stuttgart. Im September reist er mit Isaac von Sinclair nach Regensburg. Im Jahre 1803 wohnt Hölderlin in Nürtingen im Haus seiner Mutter. Die Sophokles-Übersetzungen erscheinen im Frankfurter Verlag Friedrich Wilmans im Jahre 1804. Im Juni siedelt er nach Homburg über. Er wird als Hofbibliothekar angestellt, Isaac von Sinclair, der zu dieser Zeit als Diplomat im Dienst der Landgrafschaft Hessen-Homburg und seines Landgrafen Friedrich V. von Hessen-Homburg tätig ist, vermittelt und finanziert. Im Jahre 1805 wird Isaac von Sinclair unter dem Vorwurf, einen Anschlag auf den Kurfürsten von Württemberg geplant zu haben, von württembergischem Militär festgenommen. In Ludwigsburg beginnt der Hochverratsprozess gegen ihn und andere. Ein medizinisches Gutachten, das Hölderlin Wahnsinn bescheinigt, verhindert seine Auslieferung. Im Juli wird Sinclair aus der Haft entlassen. Am 11. September 1806 wird Hölderlin, dessen „Wahnsinn" laut Sinclair „eine sehr hohe Stufe" erreicht hat, gegen seinen heftigen Widerstand ins Tübinger Autenriethsche Klinikum eingeliefert. Die Therapieversuche bleiben erfolglos. Hölderlin wird ein Jahr später als unheilbar krank aus der Klinik entlassen und dem Tischlermeister Ernst Zimmer in Tübingen zur Pflege übergeben. Hier, bei der Familie Zimmer im umgebauten Stadtturm, heute Hölderlinturm, verbringt Hölderlin die zweite Hälfte seines Lebens. Seit 1822 geht er mit Wilhelm Waiblinger um. Im Jahre 1826 werden seine 69 Gedichte und Teile des *Empedokles* von Gustav Schwab und Ludwig Uhland herausgegeben. Hölderlin stirbt am 7. Juni 1843 in Tübingen.

Die Handlung des Romans *Hölderlins* setzt mit der Geburt des Künstlers in Lauffen am Neckar ein. Der Erzähler berichtet über den vorzeitigen Tod des Vaters von Hölderlin, der im Alter von 36 Jahren stirbt. Der junge Hölderlin beginnt beim Diakon Nathanael Köstlin Privatstudien zu nehmen. Seine Familie zieht nach Nürtingen. Im Leben des Künstlers erscheint der „zweite Vater" Johann Christoph Gok, der ebenfalls vorzeitig verstirbt. Von nun an wird die Mutter sein Leben bestimmen. Sie sieht für ihn die Karriere des Pfarrers vor. Auf die Nürtinger Zeit folgt die Denkendorfer, wo er die Klosterschule besucht. Hölderlin wird es hier wahrscheinlich klar, dass er die Zukunft mit der Kirche nicht teilen will: „[…] obwohl er vielleicht damals schon entschlossen war, nicht Pfarrer zu werden, sondern zu schreiben." (H. 65) Die Schulzeit, die er im Kloster Maulbronn verbringt, ist auch die Zeit der ersten Liebe, und zwar zu Louise Nast. Die Studienzeit in Tübingen (1788–1793) ist die Zeit der neuen Freundschaften und Bekanntschaften, die im Roman näher beschrieben werden, darunter mit Georg Wilhelm Friedrich Hegel, Christian Ludwig Neuffer, Rudolf Friedrich Heinrich Magenau, Friedrich Wilhelm Joseph von Schelling und Gotthold Friedrich Stäudlin. Berichtet bekommt man über seinen Besuch bei Christian Friedrich Daniel Schubart in Stuttgart. In Tübingen erfährt er von der Französischen Revolution. Damit beginnt die Zeit der ersten großen Wanderung durch die deutschen Landschaften, womit eine neue Dimension des Lebens Hölderlin präsentiert wird. Mit seinen Freunden Christian Friedrich Hiller und Friedrich August Memminger begibt er sich nach Zürich, wo er Johann Kaspar Lavater besucht. Die Tübinger Zeit ist dem Härtlingschen Erzähler nach die wichtigste Periode im Leben Hölderlins, in der er seine politische Reife als Demokrat gewinnt. Als Protegé von Friedrich Schiller tritt er die Hofmeisterstelle bei Charlotte von Kalb in Walterhausen an, wo man seine Beziehung zu Wilhelmine Marianne Kirms geschildert bekommt. Da der Dichter als Hauslehrer versagt, verlässt er die Familie von Kalb im Jahre 1794. Nun begibt er sich nach Jena, wo er die Vorträge Johann Gottlieb Fichtes besucht. Erzählt wird vom Hölderlins Besuch bei Friedrich Schiller, der dem Härtlingschen Erzähler zufolge der Anfang der Freundschaft mit Friedrich Schiller und der Abneigung Johann Wolfgang von Goethes gegen Hölderlin sein soll. Auf Anregung seines Freundes Isaac von Sinclair besucht er Johann Gottfried Ebel (1764–1830) in Heidelberg. Die neue Anstellung als Hauslehrer bekommt er 1796 in Frankfurt bei der Familie Gontard. Hier erlebt der Dichter eine turbulente Liebe zu Susette Gontard. Seine immer größere Gereiztheit sowie das An-den-Tag-Kommen der Liebe tragen dazu bei, dass er im Jahre 1800 Frankfurt verlässt. Von nun an wird das Tempo der Handlung beschleunigt. Die weiteren Lebensstationen, die man nur knapp umrissen bekommt, sind seine kurzen Aufenthalte in Homburg, Stuttgart, Hauptwil und Nürtingen in den Jahren 1798–1801. Die Homburger Zeit ist die Zeit der Reise mit dem Freund Isaac von Sinclair zum Raststatter Kongress. Dank dem Freund lernt er den Dichter Casimir Ulrich Böhlendorff kennen. Noch werden seine Aufenthalte in Bordeaux, wo er das letzte Mal sich als Hauslehrer zu verdingen versucht, in Nürtingen und schließlich in Homburg beschrieben. Auf nicht einmal zwanzig Seiten beschreibt der Härtlingsche Erzähler die siebenunddreißig Lebensjahre des wahnsinnigen Hölderlin in Tübingen. Die Handlung setzt mit dem Tod des Dichters aus.

Der Roman ist ein Geflecht aus Bericht, Kommentar und 13 Geschichten, Geschichten, die deutlich als „erfunden" kenntlich gemacht sind. Er setzt sich zum Ziel, nicht nur dem Leser den Künstler Hölderlin neu wiederzuentdecken zu helfen, sondern auch Zweifel des Härtlingschen Erzählers zum Ausdruck zu bringen, welcher Methode er sich bei der Bearbeitung des historischen Stoffes bedienen sollte. Der Erzähler fragt sich im Roman, ob die Form, für die er sich entschieden hat, die adäquate sei. Auf die Frage Martin Lüdkes, ob „die Form der Darstellung [der Roman] dem Gegenstand, also der inkommensurablen Größe Hölderlins"[137] angemessen sei, antwortet Peter Härtling: „Heute gilt diese Form als eine der wenigen möglichen im Umgang mit historischen Figuren"[138]. Dem Literaturkritiker Michael Hamburger zufolge: „Der Roman ist zum Anti-Roman, das Biographische Gegenpol des Fiktionalen geworden, und der Romancier als Biograph."[139]

Der Härtlingsche Erzähler schreibt schon in den ersten Sätzen, dass es ihm um den Vollzug der Annäherung an die Biographie Hölderlins geht. Von ihm selbst werden die Schwierigkeiten der Überbrückung des historischen Abstands zwischen der Gegenwart des Erzählers und derjenigen Hölderlins und die grundlegenden Probleme beim Schreiben einer Künstlerbiographie in Form eines Romans durchgängig thematisiert. Schon am Anfang wird dem Leser mitgeteilt: „ich schreibe keine Biographie. Ich schreibe vielleicht eine Annäherung. Ich schreibe von jemandem, den ich nur aus seinen Gedichten, Briefen, aus seiner Prosa, aus vielen anderen Zeugnissen kenne. Und von Bildnissen, die ich mit Sätzen zu beleben versuche. Er ist in meiner Schilderung sicher ein anderer. Denn ich kann seine Gedanken nicht nachdenken. Ich kann sie allenfalls ablesen. Ich weiß nicht genau, was ein Mann, der 1770 geboren wurde, empfand. Seine Empfindungen sind für mich Literatur. Ich kenne seine Zeit nur aus Dokumenten. Wenn ich „seine Zeit" sage, dann muss ich entweder Geschichte abschreiben oder versuchen, eine Geschichte zu schreiben [...]" (H. 11) Das Verhältnis des Erzählers zu seinem Gegenstand ist ein privatisierendes. Peter Härtling gibt im Gespräch mit Martin Lüdke zu, dass es ihm nicht um die Darstellung einer Persönlichkeit geht, die man nur aus der Literaturgeschichte durch seine Dichtung kennt, sondern um die Schilderung von Fritz geht: „In der Literaturwissenschaft hatten wir bisher immer nur Friedrich, Fritz wurde völlig vergessen, und dadurch wurde uns nicht nur die Figur entrückt, sondern auch sein Werk in einen Raum der feierlichen Unlesbarkeit abgeschoben. [...] Mein Impetus war, Hölderlin aus dieser Feierlichkeit herauszuholen."[140] In einem späteren Gespräch mit Jürgen Krätzer gibt Peter Härtling zu: „Ich habe Hölderlin

---

137 P. Härtling, W. M. Lüdke: *Nach vorwärts erinnern. Gespräch.* In: Peter Härtling: *Auskunft für Leser.* Hg. v. W. M. Lüdke. Darmstadt 1988, S. 36.
138 Ebenda.
139 M. Hamburger: *Peter Härtling: „Hölderlin".* In: „Neue Deutsche Hefte", 1976. H. 4, S. 806.
140 P. Härtling, W. M. Lüdke: *Nach vorwärts erinnern...* op. cit., S. 37.

den Leib angeschrieben, vorher gab es immer nur Kopf."[141] Der Härtlingsche
Erzähler macht sich deswegen Mühe, möglichst nahe an seine Erzählfigur her-
anzukommen, er spricht seinen Künstler mit Fritz an, wie es dessen Familie
getan hat oder mit Hölderl, seinem Rufnamen unter den Freunden. Er will den
Künstler möglichst gegenwärtig in seinem Leben haben und über die Spannun-
gen Bescheid wissen, denen Hölderlin ausgesetzt war. Er will erfahren, welche
Vorstellungen der Künstler von der Französischen Republik hatte, und wie er die
an der Wirklichkeit erschlagenen Ideale der Französischen Revolution wahrgenommen hat, wie er seine Niederlagen als Lehrer und Liebender verkraftet hat.
In der Figur Hölderlins findet der Härtlingsche Erzähler dem Forscher Bernhard
Zimmermann nach die „Spuren seiner eigenen Dichteridentität"[142] vor.

Der Er-Erzähler übergeht in der Künstlerbiographie oft in den Ich-Erzähler,
um dann wieder als Er-Erzähler zu berichten. Härtling vertraut sich nicht darauf, im Stil eines allwissenden Erzählers für die Authentizität vergangener
Geschichte zu bürgen. Er macht beständig die erzählerische Subjektivität im
Schreiben über den Künstler aus der Literaturgeschichte erkennbar. Im Roman
erlaubt der Erzähler dem Leser die Konflikte Hölderlins individuell nacherleben.
Die Gegenwart dringt in die Gestaltung der historischen Künstlerbiographie
ein. Dies erfolgt in Form der Subjektivität des reflektierenden Ich-Erzählers, der
die Vergangenheit vergegenwärtigt. Hans Meyer spricht vom „Dualismus eines
scheinbar objektiven und eines bewusst subjektiven Erzählens."[143] Was der Erzähler im ganzen Roman versucht, ist: „auf Wirklichkeiten zu stoßen" (H. 11)
„in diese erloschene Wirklichkeit einzudringen" (H. 86). Er nimmt jedoch dem
Leser seine Illusionen, macht ihm es unmöglich, sich in eine andere Epoche als
in eine unabänderliche Realität zu versetzen. Es gilt hier die Beschreibung der
Welt des Künstlers aus der Perspektive des Härtlingschen Erzählers: „Ich weiß,
es sind eher meine [Wirklichkeiten] als seine." (H. 11)

Die Dilemmas des Härtlingschen Erzählers werden zum beachtlichen Teil im
Werk. Sie werden gleich am Anfang angesprochen und bis in das letzte Kapitel
thematisiert. Zu diesen gehören: Auswahlverfahren und -prinzip unter Doku-
menten und Zeugnissen, Schwierigkeiten, die bei den Einfühlungsversuchen des
Härtlingschen Erzählers in Hölderlins Welt auftauchen: „Denn ich kann seine
Gedanken nicht nachdenken." (H. 11). Das Problem mit der Annäherung des

141 P. Härtling: *Das andere Ich… op. cit.*, S. 106/107.
142 B. Zimmermann: *Dichterfiguren in der biographischen Literatur der siebziger
     Jahre. In: Deutsche Literatur in der Bundesrepublik seit 1965.* Hg. v. P. M. Lützeler,
     E. Schwarz. Königstein 1980, S. 218.
143 H. Meyer: *Fritz Hölderlin.* In: „Frankfurter Allgemeine Zeitung", 11. 09. 1976.

Erzählers an seine Erzählfigur: „Wie er geatmet hat, weiß ich nicht. Ich muss es mir vorstellen." (H. 11) ist im ganzen Roman zugegen. Die Beschäftigung mit der Gestalt Hölderlin wird immer wieder im Roman vom Härtlingschen Erzähler thematisiert: „Weshalb also fürchte ich mich vor dieser Geschichte? Immer wieder setze ich an, ihn zu finden. Ich möchte ihn bewegen können wie eine meiner erfundenen Figuren. Ich traue mich nicht, traue es mir nicht zu." (H. 84) Das „Hineinfinden" ist nicht ganz ohne „erfinden" möglich: „Ich muss mich in das Kind hineinfinden; ich muss es erfinden." (H. 19) Der Erzähler ist sich dessen bewusst, dass das Leben Hölderlins schon seine Geschichte hat: „Ich erzähle von einem Leben, das vielfach erzählt wurde, das sich selbst erzählt, aber auch verschwiegen hat. Die Daten sind zusammengetragen worden." (H. 17) Die Lebensdaten sind schon gesammelt, viel schwieriger ist es mit den Empfindungen seiner Erzählfigur. Die versucht er, aus der Poetik des Dichters zu erlesen: „Seine Empfindungen sind für mich Literatur." (H. 11). Man hat also im Roman nicht mit einer authentischen Figur Hölderlin. Durch Fiktion, Erfindung kommt es nicht nur zur Annäherung an die Erzählfigur, sondern auch zur Ausbreitung deren. Wo es nur möglich ist, greift Härtling auf jegliche Nachweise zurück, mit denen er gewissenhaft umgeht. Die Unsicherheit des Erzählers bei der Vermittlung des Vielfachmitgeteilten wird immer wieder thematisiert. Ununterbrochen wird es dem Leser erinnert, dass die ganze Biographie Hölderlins aus seiner Perspektive erzählt wird, womit auf die Subjektivität bei der Auswahl der Dokumente hingewiesen wird:" Ich übertrage vielfach Mitgeteiltes in einen Zusammenhang, den allein ich schaffe." (H. 11)

Im *Hölderlin* entwickelt der Härtlingsche Erzähler eine spezielle, eigene Erzählweise, die ihm den Umgang mit dem Faktischen, mit dem historischen Material erleichtern soll. Er trennt hier klar zwischen dem Faktischen und dem Fiktionalen oder, wie es Härtling selber nennt, zwischen dem Gefundenem und dem Erfundenem[144]. Neben die Dokumente (Hölderlins Werke und Briefe, Zeugnisse seiner Angehörigen, Vertrauten, Freunde und Zeitgenossen, Zeitdokumente überhaupt, Bildnisse) und das, was deren Analyse erhellt, tritt eben das Fiktionale nach dem Motto: „Ich belebe das Vorgefundene durch Erfindung."[145] Der Fluss der Erzählung wird durch Einschübe verschiedener Art unterbrochen. Eins der Kapitel trägt sogar den Titel *Einwurf*. Er berichtet von Hölderlin und gleichzeitig informiert er, wie er dazu kam, genau das zu erzählen und nichts anderes. Der Leser wird vom Erzähler darauf hingewiesen, wann er sich auf Quellen

---

144 Vgl.: P. Härtling: *Der spanische Soldat oder Finden und Erfinden. Frankfurter Poetik-Vorlesungen.* Darmstadt, Neuwied 1984, S. 7–22.
145 Ebenda, S. 7.

stützen konnte und wann er ohne Material auskommen musste. Die Fiktion wird angekündigt. Er schreibt wie diese Fiktion zustande gekommen ist. Wo Hölderlin unzugänglich ist, macht ihn Härtling zugänglich mittels Erfindung von Dialogen, Situationen. Dies ergibt einen „annektierten" Hölderlin, „einen, der zum Reden gebracht wird, wo er vielleicht schwieg"[146], zum Handeln, wo er vermutlich passiv war. Der Härtlingsche Erzähler lässt Hölderlin oft nirgends bezeugte Gespräche führen. An solchen Stellen erklärt der Erzähler, welcher Art Fiktion er sich im Roman bedient und welche Funktion sie zu spielen hat: „Solche Gespräche sind erfunden. Aber hier handelt es sich nicht um Fiktion, die Gestalten farbiger machen will, sondern um Fiktion, die tradierte Verhaltensweisen in Floskeln festhält." (H. 97) Sein Gesprächpartner schweigt häufig: „Das ist erfunden. Immer spricht nur der eine. Das Schweigen des anderen macht mir die Erfindung leichter." (H. 94) Er legt ihm seine Sätze, die Sätze des Erzählers in den Mund. „Ich wollte, ich könnte... in einem langen Satz schildern, atemlos und anschaulich [...]" (H. 325) formuliert der Erzähler selber. Der Härtlingsche Erzähler bedient sich bewusst und absichtlich der einfachen, dem Alltag entlehnten Sprache, die in kurzen Sätzen abgefasst ist. So will er die „Explosivkraft, Radikalität"[147] Hölderlins zumutbarer Sätze loswerden. Die einfachen Sätze sollten die Distanz zu der Erzählfigur kürzen. Durch Erfindung versucht er, Lücken im dokumentarischen Material zu schließen. Erfunden werden Hölderlins Umwelt, seine Lebensumstände und menschlichen Beziehungen. Das Innenleben des Dichters wagt der Härtlingsche Erzähler nicht zu erfinden. Sein Innenleben spiegelt sich in Hölderlins Werken wider, die dem Leser näher gebracht werden. Es werden im Roman wo es nur möglich Zitate von Gedichten in die Handlung eingeflochten, wobei sich der Erzähler nicht traut, sie zu interpretieren. Er behandelt sie eher als Quelle über Hölderlins Leben und Empfindungen: „Ich erläutere nicht seine Gedichte, sondern mit seinen Gedichten allenfalls sein Leben" (H. 464/465) Gedichte entstehen zur Zeit wesentlicher Ereignisse in seinem Leben. Gemeint werden hier Revolution, Krieg, aber auch Liebe. Jede Beziehung trägt dazu bei, dass Hölderlin sie poetisch niederschreibt. Es ist durchaus möglich, dass Hölderlin Susette Gontard, an die so viele seiner Gedichte gerichtet sind, auch Gedichte zitiert oder vorgelesen hat. Der Erzähler lokalisiert jedoch Dialog und Bericht auf solcher Ebene, die diese Konfrontierung ausschließt.

---

146 H. F. Schafroth: *Hölderlin und Hölderlins Schatten.* In: „Schweizer Monatshefte". 1976. H. 11, S. 738.

147 Ebenda.

Beschrieben wird im Werk die Zusammengehörigkeit von Hölderlins *Hyperion*[148], *Empedokles*[149] und späten Gedichten mit seinem Existenz- und Zeitgefühl: „Für ihn ist das Fertige, Ausgesprochene, Geschliffene unwichtig geworden. Das Gedicht will nicht mehr sein als ein Entwurf (wie die Geschichte, der er zusieht). Ein Entwurf allerdings, der immerfort, mit einer inständigen Geste über sich hinausweist." (H. 472) So entdeckt der Erzähler in Hölderlins Werk und seiner Existenz die Entwurfs- und Utopiedimensionen[150].

Dokumentarisches Erschließenswollen einer Lebenswirklichkeit ist keineswegs frei von Projektionsbeimengungen des Härtlingschen Erzählers: „In Nürtingen hat sich seit meiner Feier im Jahre 1949 nichts geändert. So denke ich in Formen und Formeln zurück. Erlebt man Daten durch Imagination, kann Wahrheit zur Wirklichkeit werden, doch wiederum eine Wirklichkeit, die zwei Wirklichkeiten umschließt: die des Beschriebenen und die des Schreibenden. Die zweite Wirklichkeit wird immer überwiegen." (H. 45/46) Er kann deutlicher auf Projektionen aufmerksam machen: „Ich projiziere, nachdem ich in seinen Briefen und Gedichten gelesen habe, meine Gefühle auf seine Handlungen. Es steht alles fest [...]" (H. 83) Mitunter sucht er sich zu ermahnen: „Ich sage mir immer wieder: Stell dir keine Stadt vor, eher eine Landsiedlung [...]" (H. 131) Die literarische Auseinandersetzung mit der historischen Künstlerbiographie steht im Zeichen einer Selbstverständigung, die durch das Gleichgewicht zwischen Identifikation und Distanz gekennzeichnet ist. Die Erzähldistanz zur Figur ändert sich, nicht nur nach Anzahl der Dokumente, sondern nach der

---

148 Der Briefroman *Hyperion oder der Eremit in Griechenland* erscheint 1797 und 1799 gedruckt. Den Hintergrund der Handlung bildet der Aufstand der Griechen gegen die türkische Fremdherrschaft vom Jahre 1770. Im Roman wird sehr deutlich Hölderlins Verhältnis zu seiner Zeit gezeigt. Er trauert um Deutschland und bejaht eine revolutionäre Umgestaltung der gesellschaftlichen Verhältnisse. Nach dem antiken Vorbild setzt er für eine friedliche, freie und glückliche Entwicklung seines Vaterlandes ein.

149 Das Drama *Der Tod des Empedokles* (gedruckt 1828) knüpft vom Inhalt her an den *Hyperion oder der Eremit in Griechenland* an. Zum Protagonisten wird im Drama Empedokles von Akragas auf Sizilien (ca. 490–430 v.u.Z.), der antike Politiker, Arzt und Philosoph. In der Gestalt des Empedokles erkennt man Hölderlins politisches Bekenntnis zum „neuen Leben". Empedokles lehnt die ihm vom Volk angebotene Königskrone ab. Seine Reformversuche, menschenwürdige Verhältnisse zu schaffen, sind zum Scheitern verurteilt. Das Volk ist immer noch nicht bereit, seine reformatorischen Bemühungen zu verstehen. Durch seinen Absturz in den Ätna versucht er die Menschen aus ihrer Lethargie zu reißen.

150 Vgl.: H. F. Schafroth: *Hölderlin und Hölderlins...* op. cit., S. 740.

Fähigkeit des Erzählers, seine eigenen Erinnerungen mit der Überlieferung zu „verbünden" (H. 11). Der Härtlingsche Erzähler ist sich dessen bewusst, wo er uneingeschränkt erfinden kann: „Ich kann ihn nur finden, erfinden, indem ich mein Gedächtnis mit den überlieferten Erinnerungen verbünde." (H. 11) So ist die Findung und Erfindung nur auf dem Wege der Beimengungen der Erlebnisse des Erzählers selbst in die Künstlerbiographie, auf dem Wege der gezogenen Vergleiche aus dem durch die Hölderlin-Forschung Vielfachmitgeteilten mit seinen Erinnerungen möglich. Immer wieder tritt die persönliche Erfahrung des Härtlingschen Erzählers hervor, der durch Rückblicke auf seine eigene Lebensgeschichte und auf die Lebensgeschichte Hölderlins auf die historische Kontinuität sowie auf die Ähnlichkeit der Atmosphäre aufmerksam macht. Der Erzähler ist sich den Unterschieden in der Wahrnehmung und im Erleben der umgebenden Welt zwischen ihm und seiner Erzählerfigur bewusst: „Das kenne ich also. Aber er kannte es anders." (H. 18), denn es ist „eine andere Kindheit als die meine, alles ist anders. Wenn er Entfernung denkt, denkt er sie anders als ich; er denkt sie als Wanderer, als Reiter oder als Passagier einer Pferdekutsche. Wenn er seine Kleider fühlt, fühlt er sie anders als ich. Sie sind enger, grober. Er weiß es nicht. Wenn er warm meint, sieht er andere Wärmespender als ich, auch das Licht ist anders für ihn. Wenn er Straße sagt, sieht er andere Straßen als ich, anders bevölkert, anders befahren." (H. 19) Oder: „Wieder kannte Hölderlin nicht alles, was ich kenne, das Forsthaus zum Beispiel, doch das Klausurgebäude war für ihn erfahrene Wirklichkeit." (H.56) Oder: „Hölderlins Tübingen war ein anderes als meines. […] Seine Stadt war schmutzig, die Straßen waren verwahrlost und abends ohne Licht." (H. 129/130)

Erfindungsgabe, Auswahlprinzip und Interpretation müssen beim Schreiben zugegen sein, um die biographischen Forschungsmaterialien, in einen Zusammenhang zu bringen. Der Romancier versucht durch die schwäbische Mundart, Hölderlin in einem bekannten gesellschaftlichen und regionalen Rahmen unterzubringen. Dadurch ist der Härtlingsche Erzähler imstande, zwei Funktionen zugleich zu übernehmen, die des Erzählers und die des Forschers. Seine Aufgabe beruht darauf, die eine sorgfältig gegen die andere abzuwägen. Hiermit schlüpft er in die Rolle eines, der das Sagen hat: „Ich übertrage vielfach Mitgeteiltes in einen Zusammenhang, den ich alleine schaffe." (H. 11)

„Was er [der Erzähler] vom wirklichen Hölderlin erschließt, erübrigt den fiktiven weitgehend."[151] Der Härtlingsche Erzähler kennt nicht nur literaturgeschichtliche Darstellung der Rezeption Hölderlins Werkes, „sondern auch die

---

151 Ebenda, S. 739.

Lebensumstände Hölderlins viel umfassender als dieser selbst; er kann Entwicklungen und Abhängigkeiten erkennen, bestimmte Ereignisse als Ursachen, andere als Wirkungen verstehen."[152] Er macht es dem Leser in verschiedenen Bemerkungen in der Künstlerbiographie bewusst.

Wenn der Härtlingsche Erzähler sich um Hölderlin herum bewegt, erfasst er ihn und dessen Dimensionen genauer und ergreifender, als wenn er ihn erfindet. Er nähert sich seinem Künstler mittels Alltäglichkeit und Entidealisierung an. Die beabsichtigte Entidealisierung, Entheroisierung ist jedoch nicht ausreichend. An manchen Stellen äußert der Härtlingsche Erzähler seine Furcht davor, zu viel zu sagen. Dies trägt jedoch dazu bei, dass es doch gesagt wird: „Aber ich will ihn nicht verzärteln." (H. 21) oder an einer anderen Stelle: „Ich will ihn nicht als Helden, und dennoch ist er eine Ausnahme." (H. 108) Entidealisierungsversuche haben zur Folge, dass der Künstler doch idealisiert wird.

Die einzelnen Lebensstationen Hölderlins ähneln für den Härtlingschen Erzähler oft den Theaterszenen: „Was ich jetzt schreiben müsste, wäre eine Theaterszene: Zwei Helden treffen aufeinander [...]" (H. 88) Ein anderes Mal will er sich an seine Erzählfigur durch ein Drehbuch annähern: „Ich erfinde Gestalten, die es gegeben hat. Ich schreibe das Drehbuch zu einem Kostümfilm. Längst ist er mir vertraut [...]" (H. 83) weiter: „Und wenn es mich vergnügte, könnte ich, eine Truppe von Komparsen in Unruhe versetzend, alles zu bunten Bildern ordnen [...] Die Kulissen sind noch vorhanden [...]" (H. 83) Die Anschaulichkeit, Bildhaftigkeit verlangt ja eine andauernde Vergegenwärtigung und Kontinuität der Vorstellungen: „Wäre es nicht sinnvoller, ein Tagebuch zu schreiben? Notizen über den täglichen Umgang mit Hölderlin? Und was aus dem Tag hinzukommt?" (H. 85) Gelegentlich bringt der Erzähler die Arbeit an den Lebensdokumenten mit aktuellen Wahrnehmungen der Tagesereignisse in Zusammenhang: „Während ich die Gedichte an Stella und die Briefe an Louise lese, fällt mir die Unterhaltung mit einem Freund über die Ereignisse in Portugal ein, über die regierenden Generäle, erinnere ich mich, merkwürdigerweise, an die Lektüre von gestern, an ein Buch über Zelda, die extravagante Frau des amerikanischen Schriftstellers Scott Fitzgerald [...]" (H. 85)

Der Härtlingsche Hölderlin ist ein Unruhiger und ein Zerrissener. Früh vom Vater verlassen wird er von der Mutter abhängig. Immer wieder macht er sich die Gedanken über die Karriere des Pfarrers, die ihm die Mutter vorgeschrieben hat. Anfänglich versucht sich der junge Künstler zu fügen. Doch mit der Zeit erwacht in ihm der Drang nach der Freiheit. Er beginnt dem vorgesehenen

---

152   B. Dücker: *Peter...* op. cit., S. 78.

Weg zu entkommen. Damit wird die erste Zerrissenheit des Dichters zwischen seinem eigenem Willen und dem der Mutter thematisiert. Dies ruft bei ihm die Entfremdung von der Familie, der Mutter hervor. Dies zwingt ihn zu ständig neu unternommenen Wanderschaften. Die Mutter-Sohn-Beziehung ist im Roman zum Bumerang entwickelt. Der Künstler wird immer ein schlechtes Gewissen haben, wird sich immer wieder auf die Wanderschaften begeben, um dann wiederum nach Hause zur Mutter zurückzukehren. Aber nicht nur diese Beziehung verursacht bei dem Künstler die Zerrissenheit. Charakteristisch ist für ihn seine Einstellung zu den politischen Verhältnissen seiner Zeit. Die Französische Revolution ist das äußere Faktor, das bei ihm zu der Zerrissenheit beiträgt. Einerseits will er seine aktiven, seine kämpfenden Freunden unterstützen, andererseits erwacht bei ihm die Unterordnung, die ihm in der Kinderzeit beigebracht wurde. Der Künstler, der dadurch ständig in Melancholie gerät, findet den Ausweg oder lieber die Flucht aus der Lage in der Kunst. Der oft in der Melancholie versunkene Künstler hat noch einen Grund, in die Kunst zu fliehen. Es sind seine Frauenbeziehungen, eigentlich seine Unfähigkeit, Bindungen einzugehen, die dem Härtlingschen Erzähler zufolge dem zu starken Mutterbild zuzuschreiben ist. Soweit um das allgemeine Hölderlin-Bild in der Künstlerbiographie Peter Härtlings.

Der Härtlingsche Erzähler bringt den jungen Hölderlin sehr früh in Kontakt mit der zeitgenössischen Literatur. Er liest schon in Maulbronn zum ersten Mal Schillers *Lied an die Freude* (H. 102/103). Dann entdeckt er den Dichter, Epiker, Lyriker und Dramatiker, den Begründer des deutschen Irrationalismus und der Erlebnisdichtung Friedrich Gottlieb Klopstock (1724–1803) und Christian Friedrich Daniel Schubart, der auf dem Hohen Asperg eingesperrt war und damit wie Friedrich Schiller zum Symbol für die Freiheit wurde. Nicht ohne Belang sind für sein literarisches Wissen seine Freunde. Der erste „wahre" Freund ist Immanuel Nast. Der Jugendfreund, der kaum bekannt in der Literaturgeschichte ist, wird im Roman zum Mittelpunkt in den Jugendjahren Hölderlins. Bei ihm schon wird der Unterschied zwischen der Liebe und Freundschaft thematisiert: „Und wie er in Louise die erste Liebe fand, so in Immanuel den ersten „wirklichen" Freund. Wobei schon her, im Vergleich, deutlich wird, dass seine Freundschaften unverhohlener und in ihrer ausgesprochenen Nähe bei weitem ungefährdeter sind." (H. 96) Seine Freunde haben mehrere Rollen im Leben Hölderlins zu spielen. Sie sind diese, die ihn in die Welt der Politik einführen, die ihm die politischen Verhältnisse klar machen: „Und er braucht Immanuel, er hängt sich an ihn, dessen Wissensdurst ihn mitreißt, Nast ist der ‚Weltöffner'." (H. 106) Nast ist einer, der den Künstler in die Welt der zeitgenössischen Literatur einführt, der in die Rolle des Vermittlers schlüpft: „In dieser Freundschaft war Nast nicht der arme, geistig Unterlegene. Er war Hölderlin gewachsen, an Lebenserfahrung und Einschätzung von Wirklichkeiten bei weitem überlegen, und selbst als Leser schlug er den Alumnen, denn nicht die ‚Alten' waren seine Lektüre, sondern Klopstock, Schubart, Schiller." (H. 99) Nast war nicht nur Vermittler der neuen Richtungen in der Literatur, aber auch der Vermittler in der Beziehung Hölderlins zu Louise. Er ist dieser, der dem Künstler den Zugang zum Nastschen Haus ermöglicht.

Auch seine späteren Freunde Christian Ludwig Neuffer und Rudolf Friedrich Heinrich Magenau, die er in Maulbronn trifft, übernehmen die Rolle der Einführer, diesmal in die Welt des Stiftes (H. 133). Der Freundschaftsbund, der sich aus Hölderlin, Neuffer und Magenau zusammensetzt, ist wie „eine Seele in drei Leibern" (H. 136 u. 139) In dem Bund lesen sie sich gegeneinander ihre eigenen Gedichte oder die Neuigkeiten aus der Literaturwelt vor. (H. 139) Hier können sie den Gedankenaustausch miteinander pflegen. Der Bund erleichterte den Verschwiegenen, sich „mit ihrer Hochstimmung" (H. 139) gegen „Unordnung", „Planlosigkeit" und „tausend Demütigungen" (H. 138), die auf die Zöglinge warteten, zu wehren. In Tübingen kommen neue Freunde hinzu. Die Rollen bleiben aber dieselben: der Gedankenaustausch über Politik, Philosophie und Ethik sowie die Zufluchtssicherung. Wenn Magenau aus dem Stift schaltet, wenn die Studenten schon wissen, dass sie bald das Stift verlassen werden, beweinen sie nicht das Tübinger Stift, sondern den Bund, der ihnen half, „auch in kältester Bedrängnis auszuhalten." (H. 209) Freunde stehen ihm zur Seite, sie werden zu Vermittlern zwischen ihm und den Künstlern der Epoche, zwischen ihm und den potentiellen Verlegern seiner Werke, zwischen ihm und den Arbeitgebern. So lernt Hölderlin durch Neuffer den vom Kerker entlassenen Christian Friedrich Daniel Schubart (H. 135) kennen. Durch Stäudlin (H. 252) schließt er mit Friedrich Schiller Bekanntschaft, der wiederum dem Dichter die Hauslehrerstelle bei der Familie von Kalb verschafft. Durch seinen Freund Isaac von Sinclair befreundet er sich mit einem neuen Freund Johann Gottfried Ebel. Hegel vermittelt bei den heimlichen Verabredungen zwischen Hölderlin und Susette Gontard (H. 458/459). Und schließlich sein Freund Böhlendorff sucht einen Verlag für Hölderlins Sofokles-Übersetzung.

Mit der gewissenhaften Arbeit an Einzelheiten aus Hölderlins äußerem Leben informiert der Erzähler den Leser über Hölderlins politische Überzeugung: „Von diesem Moment an werden die Biographen Partei sein: die einen rechnen Hölderlin den Jakobinern zu, die anderen sehen in ihm den prophetischen Dichter." (H. 129) Der Erzähler beschreibt das Lebensmuster für den politischen Menschen Hölderlin gleichermaßen: „Ihre Leidenschaft bezieht ihn ein. […] Wie schon im Seminar wird er sich den allzu Tätigen entziehen. Der handelnde Zorn, die öffentliche Tat sind ihm unheimlich." (H. 151) Er wird im Roman als einer vorgestellt, der Vorbehalte gegen jegliche politische Aktion hat: „Die Freunde nahmen es ihm nicht übel, wenn er sich nicht selten ihren Umtrieben entzog, nicht zuhörte, oder wenn er es vermied, im politischen Gespräch allzu deutlich zu werden. Er war es oft genug. Sie kannten längst seine Furcht, als Täter auftreten zu müssen." (H. 160) Ein Stück weiter: „Hölderlin stand zwischen den reinen Denkern und denen, die handeln wollten." (H. 231) In der Künstlerbiographie „darf keiner ihm auf die Dauer zu nah kommen." (H. 151)

Der Härtlingsche Hölderlin, der Zeitgenosse der französischen Revolution, derjenige, dem solche Begriffe wie Freiheit und Demokratie viel bedeuten, wird im Roman vorgestellt als einer, der der Illusion der revolutionären Gedanken verfällt und an der Desillusion zerbricht. Er leidet an der Realität, wird durch die historischen Widersprüche seiner Zeit zerstört. „Nicht durch die Aktion, sondern durch sein Betroffensein bleibt er mit der Realität aufs Intensivste verbunden. Sein Heroismus ist auch ein Heroismus der Verweigerung."[153] Er lehnt doch bewusst jede staatserhaltende Tätigkeit ab, verweigert sich dem Staatsdienst. Angesichts des Scheiterns der Revolution schreibt er an den verbitterten Johann Gottfried Ebel nach Paris: „Da die Gegenwart die Gedanken über Demokratie, Weisheit, Vernunft des Menschen ausschlägt, muss man sie in die Zukunft werfen. Verloren gehen können sie nicht mehr, verraten dürfen sie nicht werden." (H. 404) Härtlings Hölderlin idealisiert die Revolution: „Seine Ideen wollten das Gemeine, den blutigen Rand nicht wahrnehmen, vielleicht auch nicht wahrhaben [...] Sie hatten, von Anfang an, die Entwicklung idealisiert, selbst der Königsmord hatte sie nicht irritieren können, denn schließlich war mit der Verurteilung Ludwigs XVI. der Republik der Weg freigegeben – erst als die Revolution sich selbst zerstörte, die Tage der Schreckensherrschaft anbrachen, zogen sie ihren Anspruch an die Republik zurück." (H. 231/232) Der Härtlingsche Erzähler wendet sich hier gegen die Hölderlin-Interpreten, die den Dichter „ins Poetische, ins rein Geistige zu entrücken versuchen. Er war ein politischer Kopf und ein radikaler Demokrat. Es ist müßig, sich zu streiten, ob er Jakobiner oder Girondist gewesen sei. Ohne Zweifel hatten ihn die Täter enttäuscht. [...] Die Täter flößten ihm zeit seines Lebens Angst ein und zogen ihn gleichermaßen an. Er brauchte sie für sein Denken, doch sein Denken verließ sich nicht auf sie." (H. 405/406) Der Härtlingsche Hölderlin ist eine zerrissene Figur. Einerseits wird er als „politischer Kopf", der die Revolutionäre bewundert und unterstützt, dargestellt, andererseits ist er eine zurückhaltende Figur, die von der

---

153   B. Zimmermann: *Dichterfiguren in der biographischen Literatur...* op. cit., S. 218.

Tat, vor der Konfrontation Angst hat. Sein politisches Engagement will er lieber in der Poetik ausdrücken. Sein Radikalismus findet seine Wiederspiegelung dem Härtlingschen Erzähler zufolge nicht im Handeln sondern in der Kunst. Deswegen schließt er sich der Reaktion nicht an, wenn er vom Terror erschüttert ist, der auf die Französische Revolution folgte. Er bleibt an der Seite von Freunden, die sich durch ihre Niederlagen nicht einschüchtern lassen und sich weiter für die Freiheit einsetzen. Er ist sich dessen bewusst, dass Sinclairs Umsturzpläne weltfremd sind. Im Vergleich zu den Republikanern verfügt er jedoch über die größere Realitätseinsicht: „Denn Hölderlin hatte viel früher als Sinclair erkannt, dass die Verhältnisse nicht günstig waren, das Volk nicht bereit zu einer Revolution. Beide litten sie unter diesem Widerspruch." (H. 577)

Hölderlin ist im Roman kein Träumer. Er weiß, was die Revolution und der nachrevolutionäre Krieg bedeuten. Doch der Krieg begleitet ihn sein Leben lang, und deswegen mischt er sich nicht ein, lehnt die Gewalt ab: „Die Revolution ließ Hölderlin nicht aus. So sehr er sich auch wehrte gegen Übertreibung, unsinnige Konfrontation." (H. 242) Sein Vorbehalt, sich zu engagieren, wird dadurch erklärt, dass schon dem jungen Hölderlin Unterordnung als Tugend gottgefälliger Dienst nahegebracht wurde. Gehorsam sein, gehörte zu seinem ersten „Pflichtfach": „Es ist die Lehre der Kindheit, sich nicht einzumischen." (H. 151) Der Erzähler zeigt auch, dass Hölderlin die Gehorsamkeit als Schutzschild entdeckt, hinter dem er, bestens verborgen, seinen Interessen nachgehen kann. Er kann schreiben und lesen, was er will. Diese Tarnung wurde zu seiner zweiten Natur.

Der Roman erzählt von Hölderlin, der aus „Furcht, jemanden zu nahe zu kommen und die Nähe auf Dauer dulden zu müssen" (H. 90), sich den konkreten Erwartungen des Lebensganges immer wieder entzieht, Tat und Lebensnähe gleichzeitig fürchtet und ersehnt, und aus dieser Spannung heraus mit Sprache Distanz schafft und mit Sprache, die für ihn allein gültige Wirklichkeit erreicht. „Zwar träumt er, wie alle, von Menschlichkeit, Gerechtigkeit und Freiheit, und diese Träume gehen in seine Gedichte ein, doch das Ideal und die eroberte Wirklichkeit, Poesie und Leben, versteht er geradezu ängstlich auseinanderzuhalten." (H. 151) Härtling deutet genau an, worin er die Größe des Dichters sieht. Seine Gedichte begreift er als Entwürfe, die neue Wirklichkeiten schaffen sollen, weil er der Tat die Sprache vorzieht: „Und Hölderlin? Seine Erinnerung bewahrte am genauesten die Sätze der Hoffnung, des Aufrufs. Sie kehren in seinen Gedichten immer wieder. Nur vermied er es, sich unmittelbar auf politische Umtriebe einzulassen." (H. 202) Der *Göttin Sohn* war einer dieser Entwürfe. Mit dieser Gestalt, einer Verbindung aus griechischer Gottheit, Christus und politischem Rebell, fasste er die Widersprüche des sich verwirrenden Freiheitsstrebens seiner Zeit zusammen.

Nicht nur die Zerrissenheit des Künstlers zwischen der Idee und der Tat wird im Roman thematisiert. Er wird als einer geschildert, der unter Einsamkeit und „an der Welt leidet"[154], der oft in die Krankheit flüchtet, der sich allmählich von der Welt entfremdet. Seine Neigung zur Melancholie fängt schon im Maulbronner Stift an: „Er leidet unter seinen Gefühlen, flüchtet sich in Krankheiten, kann sich verschließen wie eh und je [...]" (H. 106) Hier, wo er auf Demütigungen seitens des Stiftes trifft, wo er schon weiß, dass er kein „Hang zum Pfarrer" (H. 110) hat, nehmen seine Melancholien überhand (H. 106). Was er in Denkendorf, Maulbronn und Tübingen erlebt, ist die Enge: „Ihm erscheint alles noch enger. Als käme es auf ihn zu und wollte ihn ersticken." (H. 121) Die Enge der Städte, der Schule und der Stifte trägt dazu bei, dass er Fluchten plant, dass er wünscht, Jura zu studieren, dass er in Krankheit flüchtet: „Er kränkelt und spielt den Gekränkten." (H. 121) Die Tübinger Zeit ist die Zeit, in der er die Welt kritisch bewerten lernt: „Er ist aufgewacht aus der Ergebenheit, aus der ihm in sechs Seminarjahren eingeredeten Demut. Mit einem Mal sieht er, was um ihn herum geschieht, hält sich nicht an die von Lehrern, Verwandten und der Mutter gezogenen Grenzen." (H. 137/138) Die Freunde helfen ihm die Zeit zu überleben, in der man ihn zwingt, „gegen seine Vorstellungen zu handeln." (H. 141) Die Atmosphäre im Stift macht dem Dichter auch unmöglich, sich seiner dichterischen Tätigkeit zu opfern: „Aber da waren der Drill, die Missgunst und vor allem die Enge der Lebensführung, die ihm das Vergnügen an der Arbeit verleideten." (H. 176) Wenn er das Studium abschließt, sich von den Freunden verabschiedet, nimmt seine Melancholie wieder zu. Sie wird durch die Einsicht vertieft, dass er unfähig ist, Bindungen einzugehen: „Ich bin zu nichts fähig, nicht zu Liebe, nicht zu Freundschaft." (H. 211) Sein Hang zur Melancholie und Neurasthenie wird durch sein Versagen als Hauslehrer verstärkt: „Die ‚Erziehung' wurde zur täglichen und – immer häufiger – nächtlichen Qual." (H. 307) Die Jahreszeit lässt die Neurasthenie eskalieren: „Im Herbst nehmen die Neurasthenien zu" (H. 308) Seine Melancholie und seine Krankheit nehmen immer schneller zu. Immer häufiger hat er keine Geduld für seine Zöglinge. Seine Einsamkeit wird für ihn immer bedrückender: „Die Freunde resignieren, ziehen sich vorsichtig zurück, die Gespräche brechen ab. Aus der gemeinsamen Hektik stürzt er in die alte unvertraut gewordene Einsamkeit." (H. 495) Jegliche medizinische Behandlung scheitert. Der Künstler zieht sich in die innere Welt zurück, wird weltfremd. Auch die menschliche Seite der Krankheit wird im Roman präsentiert: „Seit drei Wochen tobt der Kranke fast ohne

---

154   Vgl.: *„Ich finde um zu erfinden." Peter Härtling...* op. cit., S. 202.

Unterbrechung. Er und sein Zimmer sind verschmutzt, ein ekelhafter Gestank dringt denen entgegen, die sich zu ihm wagen." (H. 576) Er ist nicht im Stande, seine Freunde zu erkennen. Der Familie bleibt es nichts übrig, als den Kranken in die Klinik einzuliefern (H. 577).

Hölderlins Zerrissenheit wird auch an Frauenbeziehungen geschildert, wo er sich einerseits von den Frauen angezogen fühlt, andererseits vor ihnen, vor der Annäherung an sie Angst hat. Er liebt die Frauen, um sie in der Literatur zu verewigen. Was Hölderlins Frauengeschichte anbelangt, macht Härtling voll von der Freiheit des Erzählers Gebrauch, vor allem deswegen, weil die biographischen Dokumente in dieser Hinsicht sehr wenig hergeben. Härtlings Hölderlin erlebt komplizierte Liebesgeschichten. Die Beziehungen spiegeln sich dem Härtlingschen Erzähler zufolge später oft in seiner Dichtung wider. Er umreißt Hölderlins erotische Wirklichkeit, seine brüchigen Leidenschaften. Was der Dichter bei der ersten Jugendbeziehung zu Suse Breunlin lernt, ist die Frauen für seine Kunst beizubehalten. Er lernt von ihnen träumen: „Von denen träumte er undeutlich, denn die meisten kannte er." (H. 48). Die Beziehung ist durch Furcht vor Frauen und davor, dass die anderen von der Beziehung erfahren könnten, gekennzeichnet: „Mit niemandem wagte er darüber zu reden." (H. 48) Die Furcht vor Suse wird gewichtiger als deren Begehren: Es ist „ein Mädchen, das er begehrt, […] das er fürchtet – und in den Spielarten der Furcht kennt er sich besser aus." (H. 52) Er will Suse nur in seine Phantasie aufgenommen haben, denn nur die idealisierte nur in der Phantasie lebende Frau kann in die Kunst verwandelt werden. Seine Liebe könnte dadurch zur Kunst werden. Die erste Beziehung ist für ihn jedoch zu wirklich: „Sie lässt es nicht zu, dass seine Phantasie ihn aufnimmt." (H. 52). Dieses Abenteuer kann also nicht als Verwirklichung der Liebe angesehen werden. Die Maulbronner Zeit ist die Zeit der Beziehung zu Louise Nast, der „jüngsten Tochter des Klostergutverwalters Johann Conrad Nast" (H. 88) Das Bild von Luise wird als erstes idealisiert. Sie ist die erste, von der er träumte, die er in der Kunst verewigt: „Sie hatte ihm gefallen. Er wünschte mit ihr zusammenzutreffen. Er träumte von ihr. Er schrieb Gedichte, die seine Träume fortsetzten." (H. 92) Es war möglich, denn „er idealisierte sie, noch ehe er sie mit ihr gesprochen hatte, und es ist möglich, dass er sie, für sich, Stella nannte, noch ehe er ihren wahren Namen wusste." (H. 91/92) Nur die Liebe zur unerreichbaren Louise kann für den jungen Künstler den Impuls zur Poetik sein. Sie kann jetzt dem Härtlingschen Erzähler nach als Stella in die Literatur eingehen: „Die Gefühle und Gedanken, die er ihr in Gedichten aufredet, wollen ohnedies nicht viel mit der Wirklichkeit gemein haben, spielen mit Melancholie, suchen Einsamkeit, fürchten Trennung." (H. 94) Seine Lieben werden von dieser Bekanntschaft an durch die Angst vor Trennung, aber auch durch die „Furcht, jemandem zu nahe zu kommen und die Nähe auf die Dauer dulden zu müssen." (H. 95) bestimmt. Mit der Zeit kommt zur Entfremdung von Louise. Sie scheint ihm zu „arm, in ihren Ansichten redlich und eng und in ihrer Liebe ahnungslos." (H. 124). Die zweite idealisierte Frauenfigur, die er in der Wirklichkeit nur selten trifft, ist Elise, „die Tochter des Universitätskanzlers Lebert." (H. 176) Schon wieder wird seine Liebe in die Kunst, in seine Gedichte eingehen: „Sie hatte ihm gefallen. Freilich ging er mit ihr mehr in seiner Phantasie um, da er kaum sah, und wieder idealisierte er sie wie Louise. Sie wurde zu seiner Lyda." (H. 176) An einer weiteren Stelle wird es wiederholt: „Wieder idealisierte er die Geliebte, um ihr fern bleiben und ihr nur in Gedanken alle Sehnsucht aufladen zu können." (H. 263) Auf Elise folgt Susette Gontard. Schon mit dem ersten Anblick fühlt er sich getroffen, „denn wenige Tage danach schreibt er von ihrer ,ewigen Schönheit'." (H. 360) Susette „folgt Stella und Lyda', wiederum eine idealisierte, in die Anbetung entrückte Figur […]" (H. 371) Für den Künstler wird sie Diotima: „Er macht aus dem Bild der Geliebten ein Inbild: Diotima. Schon ist sie, ohne es zu ahnen, eingegangen in seine Poesie." (H. 381) Louise Nast, Elise Lebert und Susette Gontard bilden eine Reihe von Frauen, die vom Härtlingschen Erzähler als Impulse für seine dichterische Tätigkeit angesehen, die als Objekte der Verehrung betrachtet werden, bei denen Hölderlins Angst vor Annäherung an die Frauen deutlich präsent ist. Härtlings Hölderlin ergreift keineswegs Initiative. Die geht meistens von der Frau aus. Hölderlin sehnt sich nach Nähe, doch sobald er sie erzielt, löst sie in ihm Panik aus. Die Frauenfigur wird auf ein Podest gehoben. Aus ihr wird ein himmlisches Wesen. Aus der Liebe wird Verehrung. Die Nähe wird also zu Unnahbarkeit.

Bei Härtlings Hölderlin ist die Mutter, die in allen Beziehungen zu Frauen eine tragende Rolle spielt. Hölderlins Beziehung zu Frauen ist vor allem durch das Mutterbild bestimmt. Hinter jeder Frauenbeziehung steht die starke Mutterfigur. Immer wieder stellt sich der Künstler die Frage, was würde sich die Mutter denken? Die Meinung der Mutter und die der Umgebung sind wichtiger für ihn als sein Gefühl für die Frau selbst: „Die Mutter und der Diakon wären über solchen Umgang sicher verärgert werden." (H. 48) Hölderlins schwieriges Verhältnis zu seiner Mutter, ihre Aufopferung für das, was sie fälschlicherweise für seine Bedürfnisse hält, wird der Übertragung ihrer Gefühle für zwei frühverstorbene Gatten auf den ältesten Sohn zugeschrieben. Die Mutter wird hier keineswegs hartherzig und berechnend geschildert. Hier liebt Johanna ihren Sohn und die Liebe wird erwidert. Das war eben der Grund dafür, dass er von Jena, Frankfurt, Homburg sowie Bordeaux aus immer wieder nach Nürtingen zurückkehrt. Nürtingen ist sein Zuhause, und obwohl er hier niemand findet, der mit ihm lange Gespräche über Literatur, Erziehung, Politik, Demokratie, Ethik und Philosophie führen kann, ist er sich dessen sicher, dass er hier eben Verlässlichkeit, Schutz und Wärme findet, dass er hier immer gerne aufgenommen wird. Doch die Nähe zur Mutter macht ihm das Leben schwer. Der Härtlingsche Erzähler berichtet von den dauernden Ermahnungen, sich zu fügen und endlich Pfarrer zu werden, was jedoch die gewünschte Wirkung nicht erzielt. Die Mutter hat das Leben des Sohnes vorgesehen. Er sollte erfüllen, „was ihren beiden Männern verwehrt gewesen war." (H. 595) Zwar versteht sie ihren Sohn, seine Entscheidungen, nicht, zwar schlägt er den von ihr vorgeschlagenen Weg nicht ein, doch das ganze Leben lang wird sie ihn lieben und unterstützen: „[…] als der Sohn nicht die von ihr vorgezeichneten Weg ging, die von ihr angeboteten, eingerichteten Wirklichkeiten ausschlug, folgte sie ihm, unter der wachsenden Entfernung leidend, die Sprachlosigkeit und die für sie unverständliche Wut auf sich nehmend. Sie hat ihn geliebt, sie hat sich um seinetwillen unzählige Male verraten müssen." (H. 596) Sie schlüpft in die Rolle der Betreuerin und der Trösterin: „Eigentlich ist es eine Liebesgeschichte." (H. 596) Viel entscheidender für den Dichter sind die Gefühle für die Mutter, die nicht gelöst werden konnten. Sie tragen dazu bei, dass seine Beziehungen zu Herausforderungen und Unternehmungen werden, die immer scheitern. Im Schatten seiner Lieben ist immer das Mutterbild präsent, das die Liebe unmöglich macht. Das Mutterbild wird vom Härtlingschen Erzähler geschildert, als könnte die Mutter Hölderlins es von sich selbst haben. Damit vermutet der Erzähler die Übereinstimmung in seiner Wahrnehmung des Mutterbildes mit der Wahrnehmung sich selbst der Mutter Hölderlins: „Sie ist die Johanna meiner Erzählung geworden. Es fragt sich, ob sie so gewesen ist: Hier war sie das, was sie wohl auch sein wollte, eine übermächtige Mutter und eine verschwiegene Liebende." (H. 593)

Der Schlussteil des Romans betont schon wieder die Richtigkeit der Wahl der Methode. In diesem Teil könnte Hölderlin zu seiner Figur werden: „Ich wünsche mir, dass er ‚meine' Figur sei; er kann es nur dort sein, wo er sich selbst nicht und wo ihn kein anderer bezeugt." (H. 66) Der Dichter wird jetzt nicht mehr „bezeugt" (H. 66) Der Erzähler verstummt: „Ich erreiche ihn nicht mehr, er hat sich verschlossen. Ich weiß nicht, wie ich dieses Ende, dass nicht enden will, erzählen soll." (H. 583) Für den Prozess der Annäherung des Härtlingschen Erzählers an seinen Künstler ist die „Gegenläufigkeit" charakteristisch. Härtling gibt die Distanz umso mehr auf, je weiter sich Hölderlin vom zu lebenden Leben entfernt, je ausschließlicher er sich in seinen Gedichten verwirklicht. Zum Schluss traut er sich nur unsichere und verzweifelte Fragen: „Vielleicht tarnt er sich? […] Hat er wirklich keine Erinnerung? Hat die ungeheure Wut ihm alle Bilder aus dem

Kopf gefegt? Spielt er, will er Rätsel aufgeben?" (H. 583) Eine Antwort sowie eine weitere Erfindung wagt er nicht. In einem seiner Einschübe, die die Grenzen der Erfindung bestimmen, schreibt der Härtlingsche Erzähler: „Er hat die Welt, die er packen wollte, die Welt, die ihm mitspielte, verlassen; vielleicht hat er sie auch nur genarrt." (H. 583) Er weicht jeder Versuchung aus, den Grund und die Ursache für die Erkrankung zu benennen. Bei deren Beschreibung enden die Bemühungen, ihn aus seiner Zeit heraus zu erklären. Er drückt sich, von endgültigem Zusammenbruch Hölderlins zu sprechen. Der Härtlingsche Erzähler lässt seine Geschichte enden unter Tübinger Studenten, die Hölderlin zu Grabe getragen haben. Er schließt mit einem indirekten Bericht von Hölderlins Tod im Tübinger Turm, wodurch sein Ende mit seiner Studentenzeit in Verbindung gebracht wird: „Zwei Bilder, das Vergangene und das Gegenwärtige, gehen ineinander auf, werden sich gleich. So kann es gewesen sein; hier kann es enden." (H. 603)

Im Gegenteil zu der früheren Künstlerbiographie *Niembsch oder Der Stillstand. Eine Suite* eröffnet *Hölderlin* eine Reihe von den Künstlerbiographien, in denen das ganze Leben, doch in der Kürze, des vom Erzähler ausgewählten Künstlers thematisiert wird. Bei näheren Betrachtung fallen zwei wichtige Probleme auf, mit denen sich der Erzähler befasst. Einerseits ist es die Form der Darstellung der Biographie des Künstlers andererseits ist es die Zulassungsmöglichkeit der Darstellung des Lebens des Dichters, der menschlichen Seite der aus der Literaturgeschichte bekannten Persönlichkeit Hölderlin. Im Vergleich mit der Niembsch-Biographie macht sich der Erzähler deutlich erkennbar, indem er nicht nur das Leben Hölderlins, sondern auch seine Schreibstrategien ununterbrochen kommentiert. Der zerrissene Dichter wird zum Protagonisten. Er wird als Mitmensch geschildert, der sich auf die Suche nach dem Ziel seines Lebens begibt, der sich gegen den von der Mutter bestimmten Weg aufzulehnen versucht, der seine Liebesaffären erlebt, der als „politischer Kopf" (H. 405) zwischen Denken und Handeln zu wählen hat. Die Erzählfigur ist im Roman nicht ganz die aus der Literaturgeschichte bekannte Persönlichkeit. Zwar wird hier Hölderlin und sein Leben gemeint, doch nur bedingt. Die Lebensdaten und die Tatsachen aus seinem Leben stimmen, doch gibt es mehrere Szenen im Roman, die deutlich erfunden werden. Von der Künstlerbiographie an wird der Härtlingsche Erzähler die geschilderten Künstler als „seine" betrachten. Das Leben Hölderlins, das Faktische wird durch das Fiktionale ergänzt. Die Lücken in den Tatsachen werden mit dem Erfundenen erschlossen, was den Künstler nicht als den „wahren" Dichter aus der Literaturgeschichte wird betrachten lassen.

2.4. *Die dreifache Maria. Eine Geschichte.* Liebe und Leid des Dichters Mörike

In den 80-er Jahren werden zwei Künstlerbiographien herausgegeben, die Eduard Mörike gewidmet sind. Die erste unter dem Titel *Erinnerung an Eduard* von Hermann Lenz[155] erscheint im Jahre 1981. Darauf folgt ein Jahr später eine weitere biographische Geschichte von Peter Härtling: *Die dreifache Maria. Eine Geschichte.* Schon wieder wird das Private, das Intime an der historischen Figur der Stoff für die Erfindungskraft des Romanciers. Erzählt wird hier die Geschichte aus dem Leben des Lyrikers Eduard Mörike und dessen Liebe zu Maria Mayer (1802–1865). Die Begegnung mit ihr, die in Mörikes Gedichten als *Peregrina* und in seinem Roman *Maler Nolten* als die Zigeunerin Elisabeth erscheint, wird, so der Biograph, zum „auslösenden Moment seiner Entwicklung"[156]. Die ganze Geschichte kann als „Versuch der Erklärung des Peregrina-Zyklus"[157], der Folge von fünf Liebesgedichten, die später in seinen Roman Mörikes *Maler Nolten* eingeflochten wurden, angesehen werden.

Eduard Mörike[158] kommt am 8. September 1804 als siebtes von dreizehn Kindern des Stadt- und Amtsarztes Karl Friedrich Mörike (1763–1817) und seiner Frau Charlotte Dorothea geb. Beyer (1771–1841), Tochter eines schwäbischen Pfarrers, in Ludwigsburg auf die Welt. Hier besucht er die Lateinschule, wo er sich mit dem künftigen Komponisten Friedrich Kauffmann (1803–1856), dem Philosophen, Dichter und Literaturkritiker Friedrich Theodor Vischer (1807–1887), dem Theologen und Philosophen David Friedrich Strauß (1808–1874) und Rudolf Lohbauer (1802–1873) befreundet. In dieser Zeit verbindet ihn eine Freundschaft mit Klärchen Neuffer (1804–1837). Nach dem Tod des Vaters 1817 siedelt seine Familie nach Stuttgart über, wo er das Gymnasium besucht. Im Oktober 1818 tritt er ins niedere theologische Seminar in Urach ein. Zu seinen Jugendfreunden in dieser Zeit gehören die zukünftigen Pfarrer Johannes Mährlen (1803–1871) und Wilhelm Hartlaub (1804–1885). 1822 beginnt er das Studium der protestantischen Theologie am Tübinger Stift. In Tübingen schließt er Freundschaft mit Wilhelm Waiblinger (1804–1830) und Ludwig Amadeus

155   H. Lenz: *Erinnerung an Eduard. Erzählung.* Frankfurt a. M. 1981.
156   B. Dücker: *Peter...* op. cit., S. 88.
157   H. Schlaffer: *Dichter lassen sich gut erzählen.* In: „Stuttgarter Zeitung", 30. 04. 1982.
158   Zu Eduard Mörike: E. Kluckert: *Eduard Mörike.* Köln 2004; G. Armin: *Schwäbischer Dichterkreis. Uhland, Kerner, Schwab, Hauff, Mörike.* Marburg 2004; I. Wild; R. Wild (Hg.): *Mörike-Handbuch.* Stuttgart 2004; Ch. Schmid-Lotz: *Eduard Mörike.* Lahr 2004.

Bauer (1803–1846), besucht den umnachteten Dichter Friedrich Hölderlin. Den Höhepunkt des Freundschaftsbundes bilden die Orplid[159]-Dichtungen[160], die Eduard Mörike mit Bauer in den Jahren 1825/26 verfassen. Zu Ostern 1823 trifft Mörike in Ludwigsburg zum ersten Mal Maria Meyer. Am 25. August 1924 nimmt sein Bruder August (1807–1824) sich das Leben. Im Jahre 1925 werden die Freundschaften mit Rudolf Lohbauer und Wilhelm Waiblinger lockerer. Stattdessen lernt er den neuen Freund, den Komponisten Louis Hetsch (1806–1872) kennen. Im Jahre 1826 legt Mörike das theologische Examen in Tübingen ab und tritt die achtjährige von Mörike bezeichnete „Vikariatsknechtschaft" an. In den Jahren 1826–1827 übernimmt er die Vikariate der Reihe nach in Oberbohingen, Möhringen und Köngen. Im Jahre 1827 tritt Mörike einen längeren Urlaub an, den er in Nürtingen verbringt. Ein Jahr später verweilt er in Scheer an der Donau bei seinem Bruder Karl, der dort Amtmann ist. In Stuttgart versucht er 1828 als freier Schriftsteller zu leben. Da Mörike nicht auf Termin schreiben kann, löst er den Vertrag mit Franckscher Buchhandlung. Im Jahre 1829 ist der Dichter Pfarrverweser in Pflummern und danach in Plattenhardt, wo er sich mit Luise Rau (1806–1891), der Tochter des ehemaligen Pfarrers in Plattenhardt, verlobt. In den Jahren 1830–1834 ist er Pfarrverweser in Eltingen, Ochsenwang, Weilheim, Owen und Ötlingen. Im Jahre 1832 erscheint der Roman *Maler Nolten*. Ein Jahr danach kommt es zur Lösung der Verlobung mit Luise Rau. 1834 bezieht Mörike mit seiner Mutter und Schwester Klara (1816–1903) das Pfarrhaus in Cleversulzbach, wo er bis 1843 bleibt. Es folgen die Erzählungen: *Lucie Gelmeroth* (1834), *Der Schatz* (1835), *Der Bauer und sein Sohn* (1838). In Weinsberg schließt er 1835 Freundschaft mit dem Arzt und Dichter Justinus Kerner. Zwei Jahre später befreundet er sich mit dem Schriftsteller, Publizisten und Übersetzer Hermann Kurz (1813–1873). In demselben Jahr trifft er in Weinsberg im Haus von Justinus Kerner den Dichter, Schriftsteller und Germanisten Ludwig Uhland, die Dichterin Emma von Niendorf (1807–1876) und den Liederkomponisten Karl Hartmann Mayer. Im Jahre 1838 verbringt er mit der Mutter den Urlaub in Lauffen. Darüber hinaus besucht er in Wermuthausen seinen Freund Wilhelm Hartlaub und in Stuttgart Justinus Kerner, wo er den Oberhofprediger Karl von Grüneisen (1802–1878), den Komponisten Ignaz Lachner (1807–1895) und die Prinzessin Marie von Württemberg trifft. 1841 stirbt seine

---

159 Die zwei Freunde, E. Mörike und L.A. Bauer, erdichten ein Land der Sehnsucht, dem sie den Namen „Orplid" geben.

160 Vgl.: P. Härtling (Hg.): *Du bist Orplid, mein Land. Texte von Eduard Mörike und Ludwig Bauer, gesammelt und mit einem Nachwort versehen von P. Härtling*. Darmstadt, Neuwied 1982.

Mutter. 1843 reist Mörike nach Nürtingen, wo er Hölderlins Schwester besucht. In demselben Jahre wird er auf eigenen Wunsch in den Ruhestand versetzt. Er zieht mit der Schwester Klara zu Wilhelm Hartlaub nach Wermuthausen um, dann 1844 nach Schwäbisch Hall, um sich schließlich in Bad Mergentheim niederzusetzen. 1851 fährt Mörike nach Stuttgart, wo er sich vergeblich um eine Bibliotheksstelle bemüht. Als Nachfolger von Gustav Schwab tritt er 1851 die Stelle als Lehrer am Katharinenstift an, die er bis 1866 bekleidet. 1851 heiratet Mörike nach siebenjähriger Verlobungszeit die Katholikin, die Tochter des Oberleutnants von Speeth, Margarethe. Aus der Ehe kommen zwei Töchter Fanny und Marie. In Stuttgart entstehen die letzten Prosawerke: *Das Stuttgarter Hutzelmännlein* (1852), *Die Hand der Jezerte* (1853) und *Mozart auf der Reise nach Prag* (1855). 1852 verleiht ihm die Universität Tübingen die Ehrendoktorwürde. Für kurze Zeit übernimmt Mörike 1853 die Redaktion des Beiblattes zur „Metzlerschen Frauenzeitung". 1854 befreundet er sich mit dem Schriftsteller, dem zukünftigen ersten deutschen Nobelpreisträger für Literatur, Paul Heyse (1830–1914). Er korrespondiert auch mit dem Komponisten Gustav Pressel (1827–1890), der das Lied *Zierlich ist des Vogels Tritt im Schnee* vertont. Ein Jahr später lernt Mörike den Lyriker Emanuel Geibel (1815–1884) und den Schriftsteller Theodor Storm (1817–1888) kennen. Der König Maximilian von Bayern (1756–1825) macht Mörike 1856 ein Angebot, nach München zu ziehen, was er jedoch ablehnt. 1857 besucht ihn der Dramatiker, Lyriker und Erzähler Friedrich Hebbel (1813–1863). 1862 beruft ihn der König Maximilian von Bayern in das Kollegium des Maximiliansordens für Kunst und Wissenschaft. Zwei Jahre später befreundet er sich mit Moritz von Schwind, ein Jahr danach besucht ihn der russische Schriftsteller Iwan Turgenjew (1818–1883). 1866 gibt Mörike seine Lehrtätigkeit am Katharinenstift auf. Ein Jahr danach zieht er mit der Ehefrau nach Lorch um. In den Jahren 1870–1871 verweilt der Dichter wieder in Nürtingen. 1873 erfolgt die Trennung Mörikes von seiner Frau. Er zieht mit der Schwester Klara und der Tochter Marie nach Fellbach um. Seine Ehefrau und die Tochter Fanny bleiben in Stuttgart. Eduard Mörike stirbt am 4. Juni 1875 und wird am 6. Juni auf dem Stuttgarter Pragfriedhof beerdigt. So viel über die Fakten aus der Biographie Mörikes.

In der romanhaften Künstlerbiographie *Die dreifache Maria. Eine Geschichte* wird auf die Präsentation des Porträts des jungen Mörike Gewicht gelegt. Was in der Künstlerbiographie berücksichtigt wird, ist die Jugendzeit des Künstlers in Ludwigsburg, Tübingen und Stuttgart. Vermittelt bekommt man seine Freundschaft mit Johannes Mährlen und Ludwig Amandus Bauer, seine Abhängigkeit von der Mutter und den Schwestern. Das Werk umfasst 126 Seiten und ist in fünf Kapitel unterteilt. Das erste Kapitel *Die Flucht* erzählt vom zweiten Erscheinen

Maria Meyers im Leben Mörikes. Das zweite Kapitel *Die Kinderbraut* berichtet wie eine Rückblende über die besondere Freundschaft, die den Dichter mit Klärchen Neuffer verband. Das dritte Kapitel *Maria Meyer* schildert kurz den Lebenslauf Marias. Im Kapitel *Peregrina* erfährt man, wie aus Maria *Peregrina* wird. Und schließlich erzählt das letzte Kapitel *Maria Kohler* vom letzten Treffen Marias mit dem Dichter. Dargeboten werden in der Künstlerbiographie Mörikes Hang zur Melancholie und Träumen, seine Flucht in Krankheit vor der Liebe und schließlich seine Entwicklung zum Künstler. Der Lebensabend des Dichters wird nur am Rande im letzten Kapitel erwähnt. Die literarische Tätigkeit wird auf die Dichtung eingeschränkt, die eng mit Maria Meyer im Zusammenhang steht. Von anderen Werken werden nur die Titel aufgezählt, sie werden nur beiläufig erwähnt.

Der Härtlingsche Erzähler erzählt in seiner Künstlerbiographie „direkt, als der hinter dem Erzählten verborgene Autor"[161]. Wenn er die Handlung kommentiert, dann macht er es bescheiden und sparsam. In das Fiktionale setzt er Zitatfragmente aus den Briefen, „wörtliche oder variierte"[162], ein. Man liest Briefe von Mörike an seinen Bruder August, an seinen Freund Wilhelm Waiblinger, Briefe an die Mutter, aber auch Marias Briefe an Mörike, sowie die Luises. Er gibt die Daten der wichtigsten Erlebnisse des Lyrikers an. Man erfährt vom Tod seines Vaters am 22. September 1817 oder, dass er als Vikar Ende 1823 in Neckartailfingen „amtierte" (M. 51), dass „Maria Meyer in den ersten April des Jahres 1823 nach Ludwigsburg [kommt], wie vom Himmel gefallen, ohne Herkunft, ohne Geschichte [...]" (M. 68), dass 1826 seine Familie nach Nürtingen zieht (M. 108), dass Luise am 31. März 1827 stirbt (M. 112), dass er 1843 sich „auf eigenen Wunsch vorzeitig" (M. 116) pensionieren lässt oder, dass er am 25. November 1851 Margarethe von Speeth heiratet. (M. 126) Der Leser bekommt auch die politische Lage dieser Zeit umrissen. Angesprochen werden die Karlsbader Beschlüsse[163], die Ermordung des Schriftstellers Augusts von Kotzebue (1761–1819), der vom Jenaer Burschenschaftler Karl Ludwig Sand (1795–1820) im Jahre 1819 erdolcht wurde. Erwähnt werden der Staatsmann Klemens Metternich (1773–1859) und der politische Schriftsteller Friedrich von Gentz (1764–1832) (M. 84–86). Der Erzähler bedient sich der Methode, die er früher im Hölderlin-Roman benutzt hat, seine Gestalten in Anlehnung an deren

---

161 G. Storz: *Der Lyriker als Romanheld*. In: „Die Zeit", 26. 03. 1982.
162 Ebenda.
163 Karlsbader Beschlüsse, 1819 von den deutschen Regierungen unter dem Einfluss Metternichs gefasste Beschlüsse gegen die nationale und liberale Bewegung (1848 aufgehoben).

Porträts zu beschreiben, was er ausdrücklich betont: „Er sieht den Freund so, wie ihn Johann Georg Scheiner gezeichnet hat: jung und alt in einem; das Gesicht, in dem die hellen grauen Augen [...]" (M. 13) Der Härtlingsche Erzähler berichtet „in einer Sprache, wie man sonst Fakten zukommen lässt"[164]. Er sagt doch nicht mehr, als man eben vermutend über andere wissen kann. Er beschreibt seine Figuren ganz aus ihrer Zeit heraus, mit „Ahnlehnung an deren Vokabular"[165].

Thematisiert wird in der Künstlerbiographie also ein Lebensabschnitt, „eine Episode der Literaturgeschichte"[166], vergegenwärtigt wird in der Erzählung ein Teil Mörikes Biographie, Mörikes private Beziehungen. Der Härtlingsche Erzähler schildert jedoch nicht nur die trockene Lebensgeschichte eines berühmten Dichters, sondern auch dessen Gefühle, Träume und Ängste. Der Titel *Die dreifache Maria*, der den Namen des Dichters ausspart, macht darauf Anspielung, dass Maria Meyer dreimal im Leben Mörikes auftaucht, dreimal um seine Liebe warb und dreimal abgewiesen wurde: „Er hat, nachdem sie dreimal erschienen, dreimal von ihm abgewiesen worden war, nie mehr über sie gesprochen." (M. 52) Maria Mayer ist auch in einem anderen Sinne in der Härtlings Geschichte anwesend, einmal als eine Frau, die Mörike begehrt, einmal als eine innere Figur im Mörikes Leben und zuletzt als eine Figur aus Mörikes Gedicht, als Peregrina, wo sie sich selbst und ihren Dichter überlebt.

Eine nicht verwirklichte Liebe Mörikes, sein Liebesverhältnis zu Maria Meyer, die er 1823 in Ludwigsburg kennen lernt, ist das historische Geschehen, das bei Peter Härtling zur Geschichte wird, um dann in seiner Erzählung realisiert zu werden. Die Haupterzählfigur ist hier Eduard Mörike, doch zum Mittelpunkt der Geschichte und zugleich zur Titelfigur wird Maria Meyer. Der Er-Erzähler stellt auf Grund genauer Kenntnis des von Paul Corrodi[167] gesammelten Materials die geheimnisvolle Person Maria, die auch für den Dichter rätselhaft scheint, von außen her aufs genaueste vor. In dem Kapitel *Maria Meyer*, das sich wie ein Bericht liest, werden einige Tatsachen sachlich angeführt: ein aus Schaffhausen den Eltern entlaufenes Mädchen, zeitweilig im Schwarm der „Erweckten" um die Baronin von Krüdener untertauchend, gespielte Ohnmachtsanfälle, erfolgreiche Spekulation auf die Hilfsbereitschaft wohlhabender Bürgersleute, Begabung, sich interessant zu machen. Ein Kapitel weiter, betitelt *Peregrina*, wird sie als eine Frau von faszinierender Schönheit, erstaunlicher Belesenheit und unergründlicher

---

164   E. Pulver: *Die gebundene Liebe. Vorgeschichte eines Gedichts.* In: „Schweizer Monatshefte". 1982. H. 4, S. 357.
165   Ebenda.
166   Ebenda.
167   P. Corrodi: *Das Urbild von Mörikes Peregrina...* op. cit.

Herkunft vermittelt. Sie lässt sich ohnmächtig auf der Straße, diesmal in Ludwigsburg, liegend auffinden. In der Ortschaft arbeitet sie als Schankmädchen. In tänzerischer Bewegung bedient sie und fasziniert zugleich die Freunde Rudolf Lohbauer und Eduard Mörike im Ludwigsburger Bierwirtshaus. Von Lohbauer erfährt sie, dass Mörike, obwohl er bis dato noch kaum eine Zeile geschrieben hat, ein Dichter ist, was ihm ihr besonderes Interesse einbringt. Tags darauf unternehmen sie einen Spaziergang, der sie in ein Boudoir führt, wo es zu einem „libidinösen Hingerissen- und Verzücktwerden à trois"[168] kommt. Daraufhin gehen in der begeisterten „Dreieinigkeit" (M. 96), leidenschaftliche Briefe hin und her. Mit der Zeit jedoch gilt ihre wahre Liebe allein dem Dichter. Ein unwiderstehlicher Reiz, den die „Vagabundin"[169], jene von Geheimnissen umgebene Frau, Herumtreiberin auf den jungen Theologen ausübt, lässt ihn in eine schwere Daseins- und Sinnkrise stürzen: „Auch das Kleinste, Unbedeutendste, was von außen Neues kommt, versetzt mich in bangstes Unbehagen" (M. 24), schreibt Mörike in einem Brief. Dann ist sie plötzlich aus Ludwigsburg verschwunden: „Sie verlässt Ludwigsburg ohne Grund […]" (M. 64) Als sie Mörike 1824 und dann nochmals 1826 in Tübingen zu treffen versuchte, verweigerte er jede Kontaktaufnahme. Abgearbeitet wurde die Figur in den Peregrina-Gedichten. „Sie kommt wie aus einem Lied" (M. 66) heißt es an einer Stelle und sie „geht in eins ein"[170]. Der Härtlingsche Erzähler stellt sie als eine Person vor, die sich dessen bewusst ist, welchen Einfluss sie auf den Dichter und seine Dichtung hat: „Sie ahnt ihre Verwandlung in Peregrina. Aber dass sie ihn als Peregrina nicht mehr haben darf, leuchtet ihr nicht ein." (M. 64)

In dem letzten Kapitel *Maria Kohler* hat man mit einem Epilog in Form einer zur Lebensgeschichte Mörikes hinzuerfundenen Szene zu tun. Maria taucht noch einmal in seinem Leben auf. Nach Jahrzehnten, inzwischen in die Schweiz zurückgekehrt, auch verheiratet, hat sie aus der Zeitung von der Ankunft des Dichters nach Konstanz erfahren. Sie erwartet ein Wiedersehen mit dem Dichter. Hinter einem Baum versteckt beobachtet sie unbemerkt den Gealterten am Arm seiner Schwester des Weges kommen. Sie fühlt aber, dass sie nichts mehr mit der Gestalt verbindet, auf die sie eins ihre Wünsche und Sehnsüchte gerichtet hat: „Sie weiß, dass er es sein muss. Um so mehr wundert sie sich über ihre Gleichgültigkeit. Sie hat sich auf Schreck und Schmerz eingestellt und sitzt nun geradezu teilnahmslos auf der Wiese […]" (M. 123/24) Ein Stück weiter erfahren

---

168 G. Storz: *Der Lyriker...* op. cit.
169 T. Jens: *Wie Pastor Mörike sein Glück verpaßt*. In: „Deutsches Allgemeines Sonntagsblatt", 18. 04. 1982.
170 E. Pulver: *Die gebundene Liebe...* op. cit., S. 357.

wir, dass sie „spürt, wie sich der Rest von verrotteter Hoffnung endlich auflöst."
(M. 124)

Maria Meyer wird in der Künstlerbiographie als eine geschildert, die bewusster als der Dichter ist, die konsequent ihre Ziele verfolgt. Sie weiß immer ihre Liebe zu äußern. Sie übersteigt seinen Dichter auch durch den Mut, mit dem sie das Ende der Liebe sieht und es doch vollzieht. Eduard Mörike wird geschildert als einer, der im Leben nicht im Stande ist, Entscheidungen zu treffen, der im Ernstfall Krankheit simuliert, der keiner Liebe, geschweige denn einer Leidenschaft gewachsen ist. Der Härtlingsche Mörike ist ein „Drückeberger"[171], der das ganze Leben lang an einer „versäumten und verdrängten Liebe"[172] leidet, der sich von seinen Schwestern, Luise: „Luise ist ihm am nächsten" (M. 14) und der jüngeren Schwester Klärle, bevormunden lässt. Die Geschichte als „Versuch der Erklärung des Peregrina-Zyklus"[173] gibt dem Leser die Vorgeschichte der Peregrina-Gestalt, erhellt die Verse, nicht durch direkte Erklärung, sondern durch Erzählung mit der Zurückhaltung. Ausgelegt wird der Anfang des Liebesgedichtes *Peregrina*:

> Die Liebe, sagt man, steht am Pfahl
> gebunden,
> Geht endlich arm, verlassen unbeschuht,
> Dies edle Haupt hat nicht mehr, wo es ruht.
> Mit ihren Tränen netzt sie ihre Wunden. (M. 113)

Die Lektüre der ganzen Künstlerbiographie ermöglicht die Auslegung der Zeilen. Hier erfährt man zum ersten Mal, warum die Liebe in diesem Gedicht „gebunden" sein muss. Eigentlich könnte da „gefesselt"[174] stehen, wie „die Gefühle im Inneren Mörikes"[175]. Der zögernde, in die Krankheit flüchtende Dichter schränkt sich selber ein, zieht sich selber zurück. Als Maria den 19-jährigen Eduard Mörike im Tübinger Stift unangemeldet aufsuchte, als sie urplötzlich vor den Toren des Tübinger Stifts auftauchte und „einen flehentlichen Brief" (M. 5) hinterließ, wurde er an der Stelle krank: „Er sitzt da, wartet darauf, dass die Unruhe das Fieber hochtreibe, die Angst zur Krankheit wird." (M. 7) Er bittet die Schwester, dass sie sich bei Ephorus um einen Krankenurlaub einsetzt: „Er bat Luise, die ältere Schwester, sich für ihn beim Ephorus zu verwenden, um einen Krankenurlaub zu bitten." (M. 6) und zieht sich in den „Schoss der Familie"[176]

---

171 P. Jokostra: *Die Krankheit war sein einziges Refugium.* In: „Die Welt", 27. 03. 1982.
172 Ebenda.
173 H. Schlaffer: *Dichter lassen sich gut...* op. cit.
174 E. Pulver: *Die gebundene Liebe...* op. cit., S. 357.
175 Ebenda.
176 T. Jens: *Wie Pastor Mörike...* op. cit.

nach Stuttgart zurück. Immer wieder wiederholt er den von dem Härtlingschen Erzähler in Schwäbisch angeführten, kindisch wirkenden Satz: „I mueß hoim." (M. 5 oder 106) Flucht in die Krankheit ist seine einzige Rettungsmöglichkeit: „Er musste krank werden; das gelang ihm schon als Kind nach Belieben. Er würde krank werden." (M. 6) Ein Stück weiter liest man: „Bei den geringsten Schwierigkeiten verschanzte er sich im Krankenbett." (M. 45) Familie ist seine einzige Zuflucht: „Er musste fort, nach Hause zur Mutter, zu den Geschwistern." (M. 5) Er wagt nicht, seine Liebe zu leben, denn er „versucht, Maria zu vergessen, was ihm nicht gelingt, denn jeder Gedanke, jeder Tagtraum, jede gelesene Zeile endet bei ihr. Es ist eine Krankheit." (M. 14) Vom erwachsenen Mörike erzählt der Härtlingsche Erzähler nur noch „am Rande"[177]. Erwähnt wird nur noch, dass sich Mörike mit 39 Jahren pensionieren lässt, dass er im Jahre 1851 die Tochter des Oberleutnants von Speeth heiratet, um die Erzählung mit der lapidaren Feststellung zu schließen: „Zum Schreiben war er kaum gekommen." (M. 126)

2.5. *Waiblingers Augen.* Rebell gegen Tradition

Der im Jahre 1987 erschienene Roman *Waiblingers Augen. Roman* erzählt die Geschichte einer unerfüllt gebliebenen Liebe des Erzählers, Lyrikers, Essayisten und Dramatikers Wilhelm Friedrich Waiblinger zu der um wenige Jahre älteren Jüdin Julie Michaelis (1799–1879). Thematisiert wird ein Fragment aus der Literaturgeschichte, ein Fragment aus dem Leben des Dichters Wilhelm Waiblinger, der in die Geschichte der deutschsprachigen Literatur als Autor des Briefromans *Phaeton* (1823) eingegangen ist. Es handelt sich aber nicht um eine Biographie, sondern wie es beim Literaturkritiker Wilfried Schoeller heißt, um „das Modell einer Existenz"[178]. Historisch bezeugte Unterlagen, geschichtlich bezeugte Tatsachen werden mit den Erfindungen des Romanciers Peter Härtling gemischt. Der Hintergrund der Geschichte Peter Härtlings bildet im Roman die Stadt Tübingen mit Stift und Universität. In der Künstlerbiographie spricht der Härtlingsche Erzähler die Spaltung des Individuums an, berührt den Vater-Sohn-Konflikt. Geschildert wird der Verfall des Lebensverständnisses, der durch Idealismus und Theologie bestimmt ist. Ein 22-jähriger Außenseiter – „Härtlings Waiblinger lebt im Bewusstsein seines Außenseitertums [...]"[179] – fühlt sich schon

---

177 Ebenda.
178 W. F. Schoeller: *Jungkomet, verglüht.* In: „Die Zeit", 04. 12. 1987.
179 K.-O. Conrady: *Eine Etüde über Liebe und Fremdheit.* In: „Frankfurter Rundschau", 7. 10. 1987.

wieder fremd, sei es in der Familie, sei es in der Gesellschaft. Fremdsein ist ein guter Grund, aufzubrechen.

Wilhelm Friedrich Waiblinger[180] kommt am 21. November 1804 in Heilbronn als erstes Kind des verwitweten Kammersekretärs in der Landvogtei Johann Friedrich Waiblinger (1768–1850) und der Christine Luise Waiblinger geb. Kohler (1783–1847) auf die Welt. Die Kindheit verbringt er in Stuttgart, wo er anfänglich von seinem Großvater Friedrich Wilhelm Kohler (1754–1810), damals Pfarrer in Ebersbach bei Göppingen, unterrichtet wird. Seit 1810 besucht Wilhelm Waiblinger das Gymnasium des Stuttgarter Waisenhauses. Im Jahre 1813 besucht er vorübergehend das Stuttgarter Untere Gymnasium, wo er Bekanntschaft mit dem künftigen Literaturhistoriker und Dramatiker Moritz Rapp (1803–1883) und dem Komponisten Julius Benedict (1804–1885) schließt. In den Jahren 1817–1819 besucht er das Gymnasium in Reutlingen, danach ist er als Inspizient in Urach bei Oberamtsrichter Ernst Friedrich Märklin (1771–1834) tätig. Im November 1819 lernt er Anton Friedrich Eser (1798–1873) kennen, mit dem ihn eine lebenslange Freundschaft verbindet. Im Stuttgarter Oberen Gymnasium, das er in den Jahren 1820–1822 besucht, wird er unter anderen von Gustav Schwab unterrichtet. Im Jahre 1821 schließt er drei Bekanntschaften, im Januar mit dem klassizistischen Dichter Friedrich von Matthissohn (1761–1831), im Februar mit dem Dichter Ludwig Neuffer und im März mit dem Epigrammatiker Friedrich Haug (1761–1829), der Waiblingers erste Publikation vermittelt. Im Jahre 1822, in dem auch Eduard Mörike, mit dem er Duzbekanntschaft schließt, das Studium der Theologie am Tübinger Stift beginnt, tritt er sein Studium der Theologie, Philosophie und Philologie in Tübingen an, das er bis zum Jahre 1826 unterbrochen durch Reisen in die Schweiz, nach Italien, München und Breisgau fortsetzt. Im Juni 1822 befreundet er sich mit Ludwig Uhland, im Juli besucht er zum ersten Mal den umnachteten Hölderlin. Die Lektüre des *Hyperion* hat ihn dazu bewogen, den Briefroman *Phaeton* zu verfassen, an dem er schon im August desselben Jahres zu schreiben beginnt, um die Niederschrift dessen im Oktober zu enden. Erschienen ist der Roman ein Jahr später. Im Jahre 1822, vom November bis Dezember, entstehen auch seine *Lieder der Griechen*. Das Jahr endet mit der Bekanntschaftsschließung mit dem Historiker und Dichter Ludwig Amandus Bauer. Ein Jahr danach verliebt sich der Dichter in Julia Michaelis, die mit ihrem Bruder, dem Professor der Rechte Adolf Michaelis, bei ihrem Onkel, dem Publizisten und Professor der Romanistik Salomo Michaelis,

---

180 Zu Wilhelm Waiblinger: L. Mygdales: *Wilhelm-Waiblinger-Biographie*. Heilbronn 1976.

in Tübingen wohnt. Ein Jahr später verliebt er sich in Henriette Jakobine Reutter, eine Kutschertochter aus Stuttgart. Nach der Verweisung vom Stift siedelt er 1826 nach Rom über, wo er als freier Schriftsteller in großer Armut lebt. In den Jahren 1828–1829 unternimmt er die Reise nach Süditalien und Sizilien. In der Zeit schließt er Bekanntschaft mit August von Platen-Hallermünde (1796–1835) und dem dänischen Bildhauer Bertel Thorvaldsen (1770–1844). Hier entstehen seine *Gedichte aus Italien* (1828–1830). Zu den weiteren Texten Waiblingers gehören: seine Darstellung von *Hölderlins Leben, Dichtung und Wahnsinn* (gedruckt nach dem Tode im Jahre 1831) sowie Reiseschilderungen *Wanderungen in Italien* (1827/1828). Beachtenswert sind ferner seine an Wilhelm Hauff (1802–1827) und Heinrich Heine anknüpfenden Satiren: *Drei Tage in der Unterwelt* (1826) und *Die Briten in Rom* (1829). Am 17. Januar 1830 stirbt der Dichter in Rom. Beerdigt wird er auf dem Protestantischen Friedhof an der Cestius-Pyramide. So weit, wenn es um die Fakten aus Waiblingers Biographie geht.

Den Hintergrund der Peter Härtlings Geschichte bildet in seiner Künstlerbiographie schon wieder Tübingen mit Stift und Universität. Der Romancier thematisiert eine unglückliche Liebesaffäre Waiblingers aus den Jahren 1822–1823. Der gerade 19-jährige Waiblinger, der schon als Autor des Romans *Phaeton* berühmt und der sich schon des Ruhmes bewusst ist, begegnet im Dezember 1823 der fünf Jahre älteren Jüdin Julie Michaelis, die mit ihrem Bruder Adolph Michaelis, einem angesehenen Rechtsgelehrten und ihrem Onkel Salomon Michaelis, einem Literaturprofessor, die Wohnung in Tübingen bezieht. Geschildert werden „wachsende Zuneigung, liebendes Bemühen um ein wechselseitiges Verstehen und leidenschaftliches Begehren"[181], die es nicht ermöglichen, dauerhaftes Glück zu begründen. Dem Gefühl stehen die Tübinger Gesellschaft im Wege, die das Verhältnis kritisiert, Bevormundungen durch Julies Verwandte und schließlich die zweimalige Brandstiftung[182] in den Wohnungen Michaelis. Darüber hinaus kommen tradierte Verhaltensmuster, unterschiedliche Denktraditionen und Ideologien, unterschiedliche Empfindungsweisen sowie „gesellschaftliche Zwänge"[183] hinzu. Schließlich liebt ein Zögling aus dem Tübinger Stift eine Jüdin. Thematisiert wird dadurch der Antisemitismus in der Gesellschaft. Auch die Entfremdung wird im Roman berücksichtigt. Waiblinger weiß, dass

---

181   R. Hackenbracht: *Peter Härtling: „Waiblingers Augen".* In: *Erzählen, Erinnern. Interpretationen.* Hg. v. H. Kaiser, G. Köpf. Frankfurt a. M. 1992, S. 305.

182   Der erste Brand fand in der Wohnung Michaelis am 21. Oktober 1824, der zweite in der Notunterkunft am 16. November statt. Vgl.: *Marbacher Magazin...* op. cit., S. 14.

183   R. Hackenbracht: *Peter Härtling: Waiblingers...* op. cit., S. 305.

er anders und überall entfremdet ist. Wenn er Philippine Hein, seine frühere Geliebte, in Geislingen besucht, fragt ihn ein Einheimischer, ob er hier fremd ist. Ja, erwidert er und „hätte am liebsten hinzugefügt: Wo bin ich es nicht?" (W. 76) Julie bestätigt es, wobei sich auch ihre eigene Fremdartigkeit konstatiert: „[…] ich habe einen Makel. Ich bin anders als du anders bist. Wir beide sind andere für die anderen." (W. 114) Bei der Auseinandersetzung des Romanciers mit der Problematik Fremdsein wird auch die Beziehung Mörikes zu Maria Meyer aufgegriffen, wenn Waiblinger die Frage stellt, was Mörike unter Fremde versteht: „Fremde? Vielleicht ist es das falsche Wort. Maria blieb in ihrer Welt unerreichbar für mich. Und ich in meiner, so denke ich, ebenso für sie." (W. 26)

Die Liebe des Theologiestudenten Wilhelm Waiblinger zu der schönen und empfindsamen Julie Michaelis geht unter Ende des Jahres 1923. Die Beziehung muss scheitern, wie die von Eduard Mörike zu Maria Meyer. Sie endet mit Verdächtigungen, Untersuchungen vor Gericht, mit Reue und „selbstquälerischer Verzweiflung"[184]. Das hier all Erwähnte wird durch Waiblingers-Studien, in den Vermittlungen seiner Freunde und in den amtlichen Unterlagen belegt. Wenn man den Roman genau liest, kommt man zu der Ansicht, dass man weder mit einem historischen Roman noch mit einer poetisch aufgearbeiteten Künstlerbiographie zu tun hat. Peter Härtling beschränkt sich auf die gewählte Episode aus dem ohnedies kurzen Leben Wilhelm Waiblingers. Er schildert die leidenschaftlichen Liebeserfahrungen eines Studenten, erzählt nur diesen Lebensabschnitt. Es werden nur sparsam Daten aus dem Leben Waiblingers genannt. Ganz gerecht bemerkt es Karl-Otto Conrady: „Die Daten sind belanglos, weil nichts Historisches nacherzählt werden […]"[185] Die Lebensjahre Wilhelm Waiblingers, die von Bedeutung für sein Werk sind, werden übergangen. Der Härtlingsche Erzähler bedient sich im Roman einiger Lebensdaten sowie einiger kennzeichnenden Urteile über Wilhelm Waiblinger, insbesondere deren, die aus dem Marbacher Magazin[186] stammen. Man erfährt nur, dass der Dichter am 22. Oktober 1824 aus Italien nach Tübingen zurückkehrt, und dass er am 20. November 1826 in Rom eintrifft. Angesprochen oder sogar aufgezeichnet werden seine Freundschaften und Bekanntschaften nur aus der Tübinger Zeit. Dargestellt wird z.B. die Freundschaft Wilhelm Waiblingers mit Eduard Mörike und Ludwig Bauer und zwei weitere Bekanntschaften, nämlich mit Anton Friedrich Eser und Hermann Hardegg. Hingewiesen wird auch darauf, dass er mit dem Professor Friedrich

---

184   Ebenda.
185   K.-O. Conrady: *Eine Etüde über Liebe…* op. cit.
186   *Marbacher Magazin…* op. cit.

Haug befreundet ist, dass er mit Gustav Schwab und Ludwig Uhland in Verbindung steht.

Der Erzähler vermittelt auch die geschichtlichen Kulissen. Waiblinger spricht in Undingen mit einem ausgedachten Mann, der die Zeit der Französischen Revolution erinnert und die Nachrevolutionszeit kommentiert: „Sie [die Zeit] schenkte mir neue Namen und Begriffe: Gleichheit, Freiheit, Gerechtigkeit, Robespierre, Mirabeau, Marat, Danton. Die Welt schrumpfte auf die Größe des Marsfelds und feierte dort ihre Erneuerung." (W. 67) Der Unbekannte übt Kritik an der Revolution, von der viele sich viel versprochen haben, die jedoch in Trümmern endete: „Was ich aber sah, war ein ewiges Gemetzel, waren die Trümmer von Gebäuden, die nie erbaut wurden, waren Eigennutz, Dünkel, Hass und Machtstreben." (W. 68) Der Härtlingsche Waiblinger ist jedoch: „der jugendliche Vertreter einer unpolitisch gewordenen Epoche, die von den Idealen der Französischen Revolution, von der Utopie des Republikanismus nichts mehr wissen will."[187] Im Gespräch mit seinem Freund Lohbauer bekommt man die politische Situation nach dem Wiener Kongress (1815) umrissen. Eine weitreichende Verfolgung jeder Art von Opposition von Metternich und damit verbundene Karlsbader Beschlüsse vom Jahre 1819 werden nicht verschwiegen. Deren Folgen wird man in Kenntnis gesetzt, d.h.: die Universitäten werden polizeilicher Kontrolle unterstellt, Bücher und Zeitschriften einer stringenten Zensur unterworfen. Auch die Burschenschaften werden erwähnt, die zum Zentrum der entstehenden freiheitlich gesinnten Opposition werden sollten. Einer seiner Freunde, der Publizist und Politiker Paul Achatius Pfizer (1801–1867), den Waiblinger durch Gustav Schwab im Jahre 1821 kennen gelernt hat, lädt ihn zu einer Versammlung der Burschenschaftlern ein, auf der er aufgefordert wird, seine Einstellung zur Zensur zu äußern: „Ich sagte, die Zensur beschäftigt mich nicht, und so meine ich es. Sie beschäftigt mich nicht. Ich bin nicht abhängig von ihr. Sie redet mir nicht herein. Wer schreibend, an die Zensur denkt, denkt schon mit ihr. Ich hingegen denke, wenn ich überhaupt an die Zensur denke, an den Zensor. Ich stelle ihn mir vor als meinen Gast und Leser. Sicher ein unerwünschter Gast und ein dummer Leser, da er nur die für unsere Herrschaften und Heiligkeiten gefährlichen Sätze herauslesen kann. [...] Ich lasse es gar nicht dazu kommen, dass der Zensor sich in mein Bewusstsein einnistet. [...] Ich schreibe, und das ist mein Vorteil, über Angelegenheiten, die der Zensor nicht kennt, nicht erfasst. Ich lebe ein Leben jenseits der Zensur." (W. 100)

---

187 W. F. Schoeller: *Jungkomet...* op. cit.

Der ganze Roman besteht aus 27 Kapiteln, darunter befinden sich vierzehn Lily-Kapitel, die neue Thematik in den nachfolgenden Kapiteln vornehmen. Lily, „eine erfundene Figur inmitten aller anderen historisch bezeugten Gestalten"[188], wird in die Künstlerbiographie mit dem Ziel eingesetzt, das Erzählte verstehen zu helfen. Die erfundene Figur wird zum Teil der Waiblinger-Geschichte. Die Lily-Kapitel werden als Einleitung in die dreizehn Erzählabschnitte[189] angesehen. In ihnen werden die Ereignisse aus den Erzählabschnitten kommentiert und erläutert. Julies Geschichte öffnet sich nur in den Lily-Kapiteln. Sie geben in perspektivischer Verkürzung Auskunft über „den intimen Lebensbereich Julies und ihrer Verwandten, über Empfindungen, Ängste und problematische Befindlichkeiten im Hause Michaelis"[190] im Gegensatz zu waiblingerorientierten Erzählabschnitten. So ist Julie in den Erzählabschnitten nur auf ihren Familienkreis beschränkt, Waiblinger wird hier zur Härtlingschen Hauptfigur. Die mit dem Namen Lily überschriebenen Kapitel unterbrechen die Kontinuität der Darstellung. Sie ermöglichen dem Autor den Perspektivenwechsel, dem Leser den Abstand zum Erzählten.

Das erste Kapitel, das als Einstieg in Waiblingers Geschichte betrachtet werden kann, enthält die Gedanken und Empfindungen eines zehn- bis elfjährigen Mädchens beim Besuch Waiblingers im Hause Michaelis in personaler Erzählweise wiedergegeben. Die Einführung der Figur weist auf einen ganz spezifischen Umgang mit der Geschichte hin. Die Eindeutigkeit der Ereignisse wird im Roman durch vielfache Erzählung und Umerzählung, durch vielfache Vermittlung, sei es aus der Perspektive des Erzählers, der kleinen Lily oder der Geliebten Waiblingers, Julie, ausgeschlossen. Dadurch wird die Relativität allen Verstehens verdeutlicht.

Das zweite Lily-Kapitel gibt in personaler Erzählweise Auskunft über die Erinnerungen Lilys an die erste unglückliche Liebe Julies, die mit dem Tode des Mannes endete. Diese Göttinger Vorgänge müssen vergessen werden: „Nie mehr durfte über den Mann gesprochen werden." (W. 22) Die ersten Seiten bestimmen schon das Schicksal Waiblingers und dessen Beziehung zu Julie. Die Kleine vermutet es, weiß im Voraus, dass die Beziehung scheitern muss: „Darum ist es ihr nicht geheuer, dass sie an ihn [den Toten] denkt, wenn sie auf Waiblinger wartet." (W. 22) Die Erzählabschnitte weisen auch keine Kontinuität vor. Sie vermitteln exemplarische Szenen, keine geschlossene Darbietung der Liebesgeschichte. Sie

---

188 R. Hackenbracht: *Peter Härtling: Waiblingers...* op. cit., S. 306.
189 Vgl.: Ebenda, S. 307/308.
190 Ebenda, S. 307.

werden mit Waiblingers poetischen Reflexionen, seinem Lebensgefühl, seinen intellektuellen Herausforderungen, musik-ästhetischen Erfahrungen ausgestattet. Die Szenen vermitteln die Streitereien im Elternhaus und mit Freunden, die Auseinandersetzungen mit seinen theologischen Betreuern. Alle diese Erscheinungen werden in die Beziehung zu Julie einbezogen.

In dem ersten Erzählabschnitt wird gleich am Anfang die für die patriarchalische Gesellschaftsstruktur der Zeit charakteristische Situation umrissen, das Gespräch des Vaters, der die Familie patriarchalisch regiert, mit dem Sohn Wilhelm, kurz vor dem Aufbruch nach Tübingen. Das Selbstgefühl und Selbstbewusstsein des jungen Mannes stoßen auf tradierte Wert- und Verhaltensvorstellungen. So setzt der Härtlingsche Erzähler mit der Thematik des Aufbruchs ein: „Meine Vorstellungen wechseln, sagt er leise. Ich gleiche euch nicht. Ich bin ein vorzeitig aus dem Nest gefallener Vogel." (W. 8) Diese Selbstaussage Waiblingers wird in Präsens als Überschrift und Thema hervorgehoben. Der Autorität des Vaters wird das eigene Selbstverständnis Waiblingers entgegengestellt. Der Vater ist nicht mehr mächtig, dem Sohn gegenüber die von ihm vertretene Ordnung von Familie, Religion und Bürgerlichkeit durchzusetzen. Aus der Perspektive Waiblingers wird der Vater-Sohn-Konflikt vermittelt. Die konkrete Wirklichkeit verwandelt sich für Wilhelm in eine imaginäre „Bühnenwirklichkeit"[191]: „Er sah ihm zu. Sich ebenso. Das konnte er, seit er als Kind zum ersten Mal mit Puppen kleine Stücke gespielt hatte, wie im Traum aus sich hinausgetreten war, sich in der Szene sah, spielen ließ. Jetzt auch. Vor seinen Augen begannen er und der Vater sich zu bewegen, zu gestikulieren, erst stumm, nach einer Weile hörte er ihre Stimmen, etwas verändert, verstellt, und er war sicher, dass sie beide, sein Vater und er, gleich zu singen begännen [...]" (W. 9) Die Spaltung der Figur wird zum Begriff. Sie ermöglicht ihm in der gleichen Zeit in die Rolle des Dialogpartners, als auch in die des Betrachters zu schlüpfen. Die Konflikte mit dem Vater rufen allmählich die Entfernung und Entfremdung von der Familie, die durch die Zeit noch weiter vertieft wird: „Jeder Besuch vergrößerte die Entfernung zur Familie. [...] Die familiären Angelegenheiten ließen ihn gleichgültig. Die jüngeren Geschwister gingen ihm auf die Nerven mit ihrer plappernden Neugier und Anhänglichkeit." (W. 11) Härtlings Waiblinger relativiert ununterbrochen die Wirklichkeit durch ästhetische Transformationen. So wird ein Augenblick: „Er sah sie, wusste, dass nur sie es sein könnte. Er kannte sie, obwohl er sie noch nie begegnet war, er lebte, was er erlebt hatte, erleben wollte. Jedes Wort, das sie wechselten, wusste er im voraus. Sie wiederholten Sätze, die er gedacht hatte, um

---

191   Ebenda, S. 314.

sie ins Leben zu rufen." (W. 20) oder eine Mitteilung: „Weiter las er nicht. Die Mitteilung genügte ihm, den Abend vorauszunehmen, mit noch namenlosen Gestalten Gespräche zu führen, das Ungemach des langen Tages zu vergessen […]" (W. 13) zum Anstoß zur Spaltung. Solche Szenen veranlassen den Dichter, zu phantasieren, „Zukunft imaginativ vorwegzunehmen, Gegenwart als bereits durchlebte Vergangenheit zu erinnern"[192], seine Einbildungskraft zu aktivieren. Der Dichter flüchtet in eine „imaginäre Welt".

Härtlings Waiblinger ist sich dessen bewusst, dass er schreibend sich von diesen entfernt, über die er schreibt. Er ist sich auch der Gefahren der Spiele bewusst, womit er Eduard Mörike erschrickt, wenn er sagt, dass „erst der Wahnsinn die Dichtung wirklich werden lasse, dass die Sprache erst jenseits der Grenze, die Hölderlin überschritten habe, das Äußerste, das Wesen des Fühlens und Denkens fassen könne und dass er, wenn auch auf anderen Wegen, Hölderlin folgen wolle." (W. 55) „Zu Hölderlin fühlte er sich hingezogen"[193] konstatiert der Literaturkritiker Karl-Otto Conrady. Härtlings Waiblinger begreift eine geistige Verwandtschaft zwischen ihm und Friedrich Hölderlin. (W. 157) Bei sich diagnostiziert er die „Zweistimmigkeit des Bewusstseins" (W. 62), denn „seine Empfindungen spalteten sich in eigene und beunruhigend fremde." (W. 62) Nur die Spaltung macht Waiblinger mit Hölderlin verwandt. Im Gegenteil zu Hölderlin jedoch stellt Waiblinger „einen höchst realistischen Anspruch an das Leben"[194], strebt die freie Entfaltung seiner Persönlichkeit im gelebten Leben an. Dies trägt er dem gleichaltrigen Eduard Mörike vor: „Das ist der Unterschied zwischen uns. Du hältst an, bevor das Leben geschieht. Mit einem Gedicht findest du dich ab, nein, nimmst du alles vorweg. Das genügt dir. Es könnte auch mir genügen, Eduard. […] Aber ich kann das nicht. Ich lebe nicht, wenn ich mich nicht auslebe. Ich muss lieben, Eduard, anbeten, mich verlieren, wiederfinden." (W. 25/26) Die Lebensbejahung ist deswegen so stark, weil er sich dessen bewusst ist, dass das Leben der Anstoß zum Schreiben bedeutet: „Wenn ich mir's genau überlege, schreibst du Gedichte von einem Leben, das dir im Gedicht genügt, und ich bin auf der Suche nach einem Leben, um Gedichte schreiben zu können." (W. 27) Waiblinger will durch Schreiben Leben und Kunst vereinen: „[…] er selber war die Poesie oder wollte sie sein." (W. 91) Er versucht, Schreiben und Leben zusammenzuführen, will, dass sein Werk und er eins werden, er will, dass das Leben die Dichtung und die Dichtung das Leben werden, womit er das romantische

---

192   Ebenda, S. 315.
193   K.-O. Conrady: *Eine Etüde über Liebe…* op. cit.
194   R. Hackenbracht: *Peter Härtling: Waiblingers…* op. cit., S. 315.

Programm verwirklicht. „Ihr liebt einen Menschen, empfindet aber nicht einen Moment lang die Sehnsucht, dieser Mensch zu sein. Das will ich." (W. 27) äußert der Dichter Waiblinger dem Freund Mörike seinen Wunsch. Ein Stück weiter betont er den Wunsch noch ein Mal: „Ich möchte ihre Furcht, ihre Raserei." (W. 28) Er erwartet, dass ihm auf diese Art und Weise die Erweiterung seines Lebensbereiches gelingt. Durch die Liebe zu Julie Michaelis will er über sich selbst hinauskommen, Leben in Leben hineinbeziehen. Dies führt aber dazu, dass er die Geliebte vernachlässigt oder momentan nicht erkennt. Julie weiß, dass ihre Beziehung nicht dauerhaft sein wird: „Du gehörst zu niemandem, Wilhelm, du bist entsetzlich frei." (W. 114) Julie hat Waiblingers Dilemma wahrgenommen. Sie sagt zu Lily: „[…] ich habe ihn sehr lieb und er mich wohl auch, aber im Grunde liebt er die Liebe und nicht mich […]" (W. 72) Ihm ist der Zustand der Liebe wichtiger, als die Geliebte. Die Liebe selbst verhilft ihm zur Selbstverwirklichung. Waiblinger weiß selber, dass er durch die Liebe und in der Poesie lebe. (W. 50) „Ich bin krank von der Poesie" (W. 90) stellt er die Diagnose auf. Salomon Michaelis ermahnt ihn, er solle das Leben nicht mit Kunst verwechseln. (W. 91) Er vermutet, dass Waiblinger Julie zu seinem Experiment missbraucht: „Es kann sein, Sie lieben sie tatsächlich, nicht nur eine schöne, leidende junge Frau, die für Ihr Lebensgedicht eine leidenschaftliche Zeile beisteuert." (W. 95) Erst in dem Gespräch mit dem Ephorus, Johann Georg von Hutten, unter dessen Leitung das theologische Seminar steht, kurz vor dem Aufbruch aus Tübingen, gibt er zu, dass er nicht die Julie, sondern den Zustand der Liebe liebt, dass er sie ohne Vorbedacht missbraucht hat. (W. 164)

Der Erzähler berichtet auch vom Konflikt mit der von der Religion bestimmten Lebensform im Stift. Die Welt, in der Wilhelm Waiblinger zu leben hat, ist geschlossen. Das ist die Welt des Stifts, in dem alles durch die theologische Lehre und Auslegung bestimmt ist. Hier werden ihm die theologisch-gesellschaftlichen Grundprinzipien vermittelt. Er nimmt es aber nicht hin, durchbricht bewusst und konsequent die Regeln dieser Welt, was jedoch mit „Irritationen und Schmerz"[195] verbunden ist. „Schon bei seinem ersten Besuch hatte er sich hier zu Hause gefühlt, eigentümlich beschützt. Hier, hatte er sich vorgestellt, würden sich wie von selbst Geister zum Gespräch finden, würden sich Freundschaften fürs Leben schließen lassen, ein stürmisches Bündnis mit dem Heiligsten möglich sein. Der ausladende Bau über dem Neckar wurde zur Verheißung." (W. 43) Das Stift sollte zu seinem Zuhause, seiner Zuflucht werden. Das ist aber nicht der Fall. Im Stift fühlt er sich ständig gezwungen,

---

195   Ebenda, S. 317.

umgeben von „Zwergen" und „Krämern, die sich Macht über Geist und Seele anmaßen [...]" (W. 32) Das Stift und seine Regeln tragen dazu bei, dass er sich wie sein Gefangener fühlt: „Eingeschränkt von Statuten, gegängelt von Regeln, beobachtet von Horchern und Spitzeln. Nichts entging ihnen." (W. 42) In dem Gespräch mit dem Ephorus, bevor er aus dem Stift aufbricht, wiederholt er es noch einmal, dass er eingeschränkt ist, dass er sich immer fügen muss: „Doch eingesperrt von den Fantasien, Wünschen, Vorsätzen, Urteilen und Regeln anderer. Von Kind auf fügte ich mich Zwängen." (W. 164) Zu der weiteren Enttäuschung kommt es, wenn alle Waiblinger darauf aufmerksam machen, dass die Familie der Geliebten jüdischer Herkunft ist. „Sie sind Juden, Wilhelm. Allerdings getauft." (W. 28) sagt Eduard, worauf Waiblinger erwidert: „Getauft? Sie haben den Segen, unseren, Eduard! Um von uns geduldet zu werden. Das ist mir gleich. [...] Ich mag ein Judenmädle, ein Heidenkind! [...] Ich pfeife auf euern Segen [...]" (W. 29) Die Replik Waiblingers vertieft weiter den theologischen Konflikt. Der Ephorus weist auch auf die jüdische Abstammung der Familie hin: „Es sind Juden, getaufte zwar, dennoch Juden." (W. 54) Damit wird auf den Antisemitismus in der Gesellschaft hingewiesen. Die Theologie, die ihm gleichgültig geworden ist, sowie die ideologische Auseinandersetzung wird vom Härtlingschen Erzähler nicht explizit behandelt. Der junge Dichter fordert seine Freiheit ein und verlässt konsequent das Stift, dessen Ordnung und Theologie. In dem Brief an den Vater, der vom Erzähler in den Roman eingeflochten wird, schreibt er: „Eure Vorschriften kann ich nicht befolgen. Ich tauge nicht zu einem vorgeschriebenen Leben [...]" (W. 116) Der Abschied vom Dogma, vom Zwang, von Tübingen, von Württemberg ist endgültig. „Am 20. November 1826 traf Waiblinger, nach Aufenthalten in Zürich, Genf, Turin, Genua, Florenz, in Rom ein." (W. 184) In Tübingen kann er nicht bleiben, die Freunde haben ihn verlassen, das Stift stößt ihn aus, seine Liebe ist zerbrochen: „Was ihm zwei Jahre lang lieb, Teil seines täglichen Lebens gewesen war, Julie, die Freunde, die Stadt, die ausufernden Unterhaltungen, die nächtlichen Ausflüge – das alles fand mit einem Schlag ein Ende. Eine Welt, die er als die seine beansprucht hatte, kehrte sich von ihm ab." (W. 169) Ein Stück weiter: „Auf dem Stift hielt ihn nichts und niemand. Die Freunde waren zu stummen Schatten geworden." (W. 173) Was geblieben ist, ist die Neugier auf Menschen und Landschaften. Er bricht immer wieder auf, sammelt Erfahrungen ein, entdeckt neue Horizonte. Vor dem Aufbruch aus Tübingen nach Italien lernt Waiblinger eine neue Liebe kennen, Henriette Reutter, ein Mädchen aus dem Volk, an die er die ersten Gedichte aus Rom schickt. Als Waiblinger über Friedrich Hölderlin schreibt, fällt ihm beim wiederholten Lesen auf, dass er „mit dem ersten Satz, den er niederschrieb, auch von sich sprach." (W. 157)

Im Roman fällt der Name Don Giovanni. Im Brief an Anton Friedrich Eser leugnet es Waiblinger, sich an Philippine Heim (1801–1846), seine frühere Geliebte, die Schwägerin seines Vetters, eine Pfarrerstochter aus Winnenden, die er im Juni 1821 kennen lernt, der Waiblinger mehrere Gedichte widmet, von der er sich erst im Juli 1823 endgültig trennt, zu erinnern. Doch dies beweist nicht, dass er sie aus seiner Erinnerung gestrichen hat. (W. 32) Der Dichter besucht sie unerwartet in Geislingen. Er ist nicht frei von der Erinnerung.

Wenn der Dichter später Henriette liebt, kann er diesmal Julie nicht vergessen: „Wenn sie lachte, hörte er Julie lachen." (W. 179) Mit Julie erinnert sich Waiblinger an seine weiteren früheren Geliebten, was ihn von Don Giovanni, dem Protagonisten aus der vom Dichter beliebtesten Mozart-Oper, unterscheidet. Immer wenn er Julie liebt, erinnert er sich seiner Florine, der Therese, der Philippine, und ihm ist, als laufe die Zeit verkehrt. „Mit ihr rief er die anderen Geliebten zu sich […]" (W. 50) oder: „Mit Julie kehrten sie alle zurück, verändert, Gestalten aus einer Vergangenheit, die nicht mehr verwirrte oder schmerzte. Was er mit ihnen erlebt hatte, schrumpfte auf wenige Bilder und Sätze, die schon Julie meinten. Die Welt stand auf dem Kopf, die Zeit rann verkehrt, als hätte er sich damals in den Armen der anderen bereits an Julie erinnert." (W. 51)

Der Härtlingsche Erzähler bezieht sich hier auf einen Gedanken Sören Kierkegaards, wie es schon im *Niembsch* der Fall war, den er als Motto schon über seinen *Niembsch* gesetzt hatte. „Die Zeit läuft verkehrt" (W. 51) – mit dieser metaphorischen Wendung wird auf ein Erleben hingewiesen, das sich zwar in der Zeit ereignet, angesichts dessen aber der Zeitablauf irrelevant ist oder bedeutungslos werden soll. Die Rede ist von der Erfahrung, der Liebe, dem erotischen Erlebnis. Waiblinger wird davon von dem unbekannten Gast in Undingen mehr erfahren müssen: „Die Liebe. Sie löscht die Zeit, sie macht sie vergessen. […] Sie schließt Zeit und Welt aus, und wehe, die brechen ein in euern Traum. Dann seid ihr hilflos, ergreift die Flucht. Doch wohin? Aus der Zeit? Aus der Welt?" (W. 70) Mit der Wiederholung im philosophischen Sinne von Søren Kierkegaards hat man immer dann zu tun, wenn Waiblinger sich in den Armen der früheren Geliebten an Julie zu erinnern denkt. Die Erfahrung des Glückes in ihren Armen ist kein anderes Glück, als das schon erlebte. Die Erinnerung nach vorwärts ist frei von Hoffnung und Unruhe bezüglich des Neuen und frei von Schmerz und Resignation bezüglich des Vergangenen. Wiederholung wird hier als der „Augenblick seliger Daseinsgewissheit"[196] angesehen. Härtlings Waiblinger erinnert in Geislingen nach rückwärts, verfügt sich in die Vergangenheit,

---

196   R. Hackenbracht: *Peter Härtling: Waiblingers...* op. cit., S. 323.

die ihm wehtut, die ihn quält und verletzt, die auch seine ehemalige Geliebte verletzt. Durch diese Reise in die Vergangenheit versucht er die Erinnerung zu löschen, was ihm jedoch nicht gelingt. Seine Annäherung an die Figur Don Giovanni zeigt nur, dass er sich nach einem freien Leben sehnt, dass er sich zu freier Liebe geschaffen fühlt. Don Giovanni liebt alle Frauen, er unterscheidet nicht unter ihnen, wenn er eine liebt, sind da auch andere gegenwärtig, er denkt an sie nicht, er erinnert nicht. Die Erinnerung wird dem Diener Leporello überlassen, der eine Liste von Frauen führt. Der erotische Augenblick ist dem Zeitablauf entzogen. Im Moment der erotischen Erregung erreicht er den Stillstand oder eine erotische Ewigkeit: „Don Giovanni ist. Ihm fehlt die Erinnerung. Er befindet sich in einem unerhört reinen Zustand. […] Er liebt nichts als die Liebe selbst." (W. 120/121) Waiblinger fehlt dieser „reine Zustand" Don Giovannis. Der Unterschied zwischen Waiblinger und Don Giovanni liegt darin, dass er nicht im Stande ist, sich von der Erinnerung zu befreien. Er kann die Erinnerung nicht auslöschen. Seine Liebe zu Julie bezieht den ganzen Menschen ein, einschließlich seiner erinnerten Geschichte.

Härtlings Waiblinger spricht in diesem Zusammenhang auch andere Problematik in dem Gespräch zwischen Waiblinger und seinem Freund Hermann Hardegg an. Giovanni wird zum Sinnbild der falsch interpretierten Individualität: „Wir missverstehen Giovanni, weil er eine uns noch fremde Individualität ausdrückt, die uns vielleicht immer fremd bleiben wird. Er ist uns voraus." (W. 142) Waiblinger will dies auch erreichen: „Dass einer, in einer Art Experiment, das Ich in seiner reinsten Form aus dem Gemeinen herauskristallisiert – ist das so undenkbar? Ich will es nicht nur denken: Ich will es werden." (W. 142) Replik Hardeggs darauf: „Und Gott?" (W. 142) macht den Grundkonflikt deutlich, sie thematisiert ihn. Waiblingers Versuch, seine eigene Individualität zu leben, ist nur dann möglich, wenn er mit der theologischen Tradition, Herkunft bricht, die diese Individualität ausschließt, und die Gemeinschaftsbildung fordert. Die Verweigerung der Gemeinschaft wird in der kirchlichen Tradition zur eigentlichen Sünde. Mozarts Oper *Don Giovanni*, komponiert im Jahre 1787, stellt einen Lüstling dar, der seinen Anspruch seiner ich-bezogenen Begierde nicht aufrechterhalten kann. Mozarts Musik, die auf Waiblinger einen großen Eindruck macht, die die Verführung zum Leben, zum freien, sinnlichen Leben ausdrückt, ruft bei ihm die Faszination von solchem Leben hervor. Mit „Don Giovannis Leben sind jetzt keine philosophischen Spekulationen über Zeit, Erinnerung, Augenblick und Dauer mehr verbunden"[197] (W. 194) Der Künstler bricht deswegen in ein

---

197 Ebenda, S. 325.

neues Leben auf. Er hat sich für das gelebte Leben entschlossen, ganz im Gegensatz zu Hölderlin. Mit einem freien Liebesverhältnis zu Henriette, die an Don Giovannis Zerline erinnert, fängt er das neue Leben an. Mit dem Satz: „Ich bin hier nicht zu Hause. Das weiß ich. Vielleicht sollte ich für immer nach Italien." (W. 166) wird die Richtung erwähnt, in die er sich begeben wird, wobei es hier nicht unbedingt um die Landschaften geht, sondern eher um „den radikal vollzogenen Bruch"[198] mit Tübinger Stift geht. Der Dichter verreist alleine nach Rom. Der Härtlingsche Erzähler endet den Roman mit der Ankunft seines Künstlers in der „Ewigen Stadt". Er begleitet seinen Waiblinger weiter nicht.

Peter Härtling schreibt keine literaturgeschichtliche Abhandlung über Wilhelm Waiblinger aus wissenschaftlicher Distanz. Er versucht über den Erzähler, sich seiner Erzählfigur anzunähern. Er erzählt nur die Zeit in Tübingen und Württemberg und nicht die Zeit in Italien, in der „Zuflucht der Seligen" (W. 51). Er erzählt nur den Aufbruch, nicht die vom Leben erfüllte Zeit. Der offene Schluss bildet eine Schwelle, die der Autor nicht überschritten hat. Er hat versucht, zu zeigen, dass Waiblingers Entwicklung zum Dichter aufs engste mit den Erfahrungen der unerfüllten Liebe, die mit den Verletzungen und Ausgrenzungen verbunden ist. Er beschreibt hier das Werden eines Dichters, das erst durch die unerfüllte Liebe möglich ist. Resümierend ist es festzustellen, dass der Roman über Wilhelm Waiblinger sich in die Reihe der Künstlerbiographien hineinpasst. Zwar ist Waiblinger kein Künstler der Romantik, doch hat er mehrere romantische Eigenschaften vorzuweisen. Gemeint werden hier das Fremdsein in der Familie und Gesellschaft, seine Auflehnung gegen die gesellschaftlich-kirchlichen Zwänge und schließlich das Außenseitertum, dass zum literarischen Schaffen und zur Einsamkeit führt. Der auktoriale Erzähler, der in den früheren Romanen erscheint, ist auch in dem Werk zugegen. Er sucht das Faktische mit dem Fiktionalen zu verbinden. Wo die Daten unergründet bleiben, beginnt er zu erfinden. Mit dem Erfundenen schließt er die Lücken, die in dem Vielfachmitgeteilten vorkommen. Die aus der Literaturgeschichte bekannten Tatsachen bleiben unberührt, nur die Alltagsszenen werden erfunden. Die literarische Tätigkeit des Künstlers wird weder ausgelegt noch bewertet. Beiläufig wird sie nur genannt. Thematisiert wird das Leben des Protagonisten, die Verhältnisse, in denen er zu leben hatte und die daraus resultierenden Gedanken, die sein Schaffen stimuliert haben. Gewicht gelegt wird auf die Liebe des jungen unbotmäßigen Dichters zur Jüdin, die keine Aussichten für die Zukunft hatte.

---

198 Ebenda.

2.6. Schubert. *Zwölf Moments musicaux und ein Roman*. Zufluchtsort: Musik

Peter Härtling interessiert sich schon seit Mitte der siebziger Jahre für Schuberts Lieder. Schuberts Texte sind immer wieder in den Romanen von Peter Härtling zu hören, sei es in *Eine Frau* (1974), im *Windrad* (1983) oder in der *Herzwand* (1990). In der Gedichtsammlung *Anreden* vom Jahre 1977 ist ein Schubert-Gedicht zu finden. Im *Wanderer* (1988) schließlich thematisiert Peter Härtling bereits ausführlich die Biographien von Franz Schubert und Wilhelm Müller. Anfang der achtziger Jahre unternimmt er eine Art *Winterreise*[199]. Zusammen mit Mitsuko Shirai (Liedsängerin), Hartmut Höll (Klavierspieler) und Tabea Zimmermann (Bratschistin) nimmt Peter Härtling Schuberts Lieder neu auf, was er im *Wanderer* folgendermaßen erinnert: „Mitsuko sang den ‚Lindenbaum‘ so, dass alles, was diesem Lied an Volkstümlichkeit und Sängerseligkeit anhaftet, vergessen wird. Sie sang von jenem Wanderer, der auf dem Weg in den Frost ist."[200] Der weitere Schritt ist sein 1992 erschienener Roman *Schubert. Zwölf Moments musicaux und ein Roman*, in dem Franz Schubert, Musiker, Komponist, Dichter zur Erzählfigur wird. Dargeboten wird hier die ausführliche Rekonstruktion von Schuberts Lebensstationen. „Fremd bin ich eingezogen, fremd zieh ich wieder aus", dieses Zitat aus dem Zyklus *Die Winterreise* von Wilhelm Müller könnte über dem Roman stehen, in dem Schuberts Sehnsüchte und Enttäuschungen, seine Lieben und Freundschaften, Schubertiaden und Einsamkeiten, sowie seine Zechgelage erzählt werden.

Franz Peter Schubert[201] kommt am 31. Januar 1797 in Lichtenthal (Liechtental) bei Wien als zwölftes Kind des Schulmeisters Franz Theodor Schubert und dessen Frau Maria Elisabeth Vietz auf die Welt. Der Vater kommt 1783 aus Mährisch-Schlesien (heute Tschechien) nach Wien, die Mutter stammt aus Böhmen. Die Elementarschule besucht Schubert bei seinem Vater, der ihm auch das Geigenspiel beibringt. Der Organist und Komponist Michael Holzer (1772–1826) führt ihn in die Praxis des Kirchenmusikers ein. Mit zehn Jahren wirkt

---

199 Vgl.: J. Krätzer: *Der Dichter, der Sänger, der Wanderer*. Peter Härtling: *Versuch einer Spurensuche*. In: „Die Horen". 1992. H. 4, S. 89. Oder: J. Krätzer: *Töne dichtenwegwohin*. In: „Neue Deutsche Literatur", 1992. H. 12, S. 149.

200 P. Härtling: *Der Wanderer... op. cit.*, S. 60.

201 Zu Franz Schubert: W. Dürr; A. Feil: *Franz Schubert*. Stuttgart 1991; R. Göltl: *Franz Schubert und Moritz von Schwind. Freundschaft im Biedermeier*. München 1989; M. Schneider: *Franz Schubert mit Selbstzeugnissen und Bilddokumenten*. Reinbek bei Hamburg 1989; T. Marek: *Schubert*. Kraków 1955.

Schubert als Sängerknabe und Violinspieler bei den Hochämtern in der Lichtenthaler Pfarrkirche mit. Sein Vater stellt ihn dem Wiener Komponist und Hofkapellmeister Antonio Salieri (1750–1825) vor, der auch den Sängerknaben der Wiener Hofmusikkapelle vorsteht und ihn als Sängerknaben aufnimmt. Er wirkt als Geiger im konvikteigenen Orchester mit, das der Piaristenpater Franz Innozenz Lang (1752–1835) gegründet hat. Sein Musiklehrer ist der Komponist Joseph Leopold von Eybler (1765–1846). Die Proben leitet der Wiener Hoforganist Wenzel Ruziczka, der den Zöglingen am Konvikt Klavier- und Generalbassunterricht erteilt. Ende Mai 1812 stirbt Schuberts Mutter. Vom 18. Juni 1812 bis Ende 1816 ist Schubert Antonio Salieris Privatschüler. Nach seinem Ausscheiden aus dem Konvikt im Herbst 1813 kehrt Schubert in das elterliche Haus am Himmelpfortgrund in Wien zurück. Sein Vater hat inzwischen mit Anna Kleyenböck, der Tochter eines Seidenhändlers aus der Vorstadt Gumpendorf, eine zweite Ehe geschlossen. Schubert beginnt mit der zehnmonatigen Ausbildung zum Schulgehilfen an der Normalhauptschule St. Anna und danach tritt er den zweijährigen Dienst in der Schule seines Vaters an. Im Jahre 1814 entstehen das 7. Streichquartett, die dreizehn Gedichte von Friedrich von Matthisson (1761–1831) und seine erste Messe in F-Dur, die er für die Centenarfeier der Lichtenthaler Pfarrkirche komponiert. Bei der Uraufführung am 16. Oktober 1814 singt seine Jugendfreundin Therese Grob die Sopranpartie. Drei Tage später entsteht das Lied *Gretchen am Spinnrad* nach Johann Wolfgang von Goethe. Zwischen seinem Eintritt in das Seminar und dem 22. Oktober 1814 skizziert er eine Oper nach einem Libretto von Kotzebue *Des Teufels Lustschloss*. Im Jahre 1815 entstehen gleich zwei Messen: die erste Messe in G-dur und die zweite in B-dur. Die vierte Messe in C-dur, die sog. *Generalbassmesse*, entsteht in den Monaten Juni und Juli 1816. Schubert veröffentlicht dieses Werk erst 1825 und widmet es seinem Lehrer Michael Holzer. Im Herbst 1818 wendet sich Schubert mit dem Deutschen Requiem wieder der Kirchenmusik zu. Im November 1819 beginnt er mit der Arbeit an *Missa solemnis*, der Messe in As-dur, die er erst am 7. Dezember 1822 abschließt. Am 7. April 1826 bewirbt er sich mit dieser Messe erfolglos um die vakante Stelle des Vizehofkapellmeisters. Ein Jahr nach seiner vergeblichen Bewerbung schreibt er die *Deutsche Messe*. Der Text stammt von dem Bibliothekar und Dichter Johann Philipp Neumann (1774–1849). Im Juni 1828 geht Schubert an die Komposition seiner letzten Messe in Es-dur. Sie wird erst nach Schuberts Tod am 4. Oktober 1829 in der Pfarre Alsergrund und am 15. November in der Ulrichskirche aufgeführt. Durch seinen Freund aus dem Konvikt Joseph von Spaun (1788–1865) lernt Schubert den jungen Dichter, der zugleich ein Zensurbeamter ist, Johann Mayrhofer (1787–1836) kennen, von dessen Gedichten er eine ganze Reihe vertont. Spaun verdankt er auch die Bekanntschaft mit dem Lyriker und

Librettisten Franz von Schober (1798–1882). Johann Mayrhofer und Franz von Schober gehören bald dem engsten Freundeskreis Schuberts an. Eine innige Freundschaft verbindet ihn auch mit dem politischen Lyriker des Vormärz Johann Chrysostomus Senn (1795–1857) und Anton Holzapfel. Im Jahre 1816 bewirbt er sich um einen Musiklehrerposten in Laibach. Trotz Salieris Empfehlung wird seine Bewerbung abgewiesen. Nach diesem Scheitern quittiert er den Dienst in der Schule und zieht zusammen mit Joseph von Spaun ins Haus des Professors und Publizisten Heinrich Joseph Watteroth (1756–1819). Im Herbst siedelt Schubert zur Familie Schober über, wo er als Gast bis August 1817 verweilt. Im Hause Schobers lernt Schubert den Hofopernsänger Johann Michael Vogl (1768–1840) kennen, der sich als Interpret für ihn einsetzte. Thematischer Schwerpunkt des Jahres 1817 ist das Motiv des Todes als Erlöser. Zu dieser Thematik gehören die Claudius-Lieder, *Der Jüngling und der Tod* nach Joseph von Spaun, *An den Tod* nach Christian Friedrich Daniel Schubart oder *Memnon* nach Johann Mayrhofer. Ein weiteres Lied nach Schubart ist *Die Forelle*. Von Juli bis Oktober 1818 verweilt er bei der Familie Esterházy als Musiklehrer auf den Esterházyschen Landsitz Zelesz in Ungarn (heute in der Slowakei). Karoline Esterházy, einer zweier Töchter, widmet er später seine 1828 vollendete vierhändige Klavierfantasie f-Moll. Zurück in Wien wohnt Schubert zuerst mit seinem Freund Mayrhofer. Er kommt mit einem kulturell interessierten Kreis um den Musikmäzen sowie das aktive Mitglied der Gesellschaft der Musikfreunde in Wien Ignaz von Sonnleithner (1770–1831) in Berührung. Sein weiterer wichtiger Freund ist der Pianist und Komponist Anselm Hüttenbrenner (1794–1868). Der Sommer 1819 führt Schubert nach Steyr in Oberösterreich, die Geburtsstadt Joseph Michael Vogls. Bei einem der zahlreichen Liederabende, die er dort mit Vogl gibt, schließt Schubert die Bekanntschaft mit Sylvester Paumgartners, einem Kunstmäzen und Amateurcellisten, für den Schubert Klavierquintett A-Dur komponiert, das später unter dem Titel *Forellenquintett* bekannt wird. In diesem Jahr erweitert sich Schuberts Freundeskreis um den Maler Moritz von Schwind. Im Jahre 1819 wird sein Freund Johann Chrysostomus Senn in Schuberts Anwesenheit wegen seiner Zugehörigkeit zu den Burschenschaftlern verhaftet. Im Kärntnertortheater wird im Juni 1820 das Singspiel *Die Zwillingsbrüder* uraufgeführt, im Theater an der Wien gibt man das in wenigen Wochen komponierte Melodram *Die Zauberharfe*. In diesen Jahren übernehmen seine Freunde die Vorfinanzierung der Drucklegung der ersten bei Cappi & Diabelli erschienenen Liedhefte. Im Sommer 1820 besucht Schubert erstmals Schloss Atzenbrugg in Niederösterreich, wo in den Jahren 1821–1822 Schubertiaden stattfinden. 1821 wendet sich der Komponist der Dichtung von Johann Wolfgang von Goethe zu, dem *West-Östlichen Divan*. Die Suleika-Gedichte sprechen ihn besonders an. Darüber hinaus vertont er die beiden Mignonlieder aus dem *Wilhelm Meister*. Im Spätherbst 1821 arbeitet er an der Oper *Alfonso und Estrella*. Im Februar 1822 trifft er sich mit dem deutschen Komponisten Carl Maria von Weber zusammen, der nach Wien gekommen ist, um am Kärntnertortheater eine Aufführung seiner Oper *Der Freischütz* zu dirigieren. 1822 orientiert sich Schubert wieder an seinem Freundes- und Bekanntenkreis und vertont die Texte von Johann Mayrhofer und Franz von Schober, Franz Bruchmann (1798–1867) und Johann Chrysostomus Senn. Den Sommer 1823 über arbeitet er an der Oper *Fierrabras* und unternimmt eine mehrwöchige Reise mit Vogl nach Linz und Steyr. Im Herbst komponiert er die Musik zum Schauspiel *Rosamunde* von Helmina von Chézy (1783–1856). Im Krankenhaus, wo er die syphilitische Krankheit behandeln lässt, entsteht der Liederzyklus *Die schöne Müllerin* nach Wilhelm Müller, der die psychische Krise Schuberts widerspiegelt. Nach seinem Krankenhausaufenthalt wohnt Schubert bei Josef Huber. Im Jahr 1824 wird er wieder von der Familie Esterházy nach Zelesz eingeladen. Nach Wien zurückgekehrt, wohnt er bis Februar 1825 im Haus seines Vaters, danach in der Nachbarschaft seines Freundes Moritz von Schwind. Im Mai 1825 tritt er mit Vogl seine längste Reise durch Oberösterreich und Salzburg an. In diesem Jahre tauchen neue Namen unter den vertonten Dichtern auf: Jakob Nikolaus Craigher (1797–1855), Johann Pyrker (1772–1847), Ernst Schulze (1789–1817) und Walter Scott (1771–1832). 1826 kommt Johann Gabriel Seidl dazu, dessen zum Teil sehnsuchtsvolle Lyrik Schubert bis zuletzt vertont. Mit den vier Gesängen aus *Wilhelm Meister* verabschiedet sich Schubert von Goethe. Im März 1827 nimmt Schubert neben Franz Grillparzer und Ferdinand Jakob Raimund als einer der 36 Fackelträger am Begräbnis von Ludwig van Beethoven teil. Den September dieses Jahres verbringt er in Graz als Gast des Advokaten Pachler und dessen Frau Marie, Pianistin. Nach seiner Rückkehr nach Wien arbeitet er am zweiten Teil des bereits im Februar begonnenen Liederzyklus *Winterreise*. Am 28. Januar 1828 findet bei Joseph von Spaun die letzte Schubertiade statt. Am 26. März 1828 kommt das Privatkonzert mit ausschließlich eigenen Werken zu Stande. Im September zieht Schubert zu seinem Bruder Ferdinand in die Wiener Vorstadt Neu-Wieden. Nach einem Ausflug nach Eisenstadt im Oktober verschlechtert sich sein Zustand. Dennoch meldet er sich bei dem Komponisten und Musiktheoretiker Simon Sechter (1788–1867), dem Theorielehrer und Komponisten, für das Studium der Fuge an und beginnt auch mit Kompositionsübungen. Vom 11. November an ist Schubert bettlägerig. Er stirbt am 19. November 1828. Am 21. November wird er auf dem Währinger Friedhof in der Nähe von Beethovens Grab beigesetzt. Im Jahre 1888 werden Schuberts sterbliche Überreste auf den Wiener Zentralfriedhof überführt und dort in einem Ehrengrab beigesetzt.

Der Roman *Schubert. Zwölf Moments musicaux und ein Roman* besteht aus 32 Kapiteln. Die Handlung setzt mit der Geburt Schuberts in Lichtenthal ein. Umrissen bekommt man die Umgebung und die sozialen Verhältnisse, in denen der Künstler auf die Welt kam. Hingewiesen wird in der Künstlerbiographie auf den Hang des jungen Schubert, die Menschenstimmen zu erkennen. Erzählt bekommt man auch, wie die Umgebung seine Fähigkeit entdeckt und dem Künstler diese zu entwickeln hilft. Dank der Fähigkeit wird er ins Konvikt aufgenommen, wo er nicht nur singen, sondern auch Geige und Piano spielen sowie komponieren lernt. Im Konvikt befreundet sich Schubert mit dem neun Jahre älteren Juristen Josef von Spaun, der von nun an den Künstler unterstützen und unter der Wiener Gesellschaft befördern wird. Die Zeit im Stift ist die Zeit des Ausbruchs des Konflikts zwischen dem Künstler, der sich der Kunst widmen will und dem Vater, der für den Sohn die Berufskarriere eines Lehrers vorgesehen hat. Immer wieder erfährt man von den Konflikten und den Einigungsversuchen zwischen ihm und dem Vater. Jegliche Versuche des Künstlers, als Lehrer tätig zu werden, sind jedoch wegen der mangelnden Geduld und der schreitenden Zerstreutheit zum Scheitern verursacht. Im Konvikt erfährt Schubert vom Tod seiner Mutter und von der neuen Ehefrau des Vaters. Ein ganzes Kapitel berichtet über die Liebe Schuberts zu Therese Grob, eigentlich zu ihrer Stimme, für die der Komponist die Messe in F-Dur schreibt. Es tauchen der Reihe nach neue Freunde Johann Mayrhofer und Franz von Schober auf. Erzählt bekommt man über einen kurzen Aufenthalt bei der Familie Esterhazy in Zelesz in Ungarn. Nach seiner Rückkehr nach Wien zieht der Komponist zu Johann Mayrhofer um, der in der Zwischenzeit von Klemens Wenzel Lothar Nepomuk von Metternich zum Zensorbeamten berufen wurde. Auch das Wiener Leben dieser Zeit wird im Roman vermittelt. So erfährt man von Johann Michael Vogl, der Schuberts Kompositionen singt, von den Anfängen der Schubertiaden, von den erotischen Abenteuern des Künstlers, während deren er sich die *„französische Krankheit"* geholt hat, vom Tod Ludwig van Beethoven im Jahre 1827 und vom Besuch Niccolò Paganini (1782–1840) in Wien im Jahre 1828. Im Hintergrund lassen sich immer wieder die geschichtlichen Kulissen der Zeit erkennen. Die Handlung setzt mit dem Tod des Künstlers am 19. November 1828 in Wien aus.

In der Künstlerbiographie hat man schon wieder mit der Verbindung von genauem Quellenstudium und Fiktion zu einem Werk zu tun, dessen literarischer Charakter durch den Untertitel *Roman* festgeschrieben wird. Der Untertitel weist auf die Textstruktur hin. Sowohl Tempibezeichnung[202] als auch Zwölferteilung

---

202   Vgl.: J. Krätzer: *Der Dichter, der Sänger…* op. cit., S. 94. Oder: J. Krätzer: *Töne dichtenwegwohin…* op. cit., S. 148.

entsprechen der Schuberttradition. Die Grundlage machen hier Wilhelm Müllers ursprüngliche Textfolge, die einen Zyklus aus 24 Liedern bildet, und Franz Schuberts veränderte Vorgabe aus. Doch die Anordnung Härtlings ist eher eine Mischung aus diesen beiden und eigenem.

Im *Schubert* kommt wieder der bekannte Erzähler zu Wort, der „sich zwischen Chronist, Kommentator und Autor vermittelnd einschaltet"[203]. Zwar werden im Roman die geschichtlich belegten Tatsachen vermittelt, doch die Quellen werden nicht genannt, Belege werden nicht vorgewiesen. Nur getrennt von der Künstlerbiographie gibt Härtling die Auflistung der Literatur, die ihn anregte. Der Erzähler erzählt Schuberts Geschichte aus seiner Perspektive, er legt Ähnlichkeiten oder Unterschiede fest, wenn er die Welt von Schubert mit der des Härtlingschen Erzähler vergleicht: „Was sich heute in der Undurchschaubarkeit der großen Stadt museal hervortut, gehörte damals, Ende des achtzehnten Jahrhunderts, zu einem vorstädtischen Bereich […]" (F. 12) An einer anderen Stelle heißt es: „Die Gegend, aus der Franz Theodor Schubert, der Vater, stammt, kenne ich." (F. 13) Der Erzähler reflektiert seine Werkstatt ähnlich, wie er es in *Hölderlin* getan hat: „Nicht alle, die ihn kannten, erzählen im nachhinein. Einige haben für sich behalten, was sie von ihm wussten, andere wurden erst gefragt, als sie sich undeutlich erinnerten. Sicher wurde umerzählt, ins rechte Licht gerückt, wurde wohl auch dreist erfunden." (F. 49) Doch die Reflexionen sind in der Künstlerbiographie nicht so ausgiebig. Er ist sich dessen bewusst, dass sein Wissen über Schubert, dass die Lebensdokumente und –berichte unzulänglich sind. Der Erzähler setzt sich zum Ziel, das, „was Schuberts Blick, Ohren und Sinnen begegnet ist"[204], dem Leser wiederzuleben: „Ich sehe die Topografie der Stadt, so wie er sie lebte. Ich ziehe Gassen nach, ordne Häuserblocks, schraffiere Plätze, suche nach Namen, bringe sie gelegentlich durcheinander." (F. 160) Der Erzähler wird im Roman zum Forscher, Biographen, wobei sein Wissen ihm schmerzlich scheint: „Ich sammle ein, was er ausstreute. Es ist eine Art Schnitzeljagd, in der ich ihm nicht nachlaufe, sondern häufig voreile. Ich muss mich nicht an die Chronologie halten und ich weiß, was er nicht wissen kann. Das ist ein windiger, oft ein schmerzlicher Vorteil. Ahnt er, wie viel, wie wenig Zeit er noch hat? Er darf es nicht wissen." (F. 69) Er greift hier nicht nur auf die Briefe an Schubert und von ihm oder auf die „Totenregister" (F. 18–21) zurück, die hier zitiert oder paraphrasiert werden, sondern auch auf die Presseberichte oder Anzeigen, die in den Roman eingeflochten werden. Man liest also

---

203 J. Krätzer: *Der Dichter, der Sänger…* op. cit., S. 94.
204 B. Durand: *Schubert und Ich.* In: „Die Tageszeitung", 30. 09. 1992.

die Anforderung vom 30. September 1808 aus der „Wiener Zeitung" (F. 31), die Kritik aus der „Allgemeinen Musikalischen Zeitung", die vom Erzähler ausgelegt wird (F. 163), die Notiz aus der „Dresdner Abendzeitung" vom 26. April 1821 (F. 169), die Anzeige aus der „Wiener Zeitung" vom 17. Februar 1824 (F. 205) oder die Kritik aus der „Berlinischen Zeitung" (F. 229). Die Lebensdaten werden ausgiebig vermittelt, Bekanntschaften charakterisiert. Trotz aller Maßnahmen, die der Chronist ergriffen hat, trifft man im Roman auf Kommentare, die sich wie seine Rechtfertigung anhören: „Ich mache mir ein Bild aus Bildern. Die Zahl seiner Briefe ist nicht groß." (F. 49) Unsicherheit und Hypothesen des Erzählers sind überall im Werk zu spüren: „aber könnte es nicht auch sein, dass sie bereits schwanger war […]" (F. 16) Vor allem in den „Ritardandos"[205], die durch Klammern abgegrenzt sind, vermittelt der Erzähler seine Bemerkungen und Kommentare: „Hier unterbreche ich mich, mische mich ein. Nicht aus Takt, vielmehr um einer Nachrede, die tatsächlich übel ist, zu widersprechen. Ich springe aus der Chronologie von Schuberts Leben, greife vor." (F. 129) oder: „Ich denke, dass er es so gedacht haben könnte." (F. 144) oder: „Ich schreibe Metternichs Grundsätze ab, und es gelingt mir nicht gleich, sie auf Schubert zu beziehen. Diese Sätze reden über seinen Kopf hinweg und erreichen mich unmittelbar." (F. 161) oder: „Die wenigen Auskünfte und Mitteilungen über seine Krankheit verteilen sich über das ganze Jahr. Sie wird nie benannt. […] Was verschwiegen wird, erzähle ich nach." (F. 194) In seinen Kommentaren will er die Chronologie brechen: „Ständig überkommt mich der Wunsch, das Kind an der Hand zu nehmen, über die Jahre hinwegzureißen, dorthin, wo ich den Dreißigjährigen weiß mit seiner Musik." (F. 49) Das wesentlichste Vermittlungsmedium vom Leben und Werk des Komponisten wird für den Erzähler die Musik Schuberts, was im Roman mit Nachdruck betont wird: „Aber ich kann ihn hören. Sobald ich ihn höre, sehe ich ihn auch. Nicht als fest umrissene Gestalt, als Person, ich sehe ihn in seinem Wesen, in seinen Bewegungen […] Es sind Bewegungen, die in der Musik deutlich werden. In Rhythmen, Motiven, Themen. […] Je länger ich seine Musik höre, um so körperlicher kommt sie mir vor […]" (F. 49) Der Erzähler und Biograph belebt nicht nur die gesammelten Daten über Schubert, viel mehr ergänzt er deren Lücken durch private Forschung oder einfach Erfindung, die stets deutlich abgegrenzt wird, sei es durch Klammern oder freie Einschübe des Erzählers: „Hier kann ich ihm die Brille aufsetzen lassen und Spaun den sein lassen, der ihm zum ersten Mal mit Brille sieht." (F. 52) oder: „Ich bin nicht mehr, was ich gewesen bin, lasse ich ihn zu Spaun sagen." (F. 69)

---

205   Allmähliches Langsamwerden des Tempos.

Das ist schon wieder die Figur des Erzählers, sein Bild von Schubert: „Stimmt es? Ich erzähle von einem Vierjährigen, von dem ich mir ein Bild mache, indem ich die Bilder des Älteren anschaue und dessen Geschichte zurückerzähle." (F. 26) Er verzichtet auch auf jede Überhöhung und Hochstilisierung der Figur. Der Erzähler duckt sich gleichsam neben seine Figur, schließlich nennt ihn der Härtlingsche Erzähler „mein" Schubert (F. 108). Seine Schubert-Figur wirkt nur durch seine Musik, als „Person wurde er neben den Sängern, die seine Lieder sangen, nicht selten übersehen"[206]. Dem in seine Musik verkriechenden Schubert wird das „Töne dichten" zur „Tarnkappe"[207]. Härtlings Erzählfigur bemüht sich immer wieder, sich der Umwelt zu entziehen, in sich zusammenzukriechen. Von Wuchs klein will er ganz verschwinden. Die Musik soll für ihn eine Tarnkappe werden. Seine Kompositionen, nicht nur die ersten, sind ein Erfolg nur im kleinsten Kreis. Enthusiastische Zustimmung der näheren Umgebung, eine größere Resonanz werden ihm noch lange keine materielle Sicherheit ermöglichen. Die Schubertiaden, die ihm Freunde und Gönner organisieren, reichen nicht aus, finanziell zurechtzukommen. Sie enden meistens mit zügellosem Trinkgelage. Nur Musik verbindet ihn mit anderen, nur der Moment des Musizierens: „‚Für Klavier zu vier Händen' – er beginnt nicht allein, kann und will es nicht. Musizieren schließt nicht aus, es verbündet." (F. 43) Dieselbe Musik verbündet ihn mit dem Härtlingschen Erzähler: „Wenn ich ihn höre, sehe ich ihn. So, als kennte ich ihn aus meiner Kindheit." (F. 49) Schubert versucht also durch Musizieren der Einsamkeit zu entkommen: „Er weiß, dass er sich nur mit der Musik aus seiner Einsamkeit befreien kann. Einsam ist er im Lauschen, im Komponieren. Aus dieser Einsamkeit tritt er, sobald er musiziert. Er musiziert mit anderen und für andere." (F. 43) Musik bedeutet ihm mehr als Gespräch, Musik ist sein Medium: „Das Gespräch, das ihn häufig einschüchtert, weil es ihn nötigt, von sich zu sprechen, zu beurteilen und zu urteilen, verliert im Musizieren seine platte Wörtlichkeit." (F. 43) Seine Gedanken, Gefühle bringt er nicht in der Sprache, in Worten zum Ausdruck, sondern in Musik: „Erklären könnte er diese Unruhe nicht, doch vorspielen auf dem Klavier. […] Wie ein Gedanke ohne Wörter." (F. 50) Schon wieder hört sich Härtlings Sprachskepsis an, wie es in *Niembsch* der Fall war. In dem Roman lässt sich die Sehnsucht des Erzählers nach seinem Schubert hören: „Spaun betrachtet ihn von der Seite, so, wie ich den Jungen in diesem Augenblick beobachten möchte […]" (F. 61) Der Erzähler

---

206 E. Pulver: *Zeitgenosse Schubert. Vier Bemerkungen zum Roman „Schubert" von Peter Härtling*. In: „Schweizer Monatshefte". 1992. H. 12, S. 1042.

207 Vgl.: J. Krätzer: *Der Dichter, der Sänger...* op. cit., S. 90.

beneidet Schubert um sein Wissen, seine Wahrnehmung der ihn umgebenden Welt, die nicht nachzuholen ist: „Ich begleite ihn, aber ich kann die Oper, die er als seine erste hörte, nicht mit ihm hören. Nirgendwo wird sie mehr aufgeführt. Er hört und anders als ich, schon wissend und lernend […]" (F. 63)

In einem der ersten Kapitel *Stimmen* wird Schubert zur Kinderzeit nicht als Genie vorgeführt, das nur mit den Melodien genial umgeht, die in seinem Kopfe entstehen. Das Kind hört reale Stimmen, die Familienwelt ist die Welt der Stimmen: „Es sind dunkle und helle Stimmen, weiche und harte, Stimmen, die singen, Stimmen, die nur schimpfen können." (F. 22) Nicht nur Menschen bringen Stimmen hervor, auch die Hauswand gibt „Töne von sich, dunkle, warme Steintöne." (F. 23) Auf die Stimmen beginnt er mit dem einfachen kindlichen Lied: *Kommt ein Vogerl geflogen* zu reagieren, die Mutter wird das Publikum. So zieht sich das Kind sehr schnell in die Welt der Stimmen, der Töne und Klänge zurück. Seine Fähigkeit, sein Talent „privilegiert, aber auch isoliert"[208] das Kind, wodurch der Erzähler mit dem Motiv der Entfremdung einsetzt. Der Härtlingsche Schubert schlägt sehr schnell den Weg nach innen ein. Im Kopf des Kindes wird lange Zeit Melodie intoniert, die „nicht nach außen dringt"[209]. Erst der Tod der bei der Geburt verstorbenen kleinen Schwester lässt die inneren Stimmen nach draußen gewaltig erklingen: „Requiem heiße die Musik für Aloisia. Sie füllt seinen Kopf aus und verdrängt die anderen Lieder. Es ist gar nicht seine Stimme, die er auf der Steige hört, hell und himmlisch […]" (F. 25) Das große Kindersterben der Zeit ist auch in der Familie Schuberts zugegen, worauf nur durch Aufzählung der Todesdaten der Geschwister Schuberts (F. 18–21) am Anfang des Werkes bewusst hingewiesen wird. Dem Tode konnte mal nur durch Zufall entkommen, was bei Schubert der Fall war. Nicht nur Schubert hört und bringt die Stimmen vor sich, auch der Erzähler hört eine Stimme: „Die Stimme, die ich höre, seine Stimme, singt immer. Selbst wenn sie spricht. Sie bindet in meinem Gedächtnis die Sätze an Melodien." (F. 207)

Die Handlung wird aber nicht nur auf die Kinderzeit konzentriert. Das ganze Leben Schuberts lässt dem Härtlingschen Erzähler zufolge viele Sichtweisen zu, was im Werke angedeutet wird. Der Künstler wird als jähzorniger Kneipengänger und triebhafter Schmarotzer angesehen, als Idyllenträumer und Kleinbürger. Er wird hier manisch-depressiv, unberechenbar und weltfremd. In der Künstlerbiographie wird kein neues Schubert-Bild angestrebt, eher eine Versinnlichung

---

208 B. Schmitz-Burckhardt: *Schubert unerlöst – oder der einsame Künstlertypus.* In: „Frankfurter Rundschau", 11. 11. 1992.

209 E. Pulver: *Zeitgenosse Schubert…* op. cit., S. 1041.

dessen, was die Forschung der letzten Jahrzehnte geliefert hat. Der Erzähler berichtet über wichtige Erscheinungen oder Lebensumbrüche Schuberts. Erzählt wird der Konflikt mit dem Vater und die Qual des Lehrerberufs. Schon Anfänge des Romans schildern den Vater-Sohn-Konflikt. Zwar wird sich Schubert, den Erwartungen „Herrn Vaters" gemäß, als Lehrer versuchen, doch hält er es aber nicht durch. Seine Bemühungen um ein gemäßeres Amt verlaufen geradezu grotesk erfolglos. Der Vater ist nicht im Stande, das Anderssein seines Sohnes zu begreifen. Er kann nicht begreifen, dass sich sein Sohn fürs Komponieren, oder wie der Sohn es selbst nennt, fürs „Dichten" entscheidet.

Was im Roman kaum berücksichtigt wird, ist die Musik. Aufzählung ist für den Härtlingschen Erzähler charakteristisch. Angeführt werden u.a.: die Messe in F-Dur und das Lied *Gretchen am Spinnrad* nach Goethe, das Lied *Die Forelle* nach Schubart und das *Forellenquintett* sowie die beiden Mignonlieder aus dem *Wilhelm Meister*. Auch die größeren Formen werden nicht ausgespart. So wird man unterrichtet über das Melodram *Die Zauberharfe*, über die Opern *Alfonso und Estrella*, *Der Freischütz* und *Fierrabras*. Auch die beiden Liederzyklen *Die schöne Müllerin* und die *Winterreise* werden genannt. Der Erzähler konzentriert sich streng auf die Lebensgeschichte, wobei er auf Werkanalyse verzichtet. Er führt dem Leser ein paar interessante Text- und Bedeutungsänderungen vor, die Schubert an seinen Liedern vornahm. „Er versagt sich jedoch, Kompositionen Schuberts zu beschreiben, den schöpferischen Prozess zu schildern"[210]. Er erlaubt sich nur knappe Bemerkungen: „[...] die Einfälle wuchern, besetzen ihn, machen ihn unerreichbar." (F. 92) Was beschrieben wird, sind Umgebung und Verhältnisse, in denen der Künstler geschaffen hat, Impulse, sei es eine Stimme, ein Text oder eine Lebenserfahrung, die ihn dazu bewogen haben, ein Fragment zu vertonen, Autoren der vertonten Texte, Daten der Entstehung oder Erscheinung, die ersten Interpreten, Freunde, denen er sein Werk gewidmet hat, und Schuberts Verhältnis zu seinem Werk: „Vielleicht eins von den Menuetten, die verloren gingen, weil er nicht auf sie achtete. Er brauchte sie nicht mehr. Später hat er Lieder, die er einen Monat zuvor schrieb, schlichtweg vergessen. Sie wurden überlagert und ersetzt von den neusten Erfindungen, die ja auch wieder die alten waren." (F. 78) Das alles bloß in Form der Aufzählung. Das Werk wird als kein literarischer Text über Musik, eher als ein durch Musik, durch musikalische Erinnerungen des Erzählers inspirierter angesehen. Der Erzähler geht nur an seine Figur, die im Kinderalter ist, nah heran. Er erlaubt sich nur das Kind zu erfinden, seine Stimmen zu hören, mit seinen Ohren die Welt aufzunehmen.

---

210 Ebenda.

Beim Kind erfindet er ohne Absicherung, mit dem Erwachsenwerden der Figur wird der Erzähler behutsamer: „Ich begleite ihn, aber ich kann die Oper, die er als seine erste hörte, nicht mit ihm hören. Nirgendwo wird sie mehr aufgeführt. Er hört anders als ich. Schon wissend und lernend. Er hält, wobei ich vermutlich nicht seiner Meinung wäre, Weigls Musik für anregend und gelungen und beweist damit, dass sogar er, ganz eigen gestimmt, seiner Zeit hörig ist, verwickelt in ästhetische Übereinkünfte." (F. 63) Der Härtlingsche Erzähler konzentriert sich auf die Werkgeschichte. Sie wird in den Lebenslauf verflochten. Er verlangt von dem Leser Vorwissen. Er muss die Werke Schuberts kennen, um die Lektüre voll genießen zu können. Eine bloße Nennung des Titels sollte bei dem Leser Erinnerung lebendig, hörbar werden lassen. Ununterbrochen wird es beschrieben, wie die Kompositionen Schuberts, kaum erfunden schon von den Freunden gesungen und gespielt werden.

Freunde und Freundschaften sind immer wichtig für Schubert. Zu dem engen Freundeskreis gehören: Michael Vogl, Josef von Spaun, Franz von Schober und Johann Mayrhofer. Sie erhalten ihn am Leben, bei ihnen findet er Unterschlupf oder Unterbringung. Ganz gerecht bemerkt Małgorzata Grabowska: „Franz Schuberts Freunde […] gewährleisten dem Hauptprotagonisten den Bezug zur Wirklichkeit. Dank der Freundschaften ist er imstande, mindestens zu einem geringen Teil in der Gesellschaft zu funktionieren."[211] Manche Freunde werden für ihn sogar zu lieben. Sie erscheinen plötzlich da oder, wenn es ihnen genug ist, trennen sie sich. Sie wissen aber stets voneinander. Die Schicksale seiner Freunde werden nur sparsam geschildert. Es reichen zwei Seiten, um ihre Lebensspuren darzustellen. Es wird gezeigt, wie sie mit Schubert durch den Lebensabschnitt ziehen, dann bekommt man zusätzliche Informationen über deren Schicksale nach der Abreise aus Wien. Manche kehren doch zurück nach Wien. Die Freunde sind auch deswegen da, weil sie ihre Gedichte vertont bzw. gesungen hören wollen: „Er vertont Gedichte von Kameraden aus dem Konvikt, von Joseph Kenner oder Anton Stadler, Texte, die er in Almanachen findet – und dadurch kann er Freunde gewinnen, Johann Mayrhofer beispielsweise, oder Franz von Schober legt ihm einfach eines seiner Gedichte auf den Tisch." (F. 98) Sie bringen ihm die nächtlichen Eskapaden in die Wirtshäuser bei, und sie werden ihn nie verstehen. Die ihn umgebenden Figuren bleiben unscharf umrissen, manche werden nur aufgezählt: „Neben die alten Vertrauten wie Vogl, Spaun,

---

211 M. Grabowska: *Zur Rolle des Begriffs ‚Freundschaften' in Peter Härtlings Romanen „Schubert", „Schumanns Schatten", „Hoffmann oder die vielfältige Liebe".* In: „Studia Niemcoznawcze", Bd. XXIX, Warszawa 2005, S. 547.

Schober und Mayrhofer treten der junge Maler Moritz von Schwind, der Dramatiker Eduard von Bauernfeld, Franz Grillparzer, der Maler Leopold Kupelwieser, die Fröhlich-Schwestern Anna, Barbara, Josephine und Katharina." (F. 162) Die sind so unscharf für Schubert, dass auch der Härtlingsche Erzähler die Verwechslung deren bei sich zulässt: „Ich lasse sie auftreten und vergesse manchen von ihnen wieder. Ich bin sicher, dass ich sie gelegentlich sogar verwechsle wie er auch." (F. 162) Sie „erinnern eher an Traumbilder als an Menschen mit einem Eigenleben"[212]. Sie bewegen sich auf Schubert zu, begegnen ihm, umkreisen ihn, sind aggressiv oder lieb und verschwinden wieder. Er nimmt sie wahr, oder eher ihre Bilder. Schubert verwahrt sie, vor allem seine Lieben: Therese Grob, die einen anderen heiratet, die dreizehnjährige Karoline von Esterházy, als Kind und Adelige unerreichbar, über die er sich mit dem Stubenmädchen Pepi hinwegtröstet und jene erfundene „gepuderte Maske" (F. 185), von der er sich im Roman seine Krankheit holt. Er denkt jedoch nie ernsthaft an sie, an die Figuren, die er liebt, er braucht eher einen Entwurf als einen Partner, deswegen lebt er ständig in voller Einsamkeit, deswegen wird er zum einsamen Künstlertypus. Er nimmt die Freunde nur dann wahr, wenn sie zu spielen, zu singen, zu dichten beginnen: „Er nahm sie [Therese Grob] erst wahr, als sie sang." (F. 85)

Schuberts Zeit ist Napoleons Zeit. „Abends, nach der Schule empört sich Vater über einen Mann, der Krieg führt gegen Österreich. Napoleon nennt er ihn, manchmal Buonaparte. Neuerdings heißt er Konsul." (F. 29) Die Namen Napoleons hören sich im Roman wie ein Refrain an: „Buonaparte. Napoleon. Der Konsul. Der Kaiser. L'Empereur. Der Franzose." (F. 44 o. F. 46) Schubert erlebt die Revolution nicht mehr als Kampf um „Freiheit, Gleichheit und Brüderlichkeit", sondern als napoleonische Aggression und Okkupation. Erwähnt wird in der Künstlerbiographie der Friede von Lunéville vom Jahre 1801, der zwischen Frankreich und Österreich die französischen Revolutionskriege abschließt. Geschichtlicher Hintergrund wird ins Leben Schuberts eingeflochten: „Er [Schubert] war vier, als Napoleon sich in den Konsul verwandelte." (F. 44) oder die Niederlage der russischen und österreichischen Truppen in der „Dreikaiserschlacht" von Austerlitz (1805): „Er war acht, als Vater weinte, weil die Franzosen das österreichische Heer in Austerlitz geschlagen hatten und weil Kaiser Franz nicht mehr Kaiser war." (F. 44) Weiter wird die Besatzung Wiens durch Truppen Napoleons samt der Beschlüsse des Friedens von Schönbrunn (1809) charakterisiert: „Im Oktober wird der Frieden von Wien geschlossen. Kaiser Franz gibt Galizien, Fiume, Krain und Triest ab und im April heiratet

---

212   J. Krätzer: *Töne dichtenwegwohin...* op. cit., S. 150.

Buonaparte in die kaiserliche Familie ein, nimmt die Erzherzogin Marie-Louise mit nach Paris." (F. 47) Schubert erfährt im Geschichtsunterricht, dass der Tiroler Freiheitskämpfer Andreas Hofer (1767–1810) von den Franzosen in Mantua erschossen wurde, worauf auch im Roman hingewiesen wird. Erwähnt wird Napoleons Feldzug gegen Russland vom Jahre 1812: „Sechs Tage darauf marschiert das Heer Napoleons in die Unendlichkeit Russlands […]" (F. 68) und die „Völkerschlacht" bei Leipzig (1813), die den Herbstfeldzug der Freiheitskriege entschied (F. 75). 1815 reißt Napoleon noch einmal die Macht an sich in Frankreich. Von Freunden erfährt er, dass das österreichische Heer Joachim Murat König von Neapel (1808–1815) geschlagen hat. Erwähnt wird auch der Abschluss des Wiener Kongresses (1815), der die Verhältnisse der Zeit vor der französischen Revolution wiederherzustellen versuchte. Sein Freund Joseph von Spaun bringt ihm die Nachricht vom Untergang des napoleonischen Heeres bei Waterloo (F. 94).

Schuberts Zeit ist auch Metternichs Zeit: „Diese Welt wird von Bürgern bestimmt und verwaltet, nicht vom Adel. Beherrscht wird sie von der Bequemlichkeit und von der Angst, von der Gediegenheit und der politischen Polizei (von einer immer wieder ausbrechenden, die Vorstellung der Welt dämonisch erweiternden Phantasie) und von Metternich, der 1821 vom Kaiser Franz zum Hof- und Staatskanzler ernannt wird und dessen insektengleiches Wesen sich jetzt vollkommen ausleben kann […]" (F. 160) Karlsbad wird in diesem Roman wieder auch zum Begriff: „In Karlsbad hatten sich die Vertreter der europäischen Fürsten getroffen und unter dem Einfluss Metternichs beschlossen, die strengste Zensur einzuführen und alle studentischen Verbindungen sofort aufzulösen." (F. 149/150) Die Metternich-Ära mit den Karlsbader Beschlüssen vom Jahre 1819, mit der Verschärfung der politischen Lage, mit der Verfolgung jeglicher Opposition in Form von Burschenschaften, mit der polizeilichen Kontrolle der Universitäten, mit der Zensur, der Bücher und Zeitschriften unterworfen wurden, wird im Roman nicht ausgespart: „Seit dem Karlsbader Treffen stellen seine Gendarmen den Studenten nach, als wären sie herrenlose Hunde." (F. 152) Der Härtlingsche Erzähler beschreibt Schuberts Verkehr in Wiener Studentenkreisen im Herbst 1819, die von der Polizei überwacht werden, die Verhaftung eines seiner Freunde Johann Chrysostomus Senn in Schuberts Anwesenheit (F. 154–156). „Der Fürst, der Fürst" (F. 153) schreit der verzweifelte, zum Zensor berufene Freund Mayrhofer, mit dem eben auch wegen des Fürsten zu den Streitereien kommt (F. 144 o. F. 151/152).

Der Schubert-Roman schließt sich an die Künstlerbiographien Peter Härtlings an, deren Vorlage das Leben eines Künstlers ausmachen. Nicht ein Abschnitt sondern der ganze Lebenslauf werden hier präsentiert. Betont werden nicht nur die

Vater-Sohn- und Mutter-Sohn-Beziehung, sondern auch seine Freundschaften. Seine Sehnsüchte und Enttäuschungen, die Schubertiaden und Einsamkeiten, seine nächtlichen Abenteuer werden auch nicht ausgespart. Der Härtlingsche Erzähler versucht im Roman die künstlerische Entwicklung des Komponisten darzustellen, indem er die damaligen familiär-gesellschaftlichen Verhältnisse detailliert auslegt, indem er die Rolle der Stimmen im Leben des Musikers thematisiert. Schubert wird vorgestellt, ale einer, der in der Musik und für die Musik lebt. Das Werk Schuberts wird nur genannt, der Erzähler versucht eher die Umstände der Entstehung der einzelnen Kompositionen zu ergründen, künstlerisch zu vermitteln. Die Künstlerbiographie macht dem Leser keine Illusionen, dass der im Roman dargestellte Künstler dieser aus der Geschichte bekannt ist, wenn schon, dann nur bedingt. Im Roman wird es klar, dass der Künstler so gesehen und geschildert wird, wie es sich der Erzähler wünscht. Wo die Tatsachen unbestritten sind, werden sie genannt. Wo in den geschichtlich bezeugten Daten Lücken auftauchen, springt der Härtlingsche Erzähler ein, indem er dazu erfindet. Wie es bei früheren Romanen der Fall war, erfunden werden vor allem die nicht festgeschriebenen Gespräche mit dem Vater und den Freunden, seine nächtlichen Abenteuer, sein Alltag. Wieder mal mischt sich in dem Werk das Faktische mit dem Fiktionalen.

2.7. *Schumanns Schatten. Variationen über mehrere Personen.* Der Komponist in der Nervenheilanstalt

Im Jahre 1996 erscheint die sechste Künstlerbiographie von Peter Härtling unter dem Titel: *Schumanns Schatten. Variationen über mehrere Personen. Roman*, in der die Affinität des Autors zur Romantik wieder zum Ausdruck gebracht wird. Der Erzähler selbst bemerkt in dem Roman, dass er ein Interesse an der Zeit der Romantik hat. So bringt der Härtlingsche Erzähler die früheren Werke Peter Härtlings in den Zusammenhang: „Ich habe über Schubert geschrieben und über Hölderlin. Dabei habe ich nie an Schumann gedacht." (R. 90) Nicht ein Ausschnitt aus dem Leben des Komponisten der Spätromantik wird hier behandelt, sondern sein ganzes Leben, die Schwächen und Träume des Künstlers, seine Gegner und Freunde. Es werden seine Beziehungen geschildert, sein sowohl literarisch-publizistisches als auch kompositorisches Werk wird hineinbezogen. Umrissen bekommt man auch den historischen Hintergrund dieser Zeit. Härtling zeichnet schon wieder das nach, was „in den wesentlichen Konturen authentischer Lebensstoff"[213] ist, und zwar

---

213 H.-K. Jungheinrich: *Ein Chr. F. Gellert vom preußischen König geschenkter ,sanftmütiger Schimmel'. Unkonventionelle Annäherungen an Robert Schumann und Franz Schubert.* In: „Frankfurter Rundschau", 10. 12. 1996.

dokumentarisch belegt. Der Impuls für das Werk war bestimmt die Auffindung Schumanns Krankenakte, die sich im Privatbesitz von dem Komponisten Aribert Reimann (geb. 1936) befunden hat, und von ihm 1994 der Berliner Akademie der Künste zur Verfügung gestellt wird.

Robert Schumann[214] wird am 8. Juni 1810 als jüngstes Kind von fünf Geschwistern in Zwickau geboren. Als Sohn eines Buchhändlers, Verlegers und Buchautors fühlt er sich früh von der Literatur angezogen, besonders von den Werken der Romantiker E.T.A. Hoffmann und Jean Paul (1763–1825). Mit sechs Jahren nimmt er seinen ersten Klavierunterricht beim Orgelspieler Johann Gottfried Kuntsch (1775–1855) auf. Im Alter von zwölf Jahren schreibt er die ersten Kompositionen. Im Jahre 1826 verliert er den Vater, der sich noch kurz vor seinem Tod für ihn bei Carl Maria Friedrich Ernst von Weber (1786–1826) einsetzt. Im Sommer 1827 lernt er Agnes Carus kennen, die ihn mit einigen Liedern Schuberts bekannt macht. Auf Wunsch seiner Mutter, Christiane Schumann geborene Schnabel (1767–1836) tritt Robert Schumann ein Jurastudium in Leipzig an, wo er auch Klavierunterricht bei Friedrich Wieck (1785–1873) nimmt. Robert Schumann trifft sich mit Heinrich Heine in München am 8. Mai 1828 nur für wenige Stunden. Mit 19 Jahren wechselt er nach Heidelberg, wo er als Pianist in Erscheinung tritt. In den Ostertagen erlebt er Niccolò Paganini in Frankfurt. In diesen Jahren entstehen die *Abegg-Variationen* op. 1, die *Papillons* op. 2 (1829–1831) und die erste Fassung der *Toccata* op. 7. Mit der Rückkehr nach Leipzig nimmt er den Klavierunterricht bei Friedrich Wieck wieder auf. Im Frühjahr 1832 wird seine Hand gelähmt, was ihm die Karriere eines Virtuosen unmöglich macht.

Mit der Veröffentlichung seiner Besprechung für Frédéric François Chopin (1810–1849) tritt er die Karriere des Musikkritikers an. Der im Jahre 1831 in der „Allgemeinen Musikalischen Zeitung" erschiene Artikel über Chopin beginnt mit den Worten: „Hut ab, meine Herren, hier ist ein Genie."[215] Im Jahre 1834 gründet er die „Neue Zeitschrift für Musik", die er bis 1844 herausgibt. Seine musikalischen Anschauungen legt er den beiden imaginären Figuren Florestan und Eusebius in den Mund, mit deren Pseudonymen er seine Rezensionen und Essays verfasst, und die er in Form musikalischer Porträts in der Klaviersuite *Carnaval* op. 9 (1834/35) verewigt. 1834 knüpft er erste Kontakte zum späteren

---

214 Zu Robert Schumann: E. Burger: *Robert Schumann – Eine Lebenschronik in Bildern und Dokumenten*. Mainz 1998; B. Meier: *Robert Schumann*. Reinbek 1995; A. Boucourechliev: *Robert Schumann mit Selbstzeugnissen und Bilddokumenten*. Reinbek bei Hamburg 1990.

215 Zit. nach: A. Boucourechliev: *Robert Schumann...* op. cit., S. 41.

Gewandhauskapellmeister Felix Jakob Ludwig Mendelssohn-Bartholdy. Henriette Voigt, die er durch seinen früh verstorbenen Freund und Pianisten Ludwig Schuncke kennen gelernt hat, macht ihn mit Ernestine von Fricken, einer Schülerin von Friedrich Wieck bekannt, in die er sich für kurze Zeit verliebt. Im Jahre 1835 entstehen die Sinfonischen Etüden op. 13. Der 25-jährige Schumann fühlt sich immer unwiderstehlicher von Clara Josephine Wieck (1819–1896) angezogen. Ihr Vater will nicht, dass Schumann sich an Clara annähert, deswegen kommt es zum offenen Bruch mit Schumann. Wieck verbietet ihm jeglichen Umgang mit Clara. Im Jahre 1836 stirbt die Mutter des Komponisten. In dieser Zeit schreibt er die erste Sonate in fis-Moll op. 11, die Phantasie op. 17 und die *Davidsbündlertänze* op. 6. Es entstehen auch die *Phantasiestücke* op. 12, die Schumann der englischen Pianistin Robena Ann Laidlaw widmet, die im Juli 1837 in Leipzig ein Konzert gibt, und die sich neben Franz Liszt (1811–1886), Clara Wieck und dem bayerischen Klavierkomponisten und Pianisten Adolf Henselt für Schumanns Werk einsetzt. Anfang 1838 entstehen drei Werkzyklen die *Kinderszenen* op. 15, die *Kreisleriana* op. 16 und die *Novelletten* op. 21. In diesem Jahr entstehen auch: die *Arabeske* op. 18, die *Humoreske* op. 20, der *Faschingsschwank aus Wien* op. 26 und die *Nachtstücke* op. 23. Nach mehreren Gerichtsverfahren erlangt Schumann schließlich die gerichtliche Zustimmung zur Heirat mit der Pianistin Clara Josephine Wieck. Die Trauung findet am 12. September 1840 in der Dorfkirche von Schönefeld bei Leipzig statt. Als Hochzeitsgeschenk für Clara entsteht der Liederzyklus *Myrthen* op. 25. In dem Liederjahr 1840 komponiert Schumann 138 Lieder, darunter: den *Liederkreis* op. 39 nach Joseph von Eichendorff, *Frauenliebe und -leben* op. 42 nach Adelbert von Chamisso (1781–1838) und die *Dichterliebe* op. 48 nach Heinrich Heine. Nach der Liederphase entsteht seine Erste Sinfonie op. 38, die *Frühlingssinfonie*, deren Uraufführung Felix Mendelssohn-Bartholdy im Gewandhaus leitet. Im Jahre 1842 entstehen die drei Streichquartette op. 41, das Klavierquartett op. 47 und das Klavierquintett op. 44. Ein Jahr später komponiert Schumann das Oratorium *Das Paradies und die Peri* op. 50. 1843 wird er in den Lehrkörper des neu gegründeten Leipziger Konservatoriums berufen.

Im Jahre der Übersiedlung nach Dresden (1845), wo sechs Fugen über Bach für Orgel oder Pedalflügel und das Klavierkonzert in a-Moll entstehen, skizziert er seine zweite Sinfonie in C-Dur op. 61. 1847 stirbt unerwartet sein Freund Felix Mendelssohn-Bartholdy. Im Jahre der europäischen Revolutionen vollendet er seine Oper in 4 Akten *Genoveva* op. 81 (1847/48) nach Johann Ludwig Tieck (1773–1853) und Christian Friedrich Hebbel. Später beginnt er mit der Vertonung von George Gordon Noel Byrons (1788–1824) *Manfred* op. 115. Neben diesen Werken entstehen auch das *Album für die Jugend* op. 68 und die *Waldszenen* op. 82.

Robert Schumann nimmt Ferdinand Hillers (1811–1885) Angebot an, Schumann zu seinem Nachfolger als Musikdirektor in Düsseldorf vorzuschlagen. Nach der Uraufführung der *Genoveva* in Leipzig zieht die Familie nach Düsseldorf um, wo er 1850 zum städtischen Musikdirektor ernannt wird. Hier schreibt er seine dritte Sinfonie in Es-Dur op. 97, die von seinem ersten Biographen Wilhelm Joseph von Wasielewski[216], der Konzertmeister in Düsseldorf ist, *die Rheinische* genannt wird. Es entsteht das Konzert für Violoncello op. 129. 1851 komponiert er ein musikalisches Märchen für Solostimmen, Chor und Orchester *Der Rose Pilgerfahrt* op. 112. Die Familie Schumann hat in dieser Zeit sechs Kinder. Seinen drei ältesten Töchtern Julien, Elise und Marie widmet er drei *Klaviersonaten für die Jugend* op. 118. Die *Gesänge der Frühe* op. 133 sind die letzten zu Schumanns Lebzeiten veröffentlichten Klavierstücke.

Am 30. Juli 1853 erleidet der Komponist einen Nervenzusammenbruch. In demselben Jahr lernt er über den Geiger Josef Joachim (1831–1907) den Komponisten, Pianisten und Dirigenten Johannes Brahms (1833–1897) kennen. Robeeert Schumanns psychisches Leiden zwingt ihn 1854, das Amt des Musikdirektors niederzulegen. Am Rosenmontag 1854 stürzt er sich in den Rhein. Gerettet und für unmündig erklärt wird er in die Nervenheilanstalt Endenich bei Bonn eingewiesen, wo er am 29. Juli 1856 stirbt.

Die Künstlerbiographie von Peter Härtling setzt sich aus 23 Kapiteln zusammen. Die zwei Jahre im Leben des Künstlers von 1854 bis 1856 d.h. bis zum Tode in der Anstalt Endenich bilden den Ausgangspunkt des Romans. Der Impuls für das Niederschreiben waren, wie schon erwähnt, Schumanns Krankenakte aus dieser Zeit, die im Jahre 1994 aufgefunden wurden. Die Endenich-Kapitel umklammern die Lebensgeschichte, die in Rückblenden stufenweise hereingeholt wird. Der Erzählstil des Er-Erzählers ist im Roman dürr, seine Erzählfigur wird in lakonischer Sprache geschildert. Er schaltet sich, wenn schon, nur in den Rückblenden ein. Hier hört man wieder den aus den früheren Künstlerbiographien bekannten Kommentator und Forscher zugleich, der sich zum Ziel setzt, die aufgesprühten Lebensdokumente zusammenzutragen, aus seiner eigenen Perspektive bearbeitet vorzubringen. Er reflektiert seine Schreibweise schon gleich am Anfang: „Ich schreibe von einem Kind, das zu Beginn des letzten Jahrhunderts aufwuchs, lese nach, was über den kleinen Robert erzählt wird, sehe Bilder an, gehe durch die Stadt, die seine Kinderstadt gewesen ist und die ihr wohl kaum mehr gleicht, simuliere Eindrücke und verleihe überlieferten Sätzen einen Tonfall, der meiner ist." (R. 18) Der Härtlingsche Erzähler

---

216   W. J. von Wasielewski: *Robert Schumann. Eine Biographie.* Dresden 1858.

betont schon in den ersten Kapiteln, dass der Komponist „seins" ist, dadurch dass er der Figur sowie der Erzählung seinen „Tonfall" verleiht. Gleich am Anfang stellt er sich die Fragen, die bis zum Ende offen bleiben, womit auf die Unsicherheit des Erzählers und Forschers zugleich in Bezug auf das Bearbeiten des Vielfachmitgeteilten hingedeutet wird: „Vielleicht gelingt es nur, Kinder zu beschreiben mit dem Umweg über die eigene Kindheit. Ich messe das Kind mit Kinderaugen und habe zugleich das Verlangen des alten Mannes, es klein zu halten [...]" (R. 18) Der Erzähler ist sich dessen bewusst, dass er schon das Vielfachmitgeteilte vermittelt: „Weil ich es von anderen weiß, schreibe ich dem kleinen Robert bereits die Lust zu, wenigstens in Gedanken aus- und aufzubrechen." (R. 18) Bilddokumente verhelfen wieder dem Härtlingschen Erzähler zur Schilderung des Protagonisten: „Ich sehe ihn an. Ich sehe ihn auf Bildern. Ich sehe ihn alt und jung. Als Schüler, als Künstler, als Ehemann und Vater. Gezeichnet, gemalt und fotografiert." (R. 40) Die Porträts geben eben Anstoß zur Vorstellungskraft: „Ich versuche, mir den spielenden, den lernenden Jungen, den Freund zu vergegenwärtigen. Auf dem frühesten Porträt [...]" (R. 23) oder: „Weil er mich verblüfft, wird mir der Junge auf dem Bild vertraut." (R 23) Auch die Skulpturen sind vom Vorteil bei der Vergegenwärtigung: „In Düsseldorf, im Heine-Institut, wird eine Elfenbeinminiatur aufbewahrt, ein winziges Bildnis des Zwanzigjährigen." (R. 84) Der Erzähler bedient sich wieder der Tagebucheinträge. Der Kommentator und Forscher zugleich besucht die Ortschaften, die Plätze, die Lokale, die Schumann besucht hat, mit dem Ziel, stimuliert zu werden, was er auch im Roman reflektiert: „Fotografiert, in Kupfer gestochen, kann man sie heute in ihrem Eck im ‚Kaffeebaum' betrachten. Ich hab's getan, in der Hoffnung, stimuliert zu werden von diesem Bildchen, etwas von dem Aufbruchsgeist mitzubekommen oder wenigstens Echos zu hören. Seine Echos." (R. 187) Sein Studium der Dokumente wird auch beschrieben: „Ich kenne mich in diesem Zimmer aus. Ich kann mit geschlossenen Augen in ihm umhergehen und würde nicht gegen die Möbel stoßen. So oft habe ich Beschreibungen gelesen." (R. 219) Seine Vorstellungen, die die Folgen seiner Recherchen sind, werden immer wieder kommentiert: „Wenn ich ihn mir in seiner Wohnung vorstelle, sehe ich ihn merkwürdigerweise nie allein, sondern mit den Freunden beim Quartettspiel oder ihnen am Klavier vorspielend [...]" (R. 220) Er kommentiert nicht nur die Quellen, auf die er beim Schreiben zurückgegriffen hat, sondern auch Gründe dafür, warum er eben auf die zurückgreift. Er bekennt sich dazu, Schumann verstehen, sich in ihn hineinversetzen zu wollen: „Um ihn an dieser Grenze verstehen zu können, lese ich voraus: die ersten Seiten seines Tagebuchs, das er zwei Jahre nach dem Tod Emilies [seiner Schwester] beginnt." (R. 33) Nicht alles ist überliefert, schon wieder gibt es mit dem Erfundenen zu schließende Lücken. Der Erzähler erfindet nicht ganz nach eigenem Belieben, auf die dazuerfundenen Stellen wird es genau hingewiesen. Nicht alle Lücken werden geschlossen. „Wie es anfing, ist nicht überliefert. Nur das Datum ist bekannt. [...] Wieck kam nicht allein. Er wurde begleitet. Das ist bekannt. Mehr nicht." (R. 87) Solche Bemerkungen, sogar Feststellungen, hören sich wie die eines Forschers an.

Erfunden werden bestimmt die Liebesabende, -szenen aus der Heidelberger Zeit: „Ich kann ihn aus Heidelberg nicht fortgehen lassen, ohne dass er die Gouvernante noch einmal trifft. Nicht verabredet, sondern zufällig, worauf die romantischen Romane sich stets verlassen." (R. 108) Nur in solchen Szenen, wo die beiden Geliebten auftreten, beginnt der Erzähler eine romantische Geschichte zu erfinden. (R. 146) Der Erzähler ist immer zugegen, er dirigiert die Szenen: „Wo lasse ich sie dieses Gespräch führen? In Schumanns Dichterstübchen am Rudolphschen Garten? Auf einem Spaziergang? In einer der Kneipen [...]" (R. 148) Die Frage stellend weiß er die Antwort im Voraus. Er ist sich doch dessen bewusst, das Sagen zu haben. Das Stelldichein der Verliebten wird von dem Erzähler trivialisiert: „Solche Szenen gibt es viele aus der Zeit." (R. 235)

Der zurückhaltende, sich nur manchmal einmischende Erzähler, der durch seine Einwürfe die Illusion „nicht gar zu hoch treiben"[217] will, erzählt das Leben des Komponisten in vielen kurzen, sehr dicht aneinandergereihten Szenen. Manche Szenen lesen sich wie die Auftritte im Drama mit den Regieanweisungen: „Da tritt er aus der Nische in den Gang und wird für die Gruppe sichtbar [...]" (R. 13) Die Erzählfiguren haben auf der Bühne Rollen zu verkörpern: „[...] und er hofft, die anderen merken es, wie er ihr den Arm bietet und sie beide die lärmende Bühne verlassen." (R. 103) oder das Gespräch Schumanns mit Clara Wieck: „Sie sagt: Es ist ein Glück, dass es nicht regnet. Er sagt: Ja, das ist ein Glück." (R. 235)

Gegen die Szenen, die Schumanns Leben und Schaffen schildern, setzt Härtling die Szenen der letzten Endenicher Jahre, bei denen Beschreibung dem Erzähler die detaillierte Schilderung Schumanns letzter Jahre in dem ärztlichen Tagebuch des Doktors Richarz verholfen hat. In diesen Endenich-Kapiteln kann der Erzähler als genauer Biograph auftauchen. Der Härtlingsche Erzähler deutet hier das Ende an, macht nur Vorschläge. Dem verstörten Schumann setzt der Erzähler einen Pfleger und Betreuer an die Seite, einen Mann namens Tobias Klingelfeld. Der Pfleger, eine einfache Person, sucht Schumanns Nähe, will ihn aber in seinen Grenzen nicht verletzen. Der Umnachtete und sein Pfleger leben

---

217 H.-J. Ortheil: *Die letzten Jahre.* In: „Neue Züricher Zeitung", 10. 10. 1996.

sich in eine „Intimität"[218] hinein. Der Betreuer wird wie „die Krankheit zum Schatten". Der Roman endet mit der von Klingelfeld aufgeworfenen Frage, die er an sich selbst und an den Leser auf sein Schumann-Bild stellt. Klingelfeld, der Schumann sterben sieht, fragt traurig und weinend: „Und ich? fragt er sich und den Toten." (R. 384)

Der Härtlingsche Schumann wird entidealisiert, nichts wird ausgespart, auch „Schumanns abstoßende Züge"[219] sind von Anfang an da: „Seit ein paar Tagen lallt Schumann wie ein Betrunkener. […] Deswegen sammle er in seinem Mund auch so lange Speichel, bis er über die Lippen fließe." (R. 112) An einer anderen Stelle heißt es: „Nachdem er Nächte lang liegengeblieben ist, tappt er neuerdings wieder im dunklen Zimmer herum, stöhnt und uriniert in die Ecke." (R. 381) Auch die tägliche Kotschau und das tägliche Klistier werden in der Künstlerbiographie ebenfalls detailliert beschrieben.

Schumanns Leben ist als ein Leben eines Zerrissenen zu verstehen: „Er ist er selbst und zugleich ein anderer." (R. 18) Der Komponist wird geschildert als einer, der ständig Selbstgespräche führt, genauso wie sein Lieblingsdichter Jean Paul. Seine Sprunghaftigkeit, die angeboren scheint, führt immer dazu, dass er unergründbar bleibt, dass er aus einer Existenz in die andere springt. Genauso wie im Roman *Schubert* sind auch bei der Erzählfigur in dieser Künstlerbiographie unzählige Sichtweisen zugelassen. Der Härtlingsche Schumann springt aus einer in die andere Rolle, die er sich ausdenkt: „Aus der des sanften Liebhabers in die des pöbelnden Halbwüchsigen. Aus der des philosophierenden Schwarmgeistes in die des plumpen Trunkenbolds. Aus der des aus der Ferne schwärmenden Liebenden in die des obszönen Maulhelden. Aus der des von Schuberts Genius befreundeten Musikers in die des stummen Verzweifelten." (R. 84) Schon in dem zweiten Kapitel bekommt man Härtlings Theorie gestellt, die die Zerrissenheit des Komponisten aufklärt. Die Schumanns umgebende Welt, die ihm nicht geheuer ist, sowie die Angst davor, allein zu bleiben, haben ihn dazu bewogen, sich in seiner Phantasie zu teilen. Hier kann er er selbst und ein anderer zugleich sein: „Ich bin mir sicher, dass Eusebius und Florestan namenlos zu irgendeiner Stunde, in der Robert sich allein gelassen fühlte mit seinen Träumen vom späteren Ruhm, seinem Bubenkopf entsprangen." (R. 18) Selbstgespräche über die Kunst solle er nach dem Härtlingschen Erzähler in der Sprache Hölderlins und Jean Pauls führen. (R. 24) Mit der Zeit werden die Grenzen zwischen der Wahrheit und Dichtung immer häufiger verwischt. Immer häufiger wird er

---

218 Ebenda.
219 T. Krause: *Seine Christel hieß Charitas*. In: „Der Tagesspiegel", Berlin, 25. 08. 1996.

nicht im Stande, die Wahrheit von der Dichtung zu unterscheiden. Mit der Zeit beginnt er sich zu fragen, ob ihm etwas zugestoßen, oder gerade beim Erzählen eingefallen ist. Seine Phantasie wird durch Musik bestimmt: „Sie wird von Motiven, Themen angeregt, variiert, wiederholt und verarbeitet sie." (R. 142) Der Künstler beginnt sich zu spalten, zu verdoppeln, „aus sich herauszutreten und sich als der oder als jener zu betrachten, mit sich zu reden, zu streiten." (R. 147) Die Welt soll für ihn nur „aus seinen Erfindungen, den Abspaltungen seiner Phantasie" (R. 147) bestehen. Die unterschwellig bleibenden Figuren, die ständig da waren, die Phantasiefiguren, die keinen Namen besaßen, treten jetzt auf, sie bekommen ihre Namen: „Sie [seine Liebhaberin Christel, die er in seinen Tagebüchern ‚Charitas' nennt] hat die beiden schon mit Namen kennen gelernt, die beiden, die er ist: Eusebius und Florestan." (R. 148) Von nun an redet er sich mit den Namen an. Er spricht in verteilten Rollen.

Nicht nur Schumanns Leben selbst wird vorgeführt. Auch sein Freundeskreis wird ausgiebig dargestellt. Der Härtlingsche Schumann nimmt in seinen sowohl fiktionalen – Florestan und Eusebius – als auch realen Freundschaften „eine Art Rettung vor der Einsamkeit in der Realität"[220] wahr. Sie gelten ebenfalls als Impuls für die künstlerischen Aktivitäten, als „Fluchtmöglichkeiten vor dem trüben Dasein, als Doppelgänger und Entwürfe"[221]. Es werden die Freundschaften mit Felix Mendelssohn-Bartholdy und Johannes Brahms beschrieben. Ein paar Seiten werden Ludwig Schuncke oder Josef Joachim gewidmet. Die Bekanntschaften mit Richard Wagner oder Heinrich Heine werden auch berücksichtigt. Manche Bekanntschaften werden nur mit zwei Sätzen angesprochen, sei es die mit Franz Liszt (R. 246 u. 281) oder die mit Frédéric François Chopin (R. 204). Mit seinen Freunden pflegt Schumann schon seit seinen Jugendjahren „in Gasthäusern wie dem ‚Kaffeebaum' sich bis zur Bewusstlosigkeit zu besaufen." (R. 74) Seine Treffen mit den Freunden enden meistens mit Zechgelagen, genauso wie es bei Schubert der Fall war. Doch „immer ist einer noch imstand, den anderen nach Hause zu schleppen." (R. 77) Seine Freunde sind nicht nur diejenigen, mit denen er die Nächte durchzechen kann, vielmehr sind sie Inspirationen oder Lieben. Mit dem Freund aus der Jugendzeit Emil Flechsig verbindet ihn die „Bubenliebe". (R. 75) Seine weiteren homoerotischen Neigungen werden nicht verschwiegen. Auch die Liebe zu Ludwig Schuncke, dem Klavierspieler, der „katastrophal schön" (R. 189) ist, der für Schumann wie Engel erscheint: „Er liebt diesen Engel. Er erzählt von ihm wie ein Liebender." (R. 189) wird thematisiert.

---

220 M. Grabowska: *Zur Rolle des Begriffs ‚Freundschaften'…* op. cit., S. 550.
221 Ebenda.

Wenn Schuncke an Schwindsucht stirbt, flieht Schumann nach Zwickau, traut sich nicht, zur Beerdigung seines „Doppelgängers" (R. 196) zu kommen. Johannes Brahms ist eine neue Liebe. Er gibt zu, dass er den Jungen liebt, „nicht nur seiner Musik wegen, sondern als Person, mit Haut und Haar, und auch als einen, der wiederkehrte, als einen ‚Frühen'" (R. 369). Obwohl er im Moment der Bekanntschaftsschließung dreiundvierzig ist, während Brahms erst zwanzig, erinnert er ihn an seinen Engel. Die weitere langjährige und innigste Freundschaft verbindet ihn mit Mendelsohn, der stets durch Erfolg und Stellung entrückt ist, doch immer auch hilfsreich: „Keiner hat sich öffentlich so für ihn eingesetzt." (R. 329) Der zutiefst erschütterte Schumann nimmt an der Beerdigung Mendelssohns teil. Seine weitere Bekanntschaft, diesmal mit Richard Wagner zeichnet Respekt und Distanz aus. Der sich großmachende Wagner wirkt auf Schumann „nicht ohne Aversion". (R. 159) Der schweigsame Schumann, dessen Artikulationsschwierigkeiten nicht nur in den Endenich-Kapiteln thematisiert werden: „Aber hier […] quält es ihn zum ersten Mal, dass es ihm tatsächlich die Sprache verschlägt; dass die Sätze, die er denkt, nicht über die Lippen gehen, dass sie im Mund zerfallen. Manchmal, wenn die Gedanken ihn drängen, wenn er unbedingt reden möchte, gerät er sogar ins lallen, und seine Hilflosigkeit beschämt ihn." (R. 58) hält Wagner für ein geschwätziges Wesen: „Richard Wagner bestreitet die Stunde, redet und redet, rühmt und schimpft […]" (R. 288) Schumann bittet ihn aber doch um kritische Hilfe und Bemerkungen zu seiner einzigen Oper *Genoveva*. Seine Kritik ändert aber nicht in dieser Beziehung.

In München erlebt Robert Schumann Heinrich Heine als Verehrer des Kaisers, der Napoleons Feldsessel zu bewundern pflegt: „Das Ding rührt mich. Mehr als jeglicher kaiserliche Schmuck oder irgendein Degen. […] Ein kleiner Mann, eine weltgeschichtliche Größe – und sein Stühlchen." (R. 60/61) Auf dem Spaziergang zur Galerie hört man Kommentare des Feuilletonisten Heinrich Heine, die sich wie die aus seinen Reisebildern[222] lesen: „Die Münchnerinnen können sehr gefallen, sagt er, nur haben sie häufig sehr dicke Beine und ein wenig zu große Füßchen." (R. 59)

Seine ersten weiblichen Lieben werden nur aufgezählt: Nanni Petsch und Liddy Hempel. (R. 40/41) Auch die Liebe zu Rosalie, der Frau seines Bruders Carl ist zugegen: „Die neue Liebe darf keine sein." (R. 165) Eine weitere Liebe ist die zur Leipziger Kellnerin Christel, die er in seinen Tagebüchern „Charitas" nennt, und bei der der einundzwanzigjährige Student der Rechte sich die französische Krankheit geholt hat: „Christel nennt er sie. In seinen Leipziger

---

222   Vgl.: H. Heines *Reisebilder* von den Jahren 1826–1831.

Tagebüchern erwähnt er sie dreiundzwanzig Mal. Es sind knappe Notizen, zwischen Erwartung und Schrecken gespannt." (R. 119) Sie erscheint und verschwindet, um wieder unerwartet bei ihm zu erscheinen über Jahre hinweg. Im April 1834 taucht Ernestine von Fricken auf, mit der er sich verlobt und kurz darauf entlobt. „Im gegenseitigen Einverständnis." (R. 202) Die ausgiebigste Beschreibung betrifft seine Beziehung zu Clara Schumann geborene Wieck: „Nun brauchte er sie. Das Verhältnis zu Clara, zu dem Kind, hatte sich nicht verändert, trotz der Einwände Wiecks. Er war entschlossen, sich mit ihr zu verbinden, gegen den Vater." (R. 131) Nicht nur ihr Eheleben wird behandelt, viel mehr, der ganze Weg zu der Eheschließung, gerichtliche Verhandlungen, Streitereien mit dem Vater Claras, der sie nicht verlieren will, heimliche Stelldicheins sowie die heimliche Unterstützung der Freunde bei dem Kampf um die gemeinsame Zukunft der beiden. Verflochten wird ihre Korrespondenz oder Eintragungen in seinen Tagebüchern aus der Zeit. Verschwiegen wird in dem Roman auch das nicht, dass Clara den umnachteten Mann erst kurz vor seinem Tod besucht hat.

Die biographischen Kapitel setzen sich mit den literarischen Erfahrungen und Vorbildern Robert Schumanns auseinander. Der Künstler lernt die Welt der Literatur über seinen Vater kennen, der als Buchhändler, Verleger und Buchautor bekannt ist, und mit den Größen seiner Zeit im Briefwechsel steht, sei es Carl Maria von Weber oder Johann Heinrich Voss (1751–1826). Im Verlag des Vaters wird er mit den Texten Friedrich Schillers, Johann Wolfgang von Goethes und William Shakespeares vertraut gemacht. Der Härtlingsche Erzähler erwähnt Schumanns literarisch-musikalische Sympathien, die er mit dem Komponisten teilt, mit denen sie sich verbündet fühlen, sei es mit dem damals schon alten Ludwig van Beethoven, sei es mit George Gordon Noel Byron in Griechenland, mit Jean Paul, dessen Haus und Grab Schumann in Bayreuth besucht und dessen *Hesperus* sowie *Flegeljahre* bewundert, mit Gustav Schwab oder mit dem kranken Hölderlin im Turm (R. 23). Die engste literarische Verwandtschaft scheint für Erzähler, Schumann mit Hölderlin zu verbünden. Vor allem in den *Gesängen der Frühe* Schumanns spürt der Erzähler diese Verwandtschaft auf: „Seit ich die Gesänge höre, lese ich gleichzeitig Hölderlin: den ‚Hyperion', die Gedichte an Diotima und die späten Turmgedichte. Ich höre und lese sich wiederholende Motive und sich wiederholende Wörter." (R. 362) Der Erzähler benimmt sich als einer, der seine These, Schumanns geistige Verwandtschaft mit Hölderlin, zu beweisen versucht: „Ich bin sicher, er hat ihn in sein Leben mitgenommen, auch wenn es später keine Spuren gibt, keine Hinweise und Zitate. Hölderlin hat sich als Stimme in seinem Gedächtnis eingenistet." (R. 362) Auch die zeitlichen Relationen werden nicht übergangen: „Er war einer von den vierhundert, fünfhundert Lesern des ‚Hyperion'. Geradezu unvorstellbar ist, dass er Hölderlin noch hätte besuchen können, im Turm in Tübingen. Als Schumann nach Endenich gebracht wurde, war der ‚verrückte' Hölderlin gerade zehn Jahre tot." (R. 90)

Ist Jean Paul sein Vorbild in der Literatur, so ist Franz Schubert sein Vorbild in der Musik, „dessen B-Dur-Trio ihn und seine Freunde in einen Rausch versetzen kann" (R. 76), konstatiert der Erzähler. Die Nachricht über den Tod Schuberts erreicht ihn schnell und erschüttert zutiefst: „Er habe, wird erzählt, eine Nacht lang geweint. Es ist noch nicht so lange her, dass er über Beethovens Tod trauerte, so wie über den Tod des Vaters." (R. 89) Erst 1838 besucht er die Gräber Beethovens und Schuberts auf dem Währinger Friedhof. Die Entdeckung der großen Symphonie in C-Dur Schuberts, die er Felix Mendelssohn-Bartholdy zur Uraufführung nach Leipzig schickt, ist die weitere Folge des herbstlichen Besuchs in Wien des Jahres 1838. Franz Schubert, eine weitere geistige Verwandtschaft, lernt Robert Schumann über Agnes Carus kennen: „Kennen Sie das, Robert? fragt sie und spielt einen Walzer, der ihn nicht nur entzückt, der seine Phantasie in Besitz nimmt, melancholisch leise und aufsässig." (R. 42) Schon wieder tauchen die Lücken in dem durch die Forschung Mitgeteilten auf. Der Erzähler bekennt sich zu den Lücken, die er bereut: „Nur habe ich nicht feststellen können, welche Lieder sie von Schubert sang und welche sie, nach Schumanns Meinung, nicht gleich begriff." (R. 86)

Seine musikalischen Anfänge erinnern den Leser an die von Franz Schubert. Die Mutter wird im Roman zum ersten Publikum und zum ersten Rezensenten. Auch der Vater und die Geschwister hören seinen Gesängen zu: „In seinem Kopf sammeln sich lauter ungesungene Lieder. Ist er allein, summt er sie nach. Mutter hört ihn zufällig und findet, er habe ein gutes Gehör. Vater ermuntert ihn, weiter auf dem Klavier nach Tönen zu suchen, die zusammengehören und ihm gefallen." (R. 19) Die Lehrer werden nur genannt: „In der Kirche erwartet ihn an drei Nachmittagen in der Woche der Bakkalaureus Johann Gottfried Kuntsch zum Unterricht an der Orgel." (R. 20), oder „Unverzüglich schreibt er Wieck, der zustimmte, ihn auszubilden und aufzunehmen […]" (R. 111) Der weitere Lehrer, der ihn im Studium des Kontrapunkts weiterbringt, ist Heinrich Dorn: „Wieck verschafft ihm ein Entree zu dem Komponisten Heinrich Dorn." (R. 158) Seine Werke werden samt der Entstehungsgeschichte nur aufgezählt. Aufzählung ist Härtlings Absicht, womit er auf das Vorwissen des Lesers, auf seine Erfahrung mit Schumanns Werk aus ist. Schumanns publizistisches Engagement wird nicht viel ausgiebiger behandelt: „Der Plan, eine Zeitschrift zu gründen, als Stimme gegen die überkommenen Vorstellungen von Musik, als Organ einer neuen Ästhetik, gedeiht allmählich." (R. 184) Die Information über die Zeitschrift liest sich, wie eine aus der Enzyklopädie: „Am 3. April 1834 erscheint die erste Ausgabe der ‚Neuen Zeitschrift für Musik' im Verlag C. H. F. Hartmann, Leipzig."

(R. 197) Zusätzlich werden seine vergeblichen Bemühungen um die Gründung der Zeitschrift in Wien erwähnt: „Die Zensoren machen ihm keine Hoffnung für die Zeitschrift." (R. 252)

Nicht nur literatur- oder musikalischgeschichtliche, sondern auch strikt geschichtliche Kulissen werden in den Roman eingemengt. Die Begriffe werden nur auf- oder eingeworfen, womit das historische Vorwissen des Lesers vom Erzähler aktiviert wird. Die Zeit Napoleons wird nur selten angesprochen: „So gaben sich die Bürger im Empire, die sich gegen Napoleon in Hochgefühlen oder in Hass verzehrten." (R. 28) Napoleonische Befreiungskriege (1813–1815) werden erwähnt im Gespräch des Vaters mit Robert Schumann: „Dieser Krieg, [...] – viele Köpfe hat er verwüstet, andere zum Denken, zum Handeln angeregt." (R. 34) Vom Napoleon erfährt man noch einmal, wenn Schumann Heinrich Heine in München besucht, mit dem er die Galerie besucht, in der der Feldsessel Napoleons zu bewundern steht: „Das hat er nicht erwartet. Das ist nicht der republikanische Spötter, vielmehr ein Verehrer des Kaisers." (R. 60) Die Worte: „Das Stühlchen hat ihn begleitet... An der Beresina, als alles verloren schien... In Waterloo, als ihm die Angst aus dem Arsch dampfte. In guten und in schlechten Stunden." (R. 60/61) werden Heinrich Heine durch den Erzähler in den Mund gelegt. Das Zeitalter der Restauration wird erwähnt, wenn Schumann Wien des Jahres 1838 besucht. Da er hier die Zeitschrift herausbringen will, muss er den Antrag an Joseph Graf Sedlitzky von Choltic, den Präsidenten der obersten Polizei- und Zensurhofstelle stellen, der „Sachwalter Metternichs" (R. 249) ist. Hiermit bekommt man die Metternichs Ära nur spärlich umrissen. Weitere im Roman erwähnte geschichtliche Geschehnisse sind die vom Jahre 1848: „Im Februar 1848 dankt Louis Philippe ab, und in Frankreich wird die Republik ausgerufen." (R. 330), was in Europa mit einem vielfachen Widerhall endet. So werden die kämpfenden Bürger in Berlin und der in Wien vor den Aufständischen fliehende Metternich erwähnt. Der niedergeworfene Aufstand in Wien im Oktober und die Auflösung der Nationalversammlung durch den preußischen König im Dezember 1848 werden auch nicht übergangen. Die letzte geschichtliche Bemerkung betrifft die Wahl Friedrich Wilhelms IV., König von Preußen, von der Nationalversammlung zum deutschen Kaiser am 3. März 1849, der dem Volk die Verfassung vorenthielt. In den Endenich-Kapiteln erfährt man zusätzlich von der französischen Besatzung Düsseldorfs vom Jahre 1854.

Der Künstler und seine Lebensstationen werden zur Vorlage für einen Roman, für eine Künstlerbiographie. Die dargestellte Erzählfigur ist nur bedingt die Figur, die man aus der Kunstgeschichte kennt. Der Härtlingsche Künstler ist ein zerrissener Musiker, der unter Einsamkeit leidet. Um ihn richtig zu verstehen, wird von dem Biographen nicht nur das Verständnis der Biographie des Künstlers, aber auch das Verständnis der literaturgeschichtlichen Verhältnisse zu dessen Lebzeiten verlangt, was in der ganzen Biographie ständig unterstrichen wird. Darüber hinaus überschneidet sich die im Werk dargestellte Wirklichkeit oder Weltanschauung mit der des Biographen, des Erzählers, auf dem Wege der „Horizontverschmelzung" trotz der Entfernung in Zeit und Raum. Deswegen ist die Subjektivität, die der Erzähler dem Vielfachmitgeteilten verleiht, oder wie es in der Künstlerbiographie heißt: der Tonfall (R. 18), der dem Erzähler gehört, überall zu spüren. Die Lücken im Dokumentarischen werden also mit dem Fiktionalen auf dem Wege der Subjektivität seitens Erzählers und Biographen zugleich erschlossen.

2.8. *Hoffmann oder Die vielfältige Liebe*. Liebe und Lust des gespaltenen Künstlers

Der im Jahre 2002 erschienene Peter Härtlings Roman „Hoffmann oder Die vielfältige Liebe. Eine Romanze" hat einen Abschnitt aus dem Leben des romantischen Musikers, Komponisten, Malers und Schriftstellers E.T.A. Hoffmann zum Thema. Die Romanhandlung umfasst nur die fünf Bamberger Jahre (1808–1813) im Leben des Künstlers und schildert vor allem die nicht ganz platonische Liebe eines „herumirrenden Geistes und Erotikers" zu der fünfzehnjährigen Gesangschülerin Julia Marc. Damit greift sie die intime Sphäre des Künstlers auf. Die Liebe, die idealisiert wird, sowie die körperliche Lust treten hier in den Vordergrund. Der Text ist kein biographischer Roman, im Gegensatz zu Härtlings früheren Romanen: *Hölderlin*, *Schubert* und *Schumann*. Der Roman geht zwar auf die urkundlich bezeugten Daten ein, er umfasst durch Vorspiele: Warschauer und Berliner, sowie durch Nachspiele: Leipziger, Dresdner und Berliner, zwar mehrere Jahre aus dem Leben Hoffmanns, sogar bis zu seinem Tod, doch die lapidare Kürze dieser Vor- und Nachspiele sowie die Einschränkung der Handlung auf die fünf Jahre lassen nur von biographischer Untermalung sprechen. Im Roman realisiert Peter Härtling schon wieder sein Programm, wie man eine Biographie literarisch verarbeiten kann. Vom Aufbau des Textes und der Verarbeitung des biographischen Stoffes her, knüpft das Werk an seine früheren Romane, solche wie: *Niembsch*, *Waiblingers Augen* oder *Die dreifache Maria* an. Der Erzähler setzt sich zum Ziel, sich seinem Hoffmann durch die Erforschung des Inneren seines Protagonisten und durch das Niederschreiben der Biographie des Künstlers anzunähern.

Die Härtlingsche Erzählfigur, der Romantiker Ernst Theodor Amadeus Hoffmann[223], eigentlich Ernst Theodor Wilhelm Hoffmann, kommt am 24. Januar

---

223 Zu E.T.A. Hoffmann: P. Braun: *E.T.A. Hoffmann. Dichter, Zeichner, Musiker. Biographie*. Düsseldorf 2004; S. Gröble: *E.T.A. Hoffmann*. Stuttgart 2000; R. Lewandowski:

1776 in Königsberg in Ostpreußen auf die Welt als Sohn des Hofgerichtsadvokaten Christoph Ludwig Hoffmann und seiner Frau Louisa Albertina, geborene Doerffer. Nach der Trennung der Eltern im Jahre 1778 wächst er bei der Doerfferschen Familie auf. In Königsberg macht er die ersten Erfahrungen mit der Musik. Hier erlebt er die Aufführungen der Opern *Don Giovanni* und *Zauberflöte* von Wolfgang Amadeus Mozart und nimmt beim Organisten Podbielski privaten Unterricht in Generalbass und Kontrapunkt. Zwischen 1792 und 1795 studiert er an der Universität Königsberg Jura. Nach der Versetzung ans Gericht im schlesischen Glogau verlobt sich Hoffmann 1798 mit Wilhelmine Doerffer. In Glogau lernt er den Maler Aloys Molinary kennen, dem er bei der Ausmalung der Jesuitenkirche hilft. In demselben Jahr wird E.T.A. Hoffmann nach Berlin versetzt. Im Jahre 1799 dichtet er und komponiert das Singspiel *Die Maske*. Im März 1800 tritt er eine Assessorstelle in Posen an. Nach der Strafversetzung – wegen der bissigen Karikaturen von hochgestellten Persönlichkeiten – ins polnische Płock im Jahre 1802 löst er die Verlobung mit Wilhelmine Doerffer. Daraufhin folgt im Juli Heirat mit der Polin Michaelina (Mischa) Rorer. Seit 1804 wirkt er als Regierungsrat im damals zu Preußen gehörigen Warschau, wo er Julius Eduard Hitzig kennen lernt, der sein erster Biograph sein wird. In Warschau komponiert er u.a. *Die lustigen Musikanten* nach Clemens Brentano – auf dem Titelblatt nennt sich Hoffmann zum ersten Mal E.T. Amadeus aus Verehrung für Wolfgang Amadeus Mozart –, das Singspiel *Der Kanonikus von Mailand* nach Duval von Rohrmann und eine Es-dur-Sinfonie. Hier gründet er im Jahre 1805 die Musikalische Gesellschaft. 1806 tritt Hoffmann zum ersten Mal als Dirigent auf. Nach dem Zusammenbruch Preußens in Jena und Auerstedt wird Polen durch Franzosen besetzt. Die Familie Hoffmann zieht nach Berlin um, wo der Künstler gezwungen wird, von seiner Kunst zu leben. In Berlin beschäftigt er sich mit der Erstfassung der Erzählung *Ritter Gluck*. Hier lernt er Adelbert von Chamisso und Jean Paul kennen, freundet sich mit Franz von Holbein an, dem Leiter der Bamberger Bühne. Bei Johann Friedrich Reichardt nimmt er Kompositionsunterricht. Seit 1808 bekleidet er die Kapellmeisterstelle am Bamberger Theater. Seit 1810 ist er als Direktionsgehilfe, Hauskomponist, Bühnenarchitekt und Kulissenmaler am Bamberger Theater tätig. In die Bamberger Jahre (1808–1813) fällt der Beginn seiner schriftstellerischen Laufbahn. 1809 erscheint die Erzählung *Ritter Gluck*. In Bamberg verliebt sich Hoffmann in Julie (Julia) Marc,

E.T.A. Hoffmann und Bamberg. Fiktion und Realität. Über eine Beziehung zwischen Leben und Literatur. Bamberg 1995; H. Steinecke: *E.T.A. Hoffmann.* Stuttgart 1997; G. Wittkop-Ménardeau: *E.T.A. Hoffmann mit Selbstzeugnissen und Bilddokumenten.* Reinbek bei Hamburg 1989.

die, wenn er sie 1809 kennen lernt, dreizehn Jahre alt ist. Ein weiteres Angebot, das er annimmt, ist die Stelle des Musikdirektors bei der Operntruppe Joseph Secondas in Leipzig und Dresden. Im Jahre 1814 beendigt er das Märchen *Der goldene Topf.* In demselben Jahr erhält Hoffmann durch die Protektion seines Freundes Theodor Gottlieb von Hippel eine Anstellung beim Königlichen Kammergericht in Berlin. Von nun an führt er eine Doppelexistenz als Dichter und Jurist. Durch die Vermittlung eines anderen Freundes Eduard Hitzig und den Publikumserfolg seiner in den Jahren 1813/14 publizierten *Fantasiestücke in Callots Manier* kommt er schnell mit den Künstlerzirkeln der Stadt in Kontakt. Darüber hinaus wird in dem Jahre die Oper *Undine* nach einer Vorlage von dem Schriftsteller Friedrich Baron de la Motte Fouqué (1777–1843) fertiggestellt, die er 1816 in Berlin auf die Bühne bringt. In den Jahren 1815–1816 erscheinen zwei Bände des Romans *Die Elixiere des Teufels.* Im Jahre 1818 beendigt er die Erzählung *Das Fräulein von Scuderi.* Der literarische Kreis der Serapionsbrüder um E.T.A. Hoffmann, dessen Mitglied Adelbert von Chamisso ist, und der sich einige Jahre regelmäßig trifft, ist der Impuls für die gleichnamige Novellensammlung, die in den Jahren 1819–1821 erscheint. Das Jahr 1819 wird zum Erscheinungsjahr des ersten Bands des Künstlerromans *Lebens-Ansichten des Katers Murr, nebst einer fragmentarischen Biographie des Kapellmeisters Kreisler in zufälligen Makulaturblättern,* der Robert Schumann zu seinem Klavierzyklus *Kreisleriana* anregt. Berliner Zeit ist die Zeit seiner Zechgelage mit dem Schauspieler Ludwig Devrient (1784–1832) in der Weinstube Lutter und Wegener. Im Jahre 1820 tritt er für den als Demagogen inhaftierten „Turnvater" Friedrich Ludwig Jahn (1778–1852) ein, dem er entgegen dem Widerstand seiner Vorgesetzten einen fairen Prozess verschaffen will. Wegen sarkastischer Anspielungen auf Jahn in seiner Novelle *Meister Floh* wird er selber in ein Disziplinarverfahren verwickelt. Obendrein arbeitet er an der Erzählung *Prinzessin Brambilla.* 1821 wird er zum Mitglied des Oberappellationssenates am Kammergericht ernannt. Hoffmann stirbt am 25. Juni 1822 in Berlin. So weit, wenn es sich um die biographischen Fakten aus dem Leben Hoffmanns handelt.

Der schon aus allen früheren biographischen Romanen Peter Härtlings bekannte Er-Erzähler, der Beobachter und Berichterstatter, ist schon wieder zugegen, und zwar von allem Anfang an. Durch den ganzen Roman reflektiert er seine literarische Schreibweise. Er stützt sich wieder auf Quellen, sammelt wieder alles das, was im Laufe der Zeit aufgesprüht wird, nennt seine Quellen im Buch. Vor allem Hoffmanns Werk ist das Medium, das dem Erzähler zu der Annäherung verhilft. Nicht nur literarische Werke werden zur Grundlage seines Wissens: „Ich bin ihm in seinen Tagebüchern gefolgt, habe seine Briefe gelesen, habe die Metamorphosen Julias in ‚Berganza' gelesen, in den ‚Abenteuern der

Sylvesternacht' und in anderen Erzählungen studiert" (E. 14) oder: „Ich lese ihn, entlasse ihn wieder in die wirre Vorgeschichte zu einer Liebe […]" (E. 30) Des Erzählers Eifer reicht schon wieder dahin, dass er die Ortschaften, die Plätze, die Hoffmann belegte, selber besucht, was er im Text bezeugt: „Als ich hochsah zu den Fenstern, aus denen Mischa und er am ersten Abend die Aussicht probierten, begleitete mich ein Kenner, der im Laufe der Jahre allen Spuren Hoffmanns gefolgt war und mich mit seiner Musik bekannt machte." (E. 75) Porträts werden zu einer weiteren Informationsquelle über Hoffmann, denn er sich mehrmals porträtiert hat: „spiegelnärrische, auf den Doppelgänger scharf." (E. 21)

Gleich in den ersten Sätzen thematisiert Härtlings Erzähler sein Wissen über den Künstler und die ihn umgebenden Verhältnisse: „Jetzt, zu Beginn, weiß ich mehr als er, doch es könnte sein, dass er am Ende mehr weiß als ich." (E. 13) Er weiß mehr als sein Protagonist: „Er war nicht auf sie vorbereitet, wie ich es bin, da ich ihm vorauserzählen kann." (E. 100) Das auktoriale Erzählen ist im Roman wieder da. Die Erinnerung nach vorwärts, die Betrachtung der Geschichte vom Ende her, ist seine Verfahrensweise, die gleich am Anfang angedeutet wird: „Das ist bereits eine Geschichte, ein Anfang, der vom Ende her angeschaut werden kann […]" (E. 13) Seine eingehende Vorbereitung lässt ihn den Wendepunkt im Leben des Protagonisten feststellen: „Es fängt hier schon an, ich weiß es, was ihn zwei Jahre später derart aufwühlt, dass er ihretwegen, die ihm verloren geht, zum Dichter wird, der sich mit einer Julia nicht mehr begnügt." (E. 100/101)

Schon in den ersten Kapiteln kommentiert der Erzähler sein Interesse an Bamberger Hoffmann, an den fünf Jahren zwischen 1808 und 1813: „Im Grunde suche ich nach Hoffmann nur in Bamberg. Im Zeitraum von fünf Jahren." (E. 14) Da er nur an den Bamberger Jahren interessiert ist, werden die Vor- sowie Nachjahre nur sparsam umrissen. Die Kindheit in Königsberg interessiert ihn nicht, deswegen spart er dem Leser all diese Jahre aus. Wie er selber zugibt: „Doch bis dahin, bis Julia nehme ich mir Zeit, hole ihn in Warschau ab." (E. 13) Die sachlich und knapp umrissenen Vorspiele sind die Folge der „Ungeduld" (E. 15) des Erzählers, der an Hoffmanns Liebe zu Julia interessiert ist. Doch dem Ziel ist das Tempo der Berichterstattung untergeordnet: „Noch bin ich nicht so weit mit ihm. Meine Ungeduld, endlich Julia zu treffen, drängt mich." (E. 15) Noch einmal wiederholt der Erzähler im Warschauer Vorspiel, dass es die Erzählung beschleunigen muss, da es ihn nach Bamberg drängt (E. 22).

Der Erzähler und Biograph greift ständig auf die Musik zurück. Das Musikalische ist im Werk überall gegenwärtig, nicht nur dadurch, dass der Erzähler beim Niederschreiben Musik zuhört: „Ich höre, während ich schreibe, diese Musik, unterbreche die Arbeit, um mich zu konzentrieren. Auf ihn, auf Hoffmann, auf seine ‚erste' Sprache." (E. 22) Erzählt wird von einem Komponisten, deswegen werden seine Kompositionen im Roman verflochten. Es wird erinnert, dass Hoffmann in Warschau die Messe in d-Moll und die Sinfonie in Es-Dur, die er noch in Płock begonnen hatte, komponiert hat. (E. 30) Es wird in der Künstlerbiographie darauf hingewiesen, dass der Künstler in kürzester Zeit die Oper Der Trank der Unsterblichkeit zur Probe komponiert hat, indem er sich um die Stelle des Kapellmeisters und Komponisten am Bamberger Theater beworben hat. (E. 66) Die Oper Undine wird im Erzählen mehrmals thematisiert, weil sie im engen Zusammenhang mit seiner Geliebten Julia steht. Aber nicht nur Hoffmanns Musik nähert dem Erzähler den Künstler an: „Seit Monaten lese ich in seinen Werken [...] Lese ihn, höre ich Musik. Nicht unbedingt die seine. Aber ich höre Mozart vor allem, und in einem mich rührenden Nachhall Carl Maria von Weber." (E. 14) Mozartsche Musik, vor allem sein *Don Giovanni*, wird schon wieder zum Begriff, denn alle Protagonisten der früheren Härtlings Romane sind von Don Giovanni, dem freien Geist, beeindruckt. Die Erwähnung von Carl Maria von Weber hängt damit zusammen, dass das musikalische Schaffen Hoffmanns und in erster Linie seine Oper Undine, als Prototyp der romantischen Oper und als Vorbild für den Freischütz von Carl Maria von Weber gelten. Das Musikalische ist auch deswegen zugegen, weil der Komponist und Dirigent Hoffmann überall nur Stimmen hört. Härtlings Hoffmann ist einer, der, ähnlich wie Schubert, nach Stimmen hascht. Die Stimmen sind die Impulse, eine Person wahrzunehmen: „Die Stimmen erotisierten ihn, ein Sopran anders als ein Alt, sie verführten ihn, das singende Wesen in Besitz zu nehmen, den Körper der Stimme zu streicheln, ihn an sich zu pressen, atemlos zu werden aus Sehnsucht." (E. 34) Die Stimmen werden zur Gestalt, oder anders, der Komponist und Gesanglehrer nimmt eine Person erst dann wahr, wenn sie über eine Stimme verfügt, die ihn beeindruckt.

Julia ist dreizehn, als Hoffmann sie zu unterrichten beginnt. Erkannt wird sie, oder wahrgenommen wird sie erst zwei Jahre später, wenn ihre Stimme vollentwickelt ist: „Sie [Julia] hat ihre Stimme gefunden, sagt er sich, ich habe eine Stimme gefunden. [...] Er liebt sie, das Mädchen." (E. 120) Am Anfang ist es Julias Stimme, die ihn anzieht, nach der er sucht, die er sich wünscht. Gestalt bekommt Julias Stimme erst später. (E. 117) Die Liebe zur Stimme, zum Mädchen muss scheitern: „Ein Vierunddreißigjähriger und ein Mädchen, das noch nicht fünfzehn ist. Er sucht ihre Nähe. Er träumt von ihr. [...] Er projiziert ihren Körper in die Luft, an die Wände. In seinen Gedanken erlaubt sie ihm alles [...]" (E. 120)

Das Musikalische wird dem Roman durch die besondere Form des Erzählens verliehen. Im zweiten Vorspiel, dem Berliner, lässt sich die Klage des Erzählers, seine Ungeduld hören. Er ist derjenige, der im Roman das Tempo anschlägt. Er greift Episoden auf, um sie später aufzugeben. Mal beschleunigt er die Handlung mal verlangsamt. Doch der Dirigent also der Erzähler ist nicht ganz unabhängig von Noten, sein Notenheft ist das Leben Hoffmans, das jetzt dirigiert werden muss: „Das Tempo verlangsamt sich. Es fällt mir schwer, mich daran zu gewöhnen. Mein Hoffmann war schnell, sich fortwährend voraus. Dieser wiederspricht ihm, was ich von ihm lese, wie ich ihn höre." (E. 44) Er verbirgt dabei seinen Zweifel nicht: „Ich haste ihm, sein Tagebuch lesend, nach und bin mir nicht immer sicher, ob er notiert, was er erlebt hat oder was er zu erleben vorhat. Wahrscheinlich mischt sich das. Er eilt sich voraus, ungeduldig, und wird mitunter zurückgeworfen." (E. 188) Dem Erzähler geht es also um das Tempo, womit auf die Musikalität der Sprache hingewiesen wird: „Wie finde ich, wie erreiche ich sein Tempo? Welche Wörter sind schnell genug, mit welchen Sätzen kann ich ihn bewegen?" (E. 13) Die Musikalität wird der Sprache nicht nur dadurch verliehen, dass sie von musikalischen Motiven angeregt wird, dass der Härtlingsche Erzähler bestimmte Motive oder Themen variiert, wiederholt und mehrmals verarbeitet. Es werden auch Begriffe aus der Welt der Musik in den Text verflochten: „Ein Arioso mit Zwischentönen, Strophen väterlicher Anbetung. Endlich eine neue Tonart und ein anderes Tempo – Andante." (E. 28) oder: „Ich habe sein Tempo wiedererfunden, ein Andante [...]" (E. 239).

Die Romanze, wie es Härtling sein Buch nennt, besteht aus sechs Kapiteln, deren Titel musikalisch bestimmt werden. Sie werden nach Hoffmanns Lebensstationen in bestimmten Ortschaften genannt: Warschauer sowie Berliner Vorspiel, Bamberger Hauptstück und Sächsisches sowie Berliner Nachspiel. Die obengenannten Kapitel setzen sich wieder aus den aneinandergereihten Szenen zusammen, die die Form eines Bühnenentwurfs annehmen. Nicht selten bedient sich der Härtlingsche Erzähler der schon in früheren Werken benutzten Methode, indem er die Szenen wie die in einem Bühnenstück durch Regieanweisungen umrissen lässt. Sein Erzähler übernimmt die Bamberger Stellen Hoffmanns d.h.: die des Bühnenarchitekten und Kulissenmalers: „Ich haste ihm voraus und baue die Kulissen auf [...]" (E. 43) Das, was den Protagonisten trifft, wird nicht selten bewertet: „Die Szene, die ihn erwartet, ist abscheulich und lächerlich zugleich." (E. 194) oder weiter: „Dittmayer lehnt sich zurück und ruft in die Kulisse, in die sich Julia während der Auseinandersetzung geflüchtet hat [...]" (E. 196) und: „In den Kulissen überrascht ihn Julia." (E. 197) Die „Götterperspektive" (E. 243), wie Hoffmann den Blick auf die entfernte Bühne zu nennen pflegt, ist auch nicht dem Erzähler fremd, vielmehr sie wird häufig angewendet.

Der Erzähler macht dem Leser dessen bewusst, dass er Hoffmanns Bamberger Jahre aus seiner Perspektive kennen lernt, dass er eben zum Vermittler dessen wird, was hier eingesammelt wird. Wie schon immer, gibt es Lücken im

Erzählten, im Vermittelten, die durch Dazuerfindung geschlossen werden, was jedoch nicht immer stattfindet. Manchmal werden nur unbeantwortete Fragen aufgeworfen. „Wo trat sie auf? Im Theater? Bei einer abendlichen Gesellschaft zu Hause?" (E. 102) fragt der Erzähler, wenn er nicht auskundschaften kann, wo Hoffmann seine Bamberger Liebe, die Jüdin „Julchen" zum ersten Mal getroffen hat. Er macht den Leser auf die Stellen aufmerksam, wo er die Lücken zu ergänzen beabsichtigt: „Es könnte sein [...]" (E. 112) oder ein Stück weiter: „Das könnte ein Anfang sein." (E. 113) Seine Vermutungen sind überall dort aufzuspüren, wo die Lücken schwer zu schließen sind: „Es kann vorkommen, dass er ihn [den Hund] bei einem anderen Namen ruft [...]" (E. 117) Er zweifelt auch an den Einzelheiten: „Ich schreibe ‚dunkel' und frage mich: War es ein tiefes Blau, waren es durch den Rausch vergrößerte Pupillen?" (E. 21) Seine Vermutungen, Mutmaßungen und Zweifel werden ständig reflektiert. Wo der Dirigent aber sicher ist, betont er es: „Doch gelungen ist es ihm, ich weiß es, nicht." (E. 120)

Der Erzähler bringt im Werk nicht nur sein Verhältnis zu seiner Arbeit zum Ausdruck. Er bewertet auch seine Erzählfigur, deren Agieren: „An diesem Warschauer Anfang ist er mir nicht geheuer." (E. 20) Er nähert sich seinem Protagonisten durch die Sprache an: „Sobald ich ihn zitiere [...] setzt mir schon seine Sprache zu." (E. 92) Er versucht, sich seinem E.T.A. Hoffmann anzunähern. Wie es schon bei Hölderlin der Fall war, wo Hölderlin „meine Figur" (H. 66) genannt wird, nennt er seinen Protagonisten „mein Hoffmann" (E. 44): „Seit ein paar Wochen träume ich von Hoffmann. Er nimmt Gestalt an, ist mir gegenwärtig wie ein Bekannter, ein Freund, den ich im Laufe der Jahre aus dem Gedächtnis verloren habe. Der nun aber zurückkehrt in eine Vertrautheit, die mich bestürzt." (E. 135) Es ist aber eine andere Figur als die, deren Werke der Erzähler gelesen bzw. gehört hat. Er ist für ihn nicht mehr nur Autor beziehungsweise Komponist, er ist eine Person, die sich aus den Figuren zusammensetzt, die in seinen Werken vorkommen: „Es sind die Hinterlassenschaften seiner Gestalten im Gedächtnis eines Lesers. [...] Er manifestiert sich, wird Person, legt mir nahe, mich mit ihm zu verbinden." (E. 136) Auf diese Art und Weise verbindet, oder eher verbündet, sich der Erzähler mit der Figur, die aus seinen Werken hervortritt, mit der Figur, die sein Leben in der Erfindung oder in der erfundenen Wahrheit realisiert. Dadurch tritt Härtlings Verbündung mit Hoffmann, oder genauer gesagt Härtlings Programm mit dem Hoffmanns verbundenen in Erscheinung.

Hoffmanns Leben lässt vielfältige Sichtweisen zu. Die Erzählfigur springt aus einer in die andere Rolle, genauso wie die aus dem Härtlingschen Roman *Schumanns Schatten. Variationen über mehrere Personen.* In der Gesellschaft hat Hoffmann verschiedene Rollen zu verkörpern: sei es die des Theaterkomponisten und Gesangslehrers, die des Dirigenten und Komponisten, die des

Abonnementsverwalters und Nachmittagssäufers, die des „Gesellschaftslöwen" und „Stimmenanbeters", sowie die des Liebhabers und Ehemanns. (E. 92) In dem Roman ist Hoffmann immer gespalten dargestellt, als einer, der Selbstgespräche über die Kunst führt. In seiner Phantasie beginnt der Künstler sich zu teilen. Hier beginnt er selbst und ein anderer zugleich zu werden. Verdoppelung sich selbst und Verwirrung anderer durch die Verdoppelung ist Hoffmanns Herausforderung, wobei es nicht wichtig ist, ob es ein zufälliger Passant, oder eine Gesellschaftsdame ist, die er betören will: „Manchmal, in Gesellschaft, fand sich die Gelegenheit, eine junge Dame anzusprechen, sie mit Poetischem, Musikalischem so zu verwirren, dass er sie für betört hielt. Es genügte ihm die Sensation des Anfangs, die Liebe in Phantasie. Seine Gier führte Selbstgespräche." (E. 18) An einer anderen Stelle heißt es: „Einmal fragt ihn ein misstrauischer Passant: Wen suchen Sie denn da? […] Und er findet eine Antwort, die ihm gefällt, die ihn selbstverständlich verdoppelt und sein Gegenüber verwirrt: Mich, Monsieur." (E. 48/49) Nicht selten verspürt er, oder strebt er seine Verdoppelung an: „Oft hat er den Eindruck, er schickt sich aus sich fort, bleibt an Ort und Stelle und spürt, wie der Doppelgänger anderswo gegenwärtig ist." (E. 49) Auf diese Art und Weise versucht er mit seiner abgestalteten Hälfte seines Wesens Julia nachzustellen, der Sängerin die über eine bezaubernde Stimme verfügt, mit der aber zu der Verbindung nicht kommen kann. Julia, seine Begierde, Stimme, die er anbeten muss, ist der Grund seiner Spaltung: „Als er sie sah, trennte er sich von sich selber und beobachtete sich. […] Er war sogar sicher, dieser Zustand würde halten, bis sie auseinander gingen." (E. 107) Die Liebe zum Mädchen führt zur Verdoppelung des Künstlers. Der eine Hoffmann kehrt nach Hause zu Mischa, seiner Frau zurück, der andere plant neue Zukunft mit der Fünfzehnjährigen, der „sich in der Liebe auflöst […]" (E. 121) Seine Gesprächspartner sind auch diese, die ihm Impuls zur Spaltung geben: „Kaum hört ihm einer zu, überkommt ihn schon wieder die Lust, sich zu verstellen." (E. 52) Julia wird auch durch sein Doppelwesen verwirrt. (E. 78)

Das von dem Härtlingschen Erzähler vermittelte Bild Hoffmanns ist ein Trugbild, wie er selber zugibt. Es narrt nicht nur den Leser sondern den Erzähler selbst: „In solchen Momenten spüre ich ihn endlich. Natürlich betrüge ich mich, mach mir etwas vor, indem ich ein altes Bild belebe." (E. 21) Der Erzähler bekennt sich zu den Täuschungen, zu den Missverständnissen: „Mein Begleiter erzählte mir viel, und ich brachte die geschilderten Personen durcheinander." (E. 75) Das Geständnis weist nur darauf hin, das all das, was im Roman bezeugt wird, nicht unbedingt die Wahrheit ist. Wie schon immer hat man also mit den urkundlich bezeugten Tatsachen zu tun, die mit den Erfindungen sowie Irrtümern und Verwechslungen des Erzähler-Forschers ergänzt oder verwechselt werden. Der Erzähler hat doch selber eingestanden: „Das Melodram ‚Dirna' und Hoffmanns Noten dazu habe ich nirgendwo auftreiben können. Mich allerdings auch nicht übermäßig bemüht." (E. 114) Die Grenzen zwischen Wahrheit und Dichtung, zwischen Erinnerung und Erfindung werden immer häufiger bewusst verwischt. Jede Erfindung ist doch so wahr wie die Erinnerung, wie Hoffmann es Julia erklärt (E. 181). Die Wahrheit bedeutet für den Erzähler das gleiche, was sie für Hoffmann bedeutet, der auf die Frage Julias, ob seine Erzählung wahr sei, antwortet: „So wahr wie jede Erinnerung […]" (E. 181) Auch Julia erfindet seine Wahrheit, wenn sie sich nach Jahren an die Bamberger Ereignisse erinnert, und die niederschreibt, was der Erzähler mit einem lakonischen Satz konstatiert: „Sie erfindet ihre Wahrheit […]" (E. 225).

Thematisiert wird auch Hoffmanns turbulente Ehe mit der Polin Mischa. Seine Frau Mischa, die immer in den Hintergrund gerückt wird, steht immer zu ihm, obwohl die stets ahnt, dass „Hoffmann in Gedanken eine andere liebt, stets wechselnd, eine neue, ein Ideal, dem sie nie entsprach." (E. 19/20) Immer wieder hört sie, dass er liebt, immer wieder wird er von ihr korrigiert: „Er sagt: Ich liebe. Er sagt nicht: Ich liebe dich." (E. 20) Keine Liaison entgeht ihr, sie ist immer stumme Zeugin seines Tuns. Nur manchmal kommentiert sie seine Handlungen: „Ich bin deine Frau, Hoffmann, kein Ersatz für eine Liebe, die du nicht lieben kannst, die du dir nur einbildest. Du bist verrückt, und ich muss es erleiden." (E. 140) Nur manchmal ruft sie ihn zur Ordnung, wenn er von der Liebe der Stimmen wegen erzählt: „Denk an die Stimmen, diese schönen körperlichen Stimmen in Warschau, Sirenen möchte ich sie nennen, und ich erinnere dich, lang ist es ja doch nicht her, an die Blondine." (E. 162) Auch seine Gelage werden von ihr kritisiert, wenn er sich einen Rausch ansäuft, wenn er in den Weinstuben herumtreibt, oder wenn er deswegen sich in „den ersten Häusern" der Bamberger Gesellschaft skandalös verhält. Erst im kritischen Zeitpunkt, wo das Leben Mischas gefährdet ist, erkennt der Künstler die Liebe zu seiner Frau: „Er hat sie noch nie geliebt, so außer sich, so verzweifelt und hilflos, hat noch nie um das Leben der Geliebten gefleht, noch nie sich den Tod gewünscht, falls sie sterben müsse." (E. 233)

Vom Leser verlangt der Erzähler wie schon immer Vorwissen, das nur durch die Aufzählung der einzelnen Titel der Werke von E.T.A. Hoffmann aktiviert wird. Zwar werden die Zusammenhänge zwischen Hoffmanns Leben und seinem Werk festgestellt, doch sie werden nur mit ein paar Sätzen angedeutet. In *Berliner Vorspiel* erfährt man zum Beispiel, dass der Künstler in Berlin zum ersten Mal die Erzählung *Ritter Gluck* entwirft. (E. 67) Julias Metamorphosen werden in den Erzählungen *Berganza*, in den *Abenteuern der Sylvesternacht* sowie im *Kater Murr* gesehen. (E. 14) Härtlings Julia vermutet sich selbst im *Sandmann*, wobei sie sich nicht für die Olympia sondern für die Clara entscheidet, „denn ein Automat, selbst wenn er unvergleichlich singt und tanzt, möchte sie nicht sein." (E. 224) Zum Schluss wird man unterrichtet über Hoffmanns Ernennung zum Mitglied der „Immediat-Commission zur Ermittlung hochverräterischer Verbindungen und anderer gefährlicher Umtriebe". Sein Rechtsempfinden sowie sein Freisinn tragen zum heftigen Einspruch gegen politische Verhaftungen. Und so erfährt man, dass er im *Meister Floh* Aktenstücke aus der Commision eingearbeitet hat, dass die Frankfurter Polizei das Manuskript beim Verleger beschlagnahmt, womit auf Metternichs Geist in Preußen angespielt wird. (E. 250)

Der Erzähler baut auch diesmal geschichtliche Bühnendekoration auf, wobei er sich nur auf ein paar Sätze einschränkt. Warschau lernt der Leser in der Zeit der Teilung Polens kennen, schließlich arbeitet Hoffmann als Regierungsrat im zu Preußen gehörigen Warschau: „Die Verwalter von Warschau, das nach der Teilung Polens zwischen Preußen, Russland und Österreich als Hauptstadt von Süd-Ostpreußen bestimmt wurde, richteten sich, wie auch anders, für die Ewigkeit ein." (E. 17) Die historischen Ereignisse, die Napoleons Siegeszüge vom Jahre 1805, Besiegung der Russen und Österreicher bei Austerlitz sowie der Russen und Preußen bei Jena, werden in den Text hineingeflochten. (E. 39) „Plötzlich tauchten russische Truppen, Kosaken und Baschkiren, in der Stadt auf, von den Franzosen vor sich hergetrieben. General Suworow empfing vor der Stadt, in Praga." (E. 39) Nach der Besetzung der Stadt durch die Franzosen im Jahre 1805 und Auflösung der preußischen Behörden, verliert Hoffmann seine Stelle. Im Jahre 1807 lässt Napoleon I aus preußischem und österreichischem Teil das Herzogtum Warschau gründen, was auch mit einem Satz erwähnt wird. (E. 50) Hoffmann erlebt den französischen Kaiser noch einmal, diesmal in Dresden vom Jahre 1813, wenn die Stadt von seinen Truppen besetzt wird: „Die gefährlichen, martialischen Bilder ziehen ihn an, er beobachtet, sieht den Kaiser [Napoleon], den Empereur, vorüberreiten, einen kleinen gedrungenen Mann auf einem falben Pferd, und er wird ihm noch zweimal begegnen, dreimal im ganzen, wie einem Helden aus einem Märchen [...]" (E. 228)

Aus dem Roman lässt sich Härtlings Programm lesen, das besagt, wie man das Faktische und das Fiktionale, das Gefundene und das Erfundene, im Roman verarbeiten kann, wobei deutlich erfunden die Liebesszenen zwischen Hoffmann und Julia werden. Die Künstlerbiographie ist eine Summe der Erfahrungen, die der Autor beim Niederschreiben der früheren Romane gemacht hat. Nicht nur die Schreibweise selbst, sondern auch die Werkstatt eines Erzählers und Biographen zugleich werden im Werk deutlich gemacht. Der Biograph ist einer, der das biographische Material zu sammeln hat. Die Quellen werden angegeben, seine Arbeitsweise wird geschildert. Da der Protagonist in mehreren Bereichen tätig war, muss der Biograph auf alle Quellen zurückgreifen. Er ist sich jedoch dessen bewusst, dass es die Zeit ist, durch die verschiedene Lücken im Biographischen entstehen. Die Lücken sind auch der mangelnden Hoffmann-Forschung zuzuschreiben. In solchen Fällen lässt er den Erzähler zu Wort kommen. Das von ihm vermittelte Hoffmans Bild ist jedoch nicht die Folge der Verfahrensweise des Erzählers, sondern auch des Handelns Hoffmanns, der sein eigenes Bild in dem Werk, in seinen jeglichen Aktivitäten unterschiedlich malt. Nur die Zahlen, Daten sind richtig. Da der Härtlingsche Erzähler sich dessen bewusst ist, macht er den Leser darauf aufmerksam. Er macht sich nicht die Mühe, den „wahren" Hoffmann zu schildern, was eine Utopie wäre, sondern sich „seinem" Hoffmann anzunähern. Die zum Ziel gesetzte Herausforderung wird schrittweise realisiert, bis der Erzähler zugibt, dass „sein" (E. 44) Hoffmann endlich Gestalt angenommen hat. Der Härtlingsche Hoffman ist einer, der sich an dem Punkt befindet, wo er zum Künstler wird. Die Künstleridentität gewinnt er dem Erzähler nach durch die unerreichbare Liebe eigentlich durch den Zustand der Liebe.

3. Die Identitäten der Künstlerfiguren

3.1. Nikolaus Lenau – Gefangener der Geschichte

Die Erzählfigur Niembsch ist nur bedingt Nikolaus Lenau. Sie verfügt jedoch über die Eigenschaften eines romantischen Künstlers. Der Protagonist ist eng mit dem württembergisch-schwäbischen Kulturkreis, mit der schwäbischen Dichterschule der Romantik, verbunden. Die schwäbische Atmosphäre wird in der Künstlerbiographie durch Dialektpassagen verstärkt. Niembsch, der in die deutsche Literaturgeschichte als Dichter der Sehnsucht, des Traumes und der Schwärmerei eingegangen ist, der einen engen Kontakt zu literarischen Kreisen von Stuttgart, sowie zu den schwäbischen Künstlern wie Justinus Kerner, Ludwig Uhland und Gustav Schwab hat, wird auch in der Suite als solche melancholische Persönlichkeit geschildert. Nach einem Schlaganfall im Jahre 1844 verfällt Lenau dem Wahnsinn und lebt bis zu seinem Tod in Anstalten, was auch mit der Künstlerbiographie, die Härtling vorschlägt, übereinstimmt.

In Melancholie versunken kehrt Niembsch, die „europäische Zelebrität, ein Poet" (N. 7) aus Amerika zurück. Der Gedanke, der den Künstler auf dem Rückweg und die ganze Suite bewegen wird, ist die Frage nach dem Loswerden der Erinnerungen. Die erste Frage, die hier aufgeworfen werden soll, ist die nach Art und Weise der Erinnerungen. Welche Erinnerungen will der Härtlingsche Niemsch loswerden? Antwort auf die Frage findet man schon im Präludium. Es sind die Kindererinnerungen. Es stellt sich heraus, dass „seine Lebensgeschichte eine einzige Kette misslungener sozialer Beziehungen und gefühlsmäßiger Bindungen ist. Scheitern wird zum Zentralbegriff seines Selbstverständnisses."[224] Der Vater verlässt die Familie, als Lenau fünf Jahre alt ist. Die verzweifelte Mutter gibt ihren Jungen seinem Onkel Stefan zur Pflegschaft und Erziehung. Zwischen den beiden kommt es mit der Zeit immer häufiger zu den Auseinandersetzungen. Die Streitereien betreffen vor allem die erotischen „Eskapaden Mamas" (N. 20). Damit rückt der Hauptkonflikt in den Mittelpunkt, nämlich die Mutter-Sohn-Beziehung, die durch Liebe und Hass zugleich seitens des Sohnes bestimmt ist. Die immer stärkeren Streitereien zwischen dem Onkel und Niembsch tragen zu den Handgreiflichkeiten bei. Als eine Form der Auflehnung gegen den Onkel sieht er das Ausscheiden aus der Schule an, was der künftige Künstler bewirkt. Dies hat dagegen die Ausweisung aus dem Hause des Onkels zur Folge. Von den Erwachsenen fühlt sich der Junge zurückgesetzt. Je nach Bedarf wird er hin und

---

224   B. Dücker: *Peter...* op. cit., S. 28.

her geschoben. Schon als Kind leidet er unter Entfremdung. Nach der Ausweisung bleibt der Mutter nichts anders übrig als den Sohn bei sich großzuziehen. (N. 19) Damit fängt der schon erwähnte Hauptkonflikt an. Der Sohn wird jetzt zum Augenzeugen der erotischen Abenteuer der Mutter. Eine solcher Herrenbekanntschaften bewirkt bei dem Jungen, dass die innere Auflehnung zum äußeren wird: „Du bist meine Mutter nicht mehr!" (N. 34) schreit er auf der Straße und wirft den Stein dem Paar nach. Als der Stein den Gefährten der Mutter erreicht hat, konstatiert der unzufriedene Sohn: „[…] aber der Stein hat Mama gegolten, nicht dem Mann, der war ihm gleichgültig, der führte die Frau nur fort, fort von ihm […]" (N. 35) Dieses gebrochene Verhältnis zur Mutter kann man als eine hass-liebende Beziehung ansehen, schließlich konstatiert der Erzähler: „[…] sie wurde ihm fremd, doch er liebte sie, die sich freilich gewandelt hatte, ein Weibstück war sie, das er Mama rief –" (N. 35). Die Kindheit ist für den späteren Künstler keine Zeit der glücklichen Geborgenheit und konfliktfreien Sicherheit, an die er sich erinnern könnte. Die Beziehung zur Mutter findet ihre Fortsetzung in den Beziehungen zu anderen Frauen. Niembsch wird nicht fähig, eine Beziehung zur Frau zu unterhalten. Als Erwachsener sucht er Ersatz für das vorenthaltene Glück der Kindheit in den erotischen Beziehungen. Die ersten Erfahrungen mit den Frauen, über die der Erzähler berichtet, sind auch nicht die besten. Er versucht, als ein Unerfahrener, unbewusst eine Beziehung mit einer Prostituierten zu haben: „Madeleine, meine erste Damenbekanntschaft, tarnte sich und ihre entsetzliche Existenz hinter diesem melodiösen Namen […] Der Zustand ihrer Behausung hätte mich über Zustand ihrer Seele aufklären können. Ich war verblendet […]" (N. 20) Die Befriedigung der sexuellen Gelüste Niembschs seitens Madeleine haben ihn anfangs „angestachelt" (N. 21), sich der Poesie zu widmen. Der Künstler begibt sich auf die Suche nach Frauen, die ihm zum schöpferischen Impuls werden. Die Frauenfiguren, die er auf seinem Wege trifft, entsprechen dem Typus der Ersatzmutter. Karoline von Zarg, die Schwestern Winterthaler, Juliette Zegerlein umsorgen ihn, befreien ihn von Alltagsproblemen, stehen zur Seite bei seinen dichterischen und philosophischen Plänen. Vielmehr verhelfen sie ihm zur erotischen Erfüllung. Die sexuelle Beziehung mit Madeleine bewirkt beim Härtlingschen Niembsch die Flucht vor Erinnerungen. Durch Veränderung des Geschichts- und Zeitbewusstseins versucht er dem Scheitern zu entkommen. Da der Zeitfluss immer neue Niederlagen mitbringt, versucht er den Stillstand der Zeit zu erzwingen. Die Dauer, die keine neuen Erfahrungen sondern nur Wiederholungen als Erinnerungen an frühere Ereignisse hervorruft, schließen das Scheitern aus. Der lineare Geschichtsablauf soll durch den einer in sich geschlossenen kreisförmigen Bewegung ersetzt werden. Das Bewusstsein des Zeitablaufs soll durch das Bewusstsein einer Wiederkehr des Gleichen ersetzt werden.

Der Härtlingsche Niembsch wird zum Lüstling, der sich zum Vorbild Don Giovanni nimmt. Nach dem Vorbild Don Giovannis versucht er, der Zeit durch die erotische Selbstvergessenheit, die er als reale Ausprägung der Wiederholung sieht, zu entkommen. Der Künstler gibt zu: „in Helens Armen äffte ich die Realität Giovannis nach […]" (N. 17) Durch die ständige Wiederholung des Beischlafs mit verschiedenen Frauen versucht er, den Erinnerungen zu entlaufen: „Ich merkte, dass die Übergänge von der einen zur anderen keine sind: plötzlich verlöschen die Gesichter; die Gesten werden einander gleich, die Lockungen, die Liebkosungen, die Wörter und die Wortlosigkeiten. Zerline und Zerline und Zerline." (N. 17/18) Den Höhepunkt erreicht sein Experiment im Moment des Beischlafs mit den Schwestern Winterthaler in Stuttgart. Die sehr ähnlich aussehenden und sich benehmenden Frauen sind für Niembsch kaum auseinander zu halten. Wenn sie zu dritt in einer Intimsituation sind, glaubt Niembsch Gleichheit, Verdoppelung und Aufhebung der Zeit zu erleben. Die ständige Wiederholung, wo die Gestalten, die Ereignisse, ihre Grenzen, Konturen verlieren, ermöglicht dem Künstler sowie seinem Vorbild den Zustand des Stillstandes zu erreichen. Das Experiment, der Zeit zu entlaufen, entzieht ihn der Gegenwart. Es bewirkt die Melancholie. Seine Umgebung nimmt es als Verstörung wahr, als bewusst durchgeführter Bruch aller Kontakte und Verbindungen. Die Hauptfigur wird zu Niembsch, der schrittweise in Entfremdung zu sich, zu anderen, zu jeglichen Situationen gerät. „Er spürte sich nicht mehr, er lebte von sich selbst getrennt" (N. 12) heißt es an einer Stelle. Mit der Zeit entfernt er sich von seiner Mutter: „sie wurde ihm fremd" (N. 35). Schließlich entfernt er sich von seinen Frauen. Über die Beziehung zwischen ihm und seiner Liebe Karoline von Zarg, liest man an einer weiteren Stelle: „[…] sie empfand, unter seinem Blick, dass sich der Raum zwischen ihr und ihm unendlich auszuweiten begann, so sehr, dass sie nicht mehr daran glauben mochte, sie könne ihn je wieder fassen […]" (N. 25) Den Gedanken über Stillstand, Wiederholung, Tod, Liebe und Zeit folgend entfremdet sich der Härtlingsche Niembsch allmählich von der Welt. Der Künstler begibt sich aus der sozialen Realität in sich hinein. Er tritt den Weg nach innen an. Sein Problem mit der Zeit sieht er zusätzlich in der Sprache, deren sich der Künstler bedient. Die Wörter selbst lösen Assoziationen an frühere Verwendungs- und damit Erfahrungssituationen aus, enthalten Erinnerung. Weil der Sprecher an Sprache gebunden ist, ist er auch an Erinnerungen gebunden. Niembsch versucht eine Sprache zu erarbeiten, die keine Kommunikation möglich macht: „Ich wünschte mir, Zarg, eine Sprache zu finden, die noch niemand gesprochen hat. Eine Sprache, geschichtslos und rein. Wörter, die leer sind, von ungebrochener Resonanz. Diese Wörter binden sich nicht aneinander, kennen keine grammatikalische Verschwisterung. Doch werde ich sie nicht dürftig schelten. Ich werde Wort für Wort aussprechen, jedes nur ein einziges Mal, damit sich keines anreichere mit Erinnerung. Ich werde das Wort aussprechen und es vergessen. So wird das Wort auch mich vergessen." (N. 148) Niembsch will das Wort aussprechen und vergessen, so der Erinnerung zu entgehen. Der Versuch misslingt jedoch: „Seine Lippen waren feucht, als wüssten sie noch, was Sprache ist. Er redete nicht." (N. 175) Der Künstler empfindet die Sprachkrise. Die neue Sprache ist der Impuls für Verstummen, für Versinken in eine eigene Welt. Damit bereitet er seine Umnachtung vor, in die ihn der Tod Karolines, der wiederum ihn an den Tod der Mutter erinnert, stürzt. Wenn Karoline von Zarg stirbt, bricht er zusammen, weil die Liebe trotz aller Entfremdung unzerstörbar blieb. Über seine Lippen soll kein Wort mehr kommen. Die Sprache verliert im Zustand äußerster Weltfremdheit jeden Sinn. „Im Schweigen findet der Stillstand seinen letzten, vollkommensten Ausdruck"[225].

3.2. Friedrich Hölderlin – Zerrissener zwischen Ideen und Wirklichkeit

Friedrich Hölderlin ist der zweite schwäbische Dichter, mit dem und dessen Fremde sich Peter Härtling in der Hölderlin-Biographie Hölderlin. Ein Roman auseinander setzt. Die familiären Verhältnisse beschränken sich bei Friedrich Hölderlin auf die Mutter-Sohn-Beziehung. Der frühe Verlust des Vaters und dann noch des Stiefvaters trägt zum idealisierten Vaterbild bei: „Seine Phantasie bewahrte die Väter, verschwieg oder vergrößerte sie, machte sie zu Helfern, zu Führern, wiederholte sie in bewunderten Freunden oder vergeistigte sie in Sätzen, in Gedichten, diesen zweiten Vaterländern, in denen die Mütter wenig zu suchen haben." (H. 34) Die Welt, die ihn zur Zeit der Kindheit umgibt, ist die von Frauen bestimmte. Dem idealisierten Vaterbild setzt der Härtlingsche Erzähler die „fromme, der Enge und Strenge des Pietismus verpflichtete" Mutter (H. 596) entgegen. Zwar sind die „Schatten der Väter" (H. 34) stärker, doch die Mutter wird im Roman zum Sinnbild der Geborgenheit: „[…] jede Heimkehr ist eben auch eine Flucht ins Mutterhaus […]" (H. 34) An einer anderen Stelle: „Die Mamma ist der warme, immer vorhandene, in der Fremde imaginierbare Hintergrund einer labilen Existenz." (H. 69) Die „Kinderlandschaft"[226] ist die Frauenlandschaft: „Jetzt sind sie da, sind um ihn. Sie verwalten die Wirklichkeit. Sie planen und bereden die Zukunft. Auf sie ist Verlass. Ihr zurückgenommener

---

225 M. Tabah: *Peter Härtlings Erzählung… op. cit.,* S. 192.
226 P. Härtling: *Der Wanderer… op. cit.,* S. 118

Schmerz überträgt sich auf ihn als eine dauernde Stimmung, als ein ‚Hang zur Trauer'." (H. 34)

Da auf die Mutter Verlass ist vertraut Hölderlin ihr auch seine Berufskarriere an: „Sie dachte in engen Wirklichkeiten, wünschte, dass er Pfarrer werde." (H. 15) So werden Hölderlins Probleme auf private und soziale Ursachen zurückgeführt, denn nicht nur die Mutter, sondern auch die Lehrer erwarten von ihm die Pfarrerkarriere. Der Idee blieb die Mutter lebenslang treu. Hölderlin wird diesen Werdegang wegen dessen Enge und Beschränktheit niemals akzeptieren. Schon am Anfang in der evangelischen Klosterschule in Denkendorf vermutet der Härtlingsche Erzähler die Abneigung des jungen Hölderlin gegen den Pfarrerberuf: „Er hat sich nicht gewehrt, wie einige andere, er hat sich in die Pflichten geschickt, obwohl er vielleicht damals schon entschlossen war, nicht Pfarrer zu werden, sondern zu schreiben." (H. 65) Es ist die Zeit, wo sich Hölderlin fügen lernt. Sich fügen, sich nicht einmischen und in die Kunst flüchten, ist der Weg, den Hölderlin eingeschlagen hat, wie der Erzähler es vermutet: „Merkt er wirklich die Kargheit nicht, den Druck, die Rohheit? Oder flieht er jetzt schon in die rettende Phantasie?" (H. 65) Als Jugendlicher lernt er in zwei Wirklichkeiten leben. Die erste ist die Alltagsrealität, in der er sich anpasst, gegen die er sich nur in Andeutungen äußert, die zweite ist die Wirklichkeit der Antike und Literatur, die für ihn eigentlich die wichtigere ist. In Maulbronn wird Hölderlin erwachsen: „Er leidet unter seinen Gefühlen, flüchtet sich in Krankheiten, kann sich verschließen wie eh und je [...]" (H. 106) Seine Abneigung gegen den Pfarrerberuf eskaliert. Sein Freund Christian Ludwig Bilfinger (1770–1850) ermuntert ihn: „Du hasch koin Hang zum Pfarrer, Fritz, des woisch doch. Sag's. Erklär's." (H. 109/110) Die Mutter hat jedoch dafür kein Verständnis. Als Pfarrer könne er auch doch Gedichte schreiben. „Er verhalte sich besonnen, nur zwinge man ihn fortwährend, gegen seine Vorstellungen zu handeln." (H. 141) Erst in Tübingen kommt es zum Umbruch: „Er ist aufgewacht aus der Ergebenheit, aus der ihm in sechs Seminarjahren eingeredeten Demut. Mit einem Mal sieht er, was um ihn herum geschieht, hält sich nicht an die von Lehrern, Verwandten und der Mutter gezogenen Grenzen." (H. 137/138) Auf die vielfach wiederholte Bitte, einen anderen Weg einschlagen zu dürfen, hört er ständig die trockene Antwort der Mutter: „Des isch e vorgezeichneter Weg, Fritz. Den haben wir eingeschlagen und den musst du gehen." (H. 163) Dies hat zur Folge, dass Hölderlin sich immer weiter von der Alltagswirklichkeit entfernt. Die Anerkennung und Verständnis seiner Umgebung bleiben ihm versagt. Am Alltag hat es im Grunde genommen, von kurzzeitigen Freundschaften im Stift abgesehen, keine Gesprächspartner. Schrittweise zieht er sich in sich selbst zurück, beginnt zu schreiben, Zuflucht in seiner Dichtung zu suchen.

Zur Übereinstimmung mit der Gesellschaft kommt es nur vorübergehend während der Französischen Revolution, die ein neues Menschenbild vorschlägt. Solche Begriffe wie Freiheit, Gleichheit, Brüderlichkeit und Humanität sollen ihm nicht mehr fremd sein. Die Überzeugungskraft der Argumente sowie die Einsichtsfähigkeit des Menschen sollen an Bedeutung gewinnen. Den Widerstand des obwaltenden Systems zieht der Dichter nicht in Betracht. Die Zeit der Revolution ist seine Tübinger Zeit. Im Tübinger Stift wagt er die „entgültige Flucht" (H. 134) vor dem von der Mutter vorgeschriebenen Leben, vor der Pfarrerkarriere, indem er sich bei Charlotte von Kalb in Walterhausen als Hauslehrer versucht. Als Lehrer hofft Hölderlin einen neuen Menschen nach den ideologischen Richtlinien der Revolution auszubilden. Sehr schnell bemerkt er jedoch die Unvernünftigkeit des Menschen. Auch seine Position erfährt er als eine recht- und einflusslose. Die Inhalte, die er vermitteln darf, sind die von dem „Arbeitgeber" bestimmten. Er kann seinem Zögling nur das beibringen, was die Eltern, die aus dem Adelstand stammen, akzeptieren. Die Gründe, die den ersten Versuch, sich als Hauslehrer zu verdingen, ausschließen, werden auch für andere Versuche auf dem Bildungsgebiet eminent. Der gescheiterte Versuch, sich als Hofmeister zu niederlassen, trägt dazu bei, dass er sich nach Nürtingen zur Mutter zurückzieht. Den unaufhörlichen Bitten der Mutter, die Pfarrerkarriere anzutreten, kann der Härtlingsche Hölderlin nicht standhalten. Ungeduldig wartet er auf eine neue Stelle, inzwischen muss er „vorwurfsvolles Schweigen" (H. 345) der Mutter ertragen, dass ihn aus dem Hause in die Natur treibt. Die neue Stelle des Hauslehrers der Kinder von Jakob Gontard, die er 1796 antritt, bringt ihn auch nicht voran. Die Liebe zu Susette Gontard, den Prototyp der Diotima in *Hyperion* sein sollte, erregt Jakob Gontards Zorn, was die Beendigung Hölderlins Tätigkeit im Haus des Bankiers zur Folge hat. Sein Verhältnis mit der Bankiergattin scheitert an den sozialen Unterschieden. Auch die Versuche der Gründung fortschrittlicher Zeitschriften werden zum Scheitern verurteilt, sei es aus politischen, sei es aus finanziellen Gründen.

Über Homburg, Stuttgart, Hauptwil kehrt Hölderlin wieder nach Nürtingen zurück. Die Heimkunft – die Kindheitserinnerungen des Künstlers werden wach: „Er läuft, wie von einer Schnur gezogen, seiner Kindererinnerungen nach [...]" (H. 501/502) – betrachtet Nicole Hess als „Regression in die Kinderlandschaft"[227]. Die Heimkunft ist aber kein Segen für ihn. Erneut wird ihm sein Leben gestaltet: „Johanna nimmt an, er habe keine Kraft mehr, von neuem aufzubrechen. Er solle sich erholen und dann dem Consistorium seinen guten Willen mitteilen.

---

227 Vgl.: N. Hess: *„Die Fremde ist das Normale"*... op. cit., S. 37.

[…] Dann müsse er seine Pfarrstelle annehmen." (H. 517) Nürtingen wird schon wieder nur zur Zwischenstation, das Gedränge der Mutter lehnt er ab. Das Zuhause wird nur zur vorübergehenden Zuflucht, wo er Schutz und Hilfe nach der Schweizer Niederlage als Hauslehrer aufsucht. 1801 unterrichtet er in Hauptwil in der Schweiz die jüngere Schwester des Kaufmanns Emanuel von Gonzenbach. Nicht drei Monate verstreichen, bis ihm gekündigt wird und er die Heimreise antritt. Zwischen ihm und der Umgebung, den Schwestern, der Mutter kommt es zur immer tieferen Kluft, bis er konstatiert: „Er kann nicht bleiben, ihn hält nichts mehr." (H. 518) Die letzte Flucht führt ihn 1802 nach Bordeaux in Frankreich, wohin er zu Fuß reist, und wo er eine Tätigkeit als Hauslehrer der Kinder des Hamburger Konsuls und Weinhändlers Meyer findet. Nach einigen Monaten kehrt er aus ungeklärten Gründen wieder nach Nürtingen zurück. Die Strenge der oft unternommenen Wanderschaften, die schleichende psychophysische Erschöpfung des Körpers, die allmählich schleichende Umnachtung sind die Gründe, warum er am 11. September 1806 von Homburg nach Tübingen, in das Authenriethsche Klinikum eingewiesen wird.

Hölderlins Lebensdaten (1770–1843) umfassen das Zeitalter der Französischen Revolution vom Jahre 1789. Die Revolution und deren Einfluss auf Hölderlin werden zum Mittelpunkt des ganzen Romans. Der Künstler erfährt, wie alle seine Zeitgenossen, die Nachricht aus Paris, wo sich der Dritte Stand der Ständeversammlung im Juni zur Nationalversammlung, zur alleinigen Vertretung des französischen Volkes proklamiert[228] hat. Er hört von der Absicht, eine Verfassung auf der Grundlage von Volkssouveränität und Menschenrechten zu verkünden. Der Zeitgenosse der französischen Revolution, Hölderlin, wird auch von dem blutigen Ausgang der Revolution und dem revolutionären Terror der Jahre 1793–1794[229], was er, wie die meisten deutschen Intellektuellen, als Katastrophe der Vernunft empfunden hat, in Kenntnis gesetzt. Der Härtlingsche Hölderlin erlebt die Jahre ganz bewusst, ist nicht wie einer dargestellt, der sich jeglicher politischer Anteilnahme entzieht. Er ist derjenige, der der Illusion der revolutionären Gedanken verfällt, der diese Gedanken teilt und unterstützt, der sogar an der Desillusion zerbricht. Den politischen Aktionisten, Isaac von Sinclair und Johann Gottfried Ebel, fühlt er sich nahe: „Ihre Leidenschaft bezieht ihn an." (H. 151) Nur vor der Umsetzung der Idee in die Wirklichkeit schreckt er jedoch immer wieder zurück. „Die Revolution ließ Hölderlin nicht aus. So sehr er sich auch wehrte gegen Übertreibung, unsinnige Konfrontation."

---

228 Vgl.: H. Schulze: *Kleine deutsche Geschichte*. München 1996, S. 80.
229 Vgl.: Ebenda.

(H. 242) An einer anderen Stelle heißt es: „Es ist die Lehre der Kindheit, sich nicht einzumischen." (151) Härtlings Hölderlin rechtfertigt und idealisiert die Französische Revolution: „Seine Ideen wollten das Gemeine, den blutigen Rand nicht wahrnehmen, vielleicht auch nicht wahrhaben [...] Sie hatten, von Anfang an, die Entwicklung idealisiert, selbst der Königsmord hatte sie nicht irritieren können, denn schließlich war mit der Verurteilung Ludwigs XVI. der Republik der Weg freigegeben – erst als die Revolution sich selbst zerstörte, die Tage der Schreckensherrschaft anbrachen, zogen sie ihren Anspruch an die Republik zurück." (H. 231/232) Auch dann, wenn die Revolution zum Scheitern verurteilt ist, schreibt er an den verbitterten Johann Gottfried Ebel nach Paris: „Da die Gegenwart die Gedanken über Demokratie, Weisheit, Vernunft des Menschen ausschlägt, muss man sie in die Zukunft werfen. Verloren gehen können sie nicht mehr, verraten dürfen sie nicht werden." (H. 404) Hölderlin kann die Gegensätzlichkeit der Revolution nicht akzeptieren, dass sie „sich als Idee zunächst aufheben muss, um sich durchsetzen zu können."[230] Die Realität kann er nicht in Kauf nehmen.

Die Freundschaft mit Isaac von Sinclair bringt die Konturen der Zerrissenheit beim Künstler deutlich hervor, weil Sinclair als der Täter und Hölderlin als der Denker geschildert wird: „Vor allem Sinclair erinnerte sich sein Leben lang an die ernste Leidenschaft Hölderlins, an seine Entschiedenheit, das Denken dem Handeln vorzuziehen. (H. 330) Die Gewalttätigkeiten der Revolutionäre lassen ihn an Praxis der Revolution zweifeln, was wiederum seine Identitätskrise verschärft: „Es ist mir schwergeworden, Sinclair, ich hätte ein Täter sein wollen, ich habe es auch versucht, doch immer erschrak ich darüber, dass ich im Handeln die Idee vergaß." (H. 331) Hölderlin gibt zu, dass das Denken ohne Tat nicht möglich ist, und dass er zum Täter nicht geschaffen ist: „Ohne sie [Tat] kann der Gedanke für die Allgemeinheit nicht sichtbar werden [...] Der Täter in mir, Sinclair, ist zu schwach ausgebildet." (H. 333) Der Konflikt zwischen Denken und Handeln bildet das „Kernstück des Motivs der Zerrissenheit"[231], dass mehr und mehr zum In-Sich-Wenden, also zur inneren Emigration führt. Das Auseinanderklaffen zwischen Ich und Welt, Ideen und Wirklichkeit, Denken und Handeln versucht der Härtlingsche Hölderlin im dichterischen Werk[232] aufzuheben: „Denn Hölderlin hatte viel früher als Sinclair erkannt, dass die Verhältnisse nicht günstig waren, das Volk nicht bereit zu einer Revolution. Beide litten sie

---

230 B. Dücker: *Peter...* op. cit., S. 82.
231 H. Fritsch: *Peter Härtlings „Hölderlin"...* op. cit., S. 64.
232 Vgl.: N. Hess: *„Die Fremde ist das Normale"...* op. cit., S. 39.

unter diesem Widerspruch. Hölderlin konnte ihn immerhin aussprechen und projizierte ihn schließlich, bevor er zerbrach, in das unendliche, vieldeutige, doch nach einem einzigen Ziel suchende Gedicht." (H. 577/578) Ähnlich wie die anderen Dichter begibt sich Hölderlin auf die innere Wanderschaft. Noch einmal kommt es zu seiner Übereinstimmung mit der Umgebung, wenn er die Nachricht über Frieden von Lunéville vom 09. Februar 1801 erfährt: „Die Nachricht versetzte Europa in einen Freudenrausch. Und Hölderlin, der den Frieden als individuelle Erlösung erhoffte, fühlte das Einverständnis zwischen sich und der Welt wiederhergestellt." (H. 512/513)

Erzählt bekommen wir, wie Hölderlin die Erfahrung einer zunehmenden Entfremdung von Ideen und Wirklichkeit der Revolution, von Gedanke und Tat in den Werken wie *Hyperion*, *Empedokles* und einer Reihe von Gedichten verarbeitet. Die Texte werden nicht interpretiert. Vielmehr werden sie als Reaktion auf die den Künstler umgebenden Welt erklärt. „Mit Hyperion und Empedokles, die beide um der Reinheit der Idee willen eine revolutionäre Tat nicht aushalten, kann Hölderlin sich identifizieren, er kann sich in sie hineinspiegeln."[233]

Der Härtlingsche Hölderlin beteuert zwar in seinen Briefen und in den fiktiven Gesprächen mit einer Reihe von den Jakobinern sein politisches Engagement, doch der Begriff Freiheit wird für ihn beim Zusammentreffen mit der Wirklichkeit zur Bedrohung. Vor jedem Handeln scheut er zurück. Deswegen bemerkt Hildegard Fritsch ganz gerecht, dass der innere Konflikt zwischen Idee und Tat „das Kernstück des Motivs der Zerrissenheit"[234] bildet, was allmählich zu Hölderlins Umnachtung führt. Der erste Anlass zu der inneren Krise, die ihre Nachwirkungen hinterlässt, ist die Klosterschule, die der Dichter nach dem Willen der Mutter angetreten hat. Da Hölderlin Jura wie sein „erster" Vater studieren wollte, bat er die Mutter mehrmals, die Schule verlassen zu dürfen. Nicht genug Kraft habend fügt er sich der aufgezwungenen Rolle. Mit der Zeit beginnt der heftige Stimmungswechsel, die Melancholien nehmen überhand, in der Figur erwacht der Geist des Außenseiters, der ihn an den Rand der Gesellschaft führt. Die immer wieder scheiternden Versuche, sich als Hauslehrer zu niederlassen, die sich ständig vertiefende Kluft zwischen dem Künstler und der Familie und der Gesellschaft, die Unmöglichkeit, die Ideen mit der Wirklichkeit zu verbinden, führen zur allmählicher Entfremdung. Die Fremde verursacht die Flucht in die Kunst, in sich hinein, was wieder zur Krankheit führt. Resümierend ist es zu bemerken, dass die einzige Möglichkeit, die einzige Rettung für den in

---

233   B. Dücker: *Peter...* op. cit., S. 83.
234   H. Fritsch: *Peter Härtlings „Hölderlin"...* op. cit., S. 64.

der Zeit, im Beruf und der Familie Heimatlosen, für den Entwurzelten ist der Weg nach innen und schließlich die Umnachtung.

3.3. Eduard Mörike – An der Welt leidender Dichter

Der Künstler der Zeit der Romantik, dessen Leben und Werk eng mit Württemberg verbunden ist, ist Eduard Mörike. Seine Laufbahn unterscheidet sich nicht viel von der Hölderlinschen. Die Restauration, also die nachnapoleonische Zeit zwischen 1815 und 1830, bildet bei ihm die geschichtlichen Kulissen. Hinzu kommen die familiären Verhältnisse. Mörikes Vater, Karl Friedrich Mörike, Arzt vom Beruf, stirbt wie der Vater Hölderlins sehr früh. Die Familie muss um finanzielle Sicherung kämpfen. Die starke Mutter bestimmt ähnlich wie bei Hölderlin den weiteren beruflichen Werdegang, nach den Worten, die dem Roman *Hölderlin* zu entnehmen sind: „Sie [die Mütter] beginnen den Lebensweg ihrer Kinder über den eigenen Tod hinaus abzustecken." (H. 352) Auf dem Sohn lastet wieder der Erwartungs- und Anforderungsdruck. Deswegen beginnt Eduard Mörike 1818 auf Wunsch der Mutter ein theologisches Studium in Urach, das er in Tübingen am Tübinger Stift in den Jahren 1822–1826 fortsetzt. Nach dem Examen und nach einigen Vikar-Stellen in Württemberg wird er protestantischer Pfarrer (1834–1843) in Cleversulzbach. Die Mutter und die Schwester Mörikes wohnen mit ihm im Pfarrhaus. Nur einmal wagt er aus den Grenzen hinaus. 1828 versucht er, den Weg eines freien Schriftstellers einzuschlagen, was jedoch scheitert.

Der Härtlingsche Mörike fügt sich dem von der Mutter vorgeschriebenen Leben, wie sein Vorreiter. Er schickt sich in das mütterlicherseits für ihn geplante Theologiestudium. Die Mutter gewinnt bei ihm eine beinahe allmächtige Bedeutung. Er akzeptiert den Rollenzwang, der zum Rollenspiel hinführt. Dies verursacht die Entfremdung. Dem Forscher Nicole Hess zufolge entspricht dieser Zustand dem „Schicksal des In-der-Zeit-Seins"[235]. In der Erzählung *Die dreifache Maria* ist die Mutter zum Sinnbild der Zuflucht. Wenn seine Liebe „unerwartet" (M. 5) und unerwünscht in Tübingen auftaucht, der einzige Gedanke, der ihm durch den Kopf geht, ist die sofortige Flucht nach Hause: „I mueß hoim, sagt er. I mueß hoim!" (M. 5) Der für Liebe unfähige Künstler sieht seine Rettung nur in der Flucht nach Hause, zur Familie. „I mueß fort, des isch ja wahr, i mueß fort." (M. 25) erklingt in der ganzen Erzählung wie ein Refrain. Fort vor Liebe zu Maria, fort vor Verantwortung, fort vor Last, – das erreichen zu müssen, was seinem zu früh gestorbenen Vater verwehrt wurde: Anerkennung, Einfluss, Macht – die

---

235 Ebenda, S. 52.

ihm die Mutter aufgebürdet hat. Zur Mutter zieht sich der auch schon erwachsene Mörike zurück. In der Mutter will er das Sinnbild der Geborgenheit sehen: „Er musste fort, nach Hause zur Mutter, zu den Geschwistern. I mueß hoim." (M. 5) Sie sollte ihn doch wie früher mit offenen Armen, verständnisvoll und tröstend aufnehmen. Auf das Gegenteil trifft er zu Hause: „Sie setzten ihn mehr und mehr ins Unrecht. Mutter, die bei den Mahlzeiten beleidigt schwieg, Luise, die sich betont den anderen Geschwistern widmete. Er fing an, sich selber zu misstrauen [..]" (M. 96)

Die Zwischenzeit verursacht die Entfremdung des Künstlers von der Familie. Die Fremdheitserfahrung hat ihren Grund in der starken Mutterfigur. Durch sie nach dem Tode des Mannes die weibliche und männliche verkörperte „Ernährer-/Erzieherrolle"[236] verstärkt bei Mörike die Angst vor Ungenügen und Versagen. Die starke Mutterfigur, das gebrochene Verhältnis zur Mutter macht seine Frauenbeziehungen unmöglich. Wie gesagt, die Geborgenheit findet er zu Hause bei der Mutter nicht. Die Entfremdung schleicht allmählich. Der zur Tat unfähige Mörike bleibt jedoch zu Hause: „Selbst wenn es ihn fortdrängte, wollte er im Grunde doch bleiben. Er beruhigte sich allmählich, erhob sich und sagte, zu seiner Mutter gewendet: Du hasch koi Schuld, Mama. I ben so. Er wolle jetzt auf sein Zimmer gehen und bitte darum, nicht gestört zu werden." (M. 25) Mit dem Satz: „Du hasch koi Schuld, Mama." wird es doch deutlich, wer für seinen Zustand verantwortlich ist, obwohl der Interessierte es ablehnt. Er bevorzugt nicht die geographische sondern die innere Flucht, die in Krankheit endet: „Er musste krank werden; das gelang ihm schon als Kind nach Belieben". (M. 6) Und weiter: „Bei den geringsten Schwierigkeiten verschanzte er sich im Krankenbett." (M. 45) Die Angst vor Verantwortung, die die Liebe zu Maria Meyer bringen könnte, ruft bei ihm ebenfalls Krankheit hervor: „Es ist eine Krankheit. Tagelang bleibt er im Bett, leidet unter jäher Hitze und Atemnot, und Doktor Schelling beklagt seine ärgerliche Anlage zu Nervenfieber. Es ist aber eher die Mutlosigkeit, eine dauernde, ihn lähmende Schwäche." (M. 14) konstatiert der Härtlingsche Erzähler. An einer anderen Stelle spricht der Erzähler von der Melancholie, die als Schwelle zur Krankheit ausgelegt werden kann: „Er braucht sich gegen die Melancholie nicht mehr zu wehren, könnte auch nicht. Er zieht sich wieder ins Bett zurück […]" (M. 28)

Was geschildert wird, ist das für Mörike persönliche und dichterische Entwicklung entscheidende Erlebnis, seine Begegnung mit Maria Meyer, die als Peregrina in seine Gedichte und als Zigeunerin Elisabeth in den Roman *Mahler*

---

236   Ebenda, S. 55.

Nolten eingegangen ist. Das erste Kapitel der Erzählung *Die Flucht* berichtet über Mörikes Reaktion auf Marias plötzliches Auftauchen in Tübingen im Jahre 1824. Im zweiten Kapitel *Die Kinderbraut* wird Mörikes gescheiterte Jugendliebe zu Klärchen Neuffer beschrieben. Doch Mörikes Begegnung mit Maria wird als Impuls für seine dichterische Tätigkeit gestaltet. Das Wirklichkeitsverhältnis des Künstlers ist durch Angst vor dem Alltag gekennzeichnet. Seine Beziehung zu Klärchen Neuffer scheitert daran, dass er zu dichten beginnt. Mit seinem Freund Lohbauer hat er vor, sich über Ostern nach Ludwigsburg zu begeben, die Außenseiterin Maria kennen zu lernen: „Er [Mörike] ahnt, dass er den ersten Satz einer Geschichte gesprochen hat, die er nicht mehr widerrufen kann." (M. 72) Maria ist diejenige, die noch vor einer persönlichen Begegnung zu Lohbauer von Mörike als dem Dichter spricht: „Er müsse morgen früh einen Freund aus Stuttgart abholen. Sie hat sich erkundigt, weiß Bescheid: Den Dichter? Ja – wie kommen Sie darauf? [...] Und erst in ihrer Erwartung wird Eduard zum Dichter. Seinen Freunden hat er Gedichte vorgelesen, veröffentlicht aber ist noch keins. Er hat Gedichte gehofft, angesagt, Zeilen aus Strophen zitiert, die noch gar nicht vorhanden waren. Der Dichter, wiederholt sie, wie zur Bekräftigung." (M. 70/71) Von Anfang an sind sie sich nicht fremd: „Maria entwaffnete ihn, war ihm von Anfang an gewachsen." (M. 68) Durch sie eröffnet sich der Künstler den Erfahrungen, denen er bis dato ausgewichen ist. Maria verkörpert für ihre Umwelt die dunkle Seite der menschlichen Existenz, die auch den Künstler anzieht, „das Flüchtige, Schattenhafte, das dämonische Verführerische, die Freiheit von gesellschaftlichen Normen, kurz die geheimen Wünsche der Bürger."[237] Sie schlüpft in die Rollen, die von ihr erwartet werden, sei es in die der Vagantin, der Hilflosen oder der Zigeunerin. Marias Rollen haben für den sich immer in Ordnung rufenden Künstler eine unwiderstehliche Anziehungskraft: „Er begehrt sie, ohne sich, wie sonst, zur Ordnung zu rufen. Er hält sich nicht für verliebt, er wurde verwundet, und sein Kopf ist voller rasender Hoffnungen und Abenteuer." (M. 81) Der Höhepunkt ihrer Beziehung ist das Treffen im Garten, wo es zur „Übereinstimmung mit der Wirklichkeit Marias in produktive literarische Distanz umschlägt"[238], wo aus Maria Peregrina (Auswärtige, Fremde, Wahlfahrerin, Wandrerin) wird: „Noch nie hat er so stark empfunden, dass die Luft sich zwischen Menschen spannen, zum Vermittler von unausgesprochenen Hoffnungen, Wünschen werden kann. Und noch nie hat er sich danach gesehnt, dass jemand ihn einfach überwältigte und zu sich nähme." (M. 91) Mörike gibt sein

---

237 B. Dücker: *Peter...* op. cit., S. 89.
238 Ebenda.

Glück mit Maria auf zugunsten der dichterischen Annäherung an Peregrina. Das nächste Mal, wenn Mörike Maria tanzen sieht, vermutet er sie schon als Peregrina: „Sie tanzt. In der Lautlosigkeit werden ihre Bewegungen langsam. Da hat sie sich schon in Peregrina verwandelt. Er spürt ein Glück, das gar nicht zu ihm gehört, sondern von dem nächtlichen Bild aufgenommen wird […]" (M. 94/95)

Nach dieser Erfahrung zieht sich der Künstler wieder nach Stuttgart zu seiner Familie zurück, wo sein altes Verhaltensmuster wieder gilt. Jegliche Konflikte löst er wieder mit der Flucht bzw. mit der Konfliktveränderung. Seine Schwestern und dann Klärchen Neuffer sorgen dafür, dass er sich nicht wieder mit der von gesellschaftlichen Konventionen unabhängigen Maria trifft. Sie versuchen zu verhindern, dass Mörike aus der schon vorgesehenen Rolle, der bürgerlichen Karriere, ausbricht. In der Literatur sucht er die Rettung. Durch seine Dichtung braucht er den Weg seines Bruders August nicht einzuschlagen: „Der jüngere Bruder hat sein falsch begonnenes Leben beendet. Er hat es nicht mehr ertragen. Er hat Gift genommen, der kleine Bruder, er ist ausgeschert und hat über sich selber verfügt." (M. 28) Der familiären Bevormundung und den beruflichen Aufgaben entzieht er sich, indem er in die literarische Tätigkeit flüchtet. Die wirkliche Maria kann nun vergessen werden. Ihre Versuche der Kontaktaufnahme werden abgelehnt. Sie werden zur Anregung und Bestätigung Peregrinas, was wieder sein Selbstverständnis als Dichter bekräftigt. Seine Selbstverständigung als Schriftsteller, seine Dichteridentität wird dadurch schon reif sein.

Den Abschnitt über den Härtlingschen Eduard Mörike zusammenfassend kommt man zur Schlussfolgerung, dass bei diesem Künstler die familiären Verhältnisse für die Entfremdung ausschlaggebend sind. Der früh verstorbene Vater hat im Grunde genommen keinen Einfluss auf den Sohn ausgeübt. Nur indirekt ist er im Leben des Sohnes zugegen, und zwar in dem Sinne, dass die allmächtige Mutter in dem Ältesten den gesehen hat, der die Ideale des Vaters und ihrer selbst verwirklichen könnte und sollte. Da die Belastung für den Sohn zu schwer ist, wird er allmählich bewusst, dass er ihnen wird nicht stattgeben können. Die kleinsten Schwierigkeiten rufen bei ihm Heimweh hervor, was wieder die Heimkunft zur Folge hat: „Er hat das Gefühl, dass eine Krankheit ihn heimsuche. Ohne dass er es vorhat, findet er sich vor dem Elternhaus […]" (M. 79) Da die zwischenmenschlichen Beziehungen in der Familie mit der Zeit gestört werden, kommt es bei Mörike zu inneren und äußeren Krankheiten: „Ob Klärle sich vorstellen kann, wie man zu Fieber kommt, sich Schmerzen ins Fleisch und Pusteln auf die Haut denkt?" (M. 45) Die Krankheit ist für ihn einer der Auswege, der Mutter, der Verantwortung, der Liebe zu Maria Meyer zu entkommen. Der Härtlingsche Mörike ist ein an der Welt leidender Dichter. Er ist geschildert als einer, der zur Entscheidung und zum selbstständigen Leben untauglich ist, als einer, der auf jegliche Veränderungen mit Flucht reagiert, womit er als lebensunfähig gilt. Seine Liebe, vor der er flüchtet, kann nur im Gedicht ihre Verwirklichung finden. Seine Dichteridentität konnte nur deswegen reif werden, weil er in seinem Leben eine Außenseiterin getroffen hat, die seine Wünsche verkörperte. Zwar ist die Bekanntschaft nur vorübergehend, doch ausschlaggebend für seine dichterische Karriere. Ein anderer Ausweg, der Verwirklichung seiner Wünsche, deren Verdrängung sowie der Anpassung an das bürgerliche von der Familie bevormundete Leben zu entkommen, findet der Künstler in der Flucht in die literarische Tätigkeit, was wiederum seine Dichteridentität befestigt. Mörikes Dichteridentität ist also durch mehrere Faktoren gestaltet und bestimmt. In erster Linie sind es die familiären Verhältnisse, die die Entfremdung hervorrufen, hinzu kommen die gescheiterte Beziehung mit der Außenseiterin Maria, die diese Entfremdung stärkt, und schließlich seine Natur, die sich durch den Hang zur Melancholie und zum Träumen auszeichnet.

3.4. Wilhelm Waiblinger – Unbotmäßiger Dichter

Der Künstler, dem Peter Härtling seinen Roman gewidmet hat, ist Wilhelm Waiblinger. Eine andere literarische Epoche, in der der Dichter geschaffen hat, schließt es jedoch nicht aus, bei der Erzählfigur die Ähnlichkeiten mit den Romantikern festzustellen. Der ähnliche Werdegang – er studiert Theologie und Philologie in Tübinger Stift –, die Unverständlichkeit unter Zeitgenossen und in der Familie, die allmähliche Entfremdung von der Welt, die zeitliche und räumliche Nähe zu den Romantikern – er ist befreundet mit Eduard Mörike, besucht den umnachteten Dichter Friedrich Hölderlin in Zimmers Turm zu Tübingen – und schließlich die im Jahre 1826 unternommene Wanderschaft nach Rom lassen ihn wie einen der romantischen Außenseiter betrachten.

Den Härtlingschen Waiblinger trifft der Leser in dem Punkt, wo er sich mit der Familie auseinander setzt. Schon am Anfang wird der Künstler als Außenseiter vorgestellt: „Meine Vorstellungen wechseln, sagt er leise. Ich gleiche euch nicht. Ich bin ein vorzeitig aus dem Nest gefallener Vogel." (W. 8) In dem zweiten Kapitel erfährt man über den Vater-Sohn-Konflikt. „Ich habe dir, auch nachdem du ausgezogen bist, geholfen. […] Nur solltest du deiner Mutter und mir wenigstens ab und zu ein Zeichen von Liebe und Einsicht geben." (W. 9) Waiblinger ist sich der fortschreitenden Entfernung von der Familie und Entfremdung bewusst: „Jeder Besuch vergrößerte die Entfernung zur Familie. […] Die familiären Angelegenheiten ließen ihn gleichgültig. Die jüngeren Geschwister gingen ihm auf die Nerven mit ihrer plappernden Neugier und Anhänglichkeit." (W. 11) Weder Wärme noch Trost wartet auf den Künstler zu Hause. Die zwischenmenschlichen Beziehungen werden durch die Zeit gestört, zu Hause er-warten ihn nur Vorwürfe: „Jetzt, dachte er, könnte er mich umarmen, versuchen, mich aufzuhalten. Es würde mir wohl tun. Doch Vater hatte sich abgewendet, stand mit dem Rücken zu ihm, hilflos." (W. 10/11) Das Schlimmste haben der Vater und Sohn schon hinter sich. Die Handlung setzt ein, mit dem Moment, wo die beiden sich versöhnten, nachdem der Vater den Sohn wegen eines Selbst-mordversuchs – Waiblinger wollte sich das Leben nehmen wegen der unglückli-chen Liebe zu Philippine Hein – hinausgeworfen hatte: „Er nimmt mich wieder wahr. Ich muss dankbar sein." (W. 11) Schließlich geht es der Familie, vor allem dem Vater, mehr „um Anstand" (W. 11) als um den Sohn, der im Delirium liegt, dem er „die Tür wies" (W. 11).

Der anfänglich den väterlichen Anordnungen gehorsame Sohn tritt im Jahre 1822 das Studium der Theologie und Philologie in Tübinger Stift an. Auf diese Art und Weise beginnt ein neuer Abschnitt in seinem vom Rollenzwang be-stimmten Leben. Der vom Vater bedrängte Sohn, wird jetzt zum Sklaven des Stiftes, der im Stift obwaltenden Verhältnisse: „Noch immer, obwohl er nicht mehr im Stift wohnte, war er sein Gefangener. Eingeschränkt von Statuten, gegängelt von Regeln, beobachtet von Horchern und Spitzeln. Nichts entging ihnen." (W. 42) Anfänglich jedoch hat sich der Künstler das Stift als eine Art Zuflucht vorgestellt. Das soll das Gegenteil des Hauses sein: „Schon bei seinem ersten Besuch hatte er sich hier zu Hause gefühlt, eigentümlich beschützt. Hier, hatte er sich vorgestellt, würden sich wie von selbst Geister zum Gespräch fin-den, würden sich Freundschaften fürs Leben schließen lassen, ein stürmisches Bündnis mit dem Heiligsten möglich sein. Der ausladende Bau über dem Neckar wurde zur Verheißung." (W. 43) Er hat sich ein Trugbild geschaffen, das sehr schnell durch die Wirklichkeit korrigiert wird. Sein Zufluchtsort – Stift – wird zur Gefangenschaft. Sehr schnell stellt er fest: „Ich lebe unter Zwergen, unter Krämern, die sich Macht über Geist und Seele anmaßen […]" (W. 32) Seine im Stift geschlossenen Freundschaften mit Ludwig Amadeus Bauer und Eduard Mörike werden mit der Zeit lockerer, bis sie scheitern: „Ich fühle mich elend, meine Freunde haben es aufgegeben, mich zu verstehen." (W. 115) Die Entfrem-dung von den Freunden eskaliert: „Dennoch wurden die Tage auf dem Stift zu einer Tortur. Eduard, Bauer, Pfizer nahmen ihn zwar wahr, sparten ihn aber aus ihren Unterhaltungen aus." (W. 147) Das Bröckeln der Freundschaft fängt mit den Meinungsunterschieden zum Thema Dichtung an, was im Gespräch zwi-schen ihm und Eduard Mörike in Erscheinung tritt: „Das ist der Unterschied zwischen uns. Du hältst an, bevor das Leben geschieht. Mit einem Gedicht fin-dest du dich ab, nein, nimmst alles vorweg. Das genügt dir. […] Aber ich kann das nicht. Ich lebe nicht, wenn ich mich nicht auslebe. Ich muss lieben, Eduard, anbeten, mich verlieren, wiederfinden." (W. 25/26) An einer anderen Stelle setzt Waiblinger fort: „Wenn ich mir's genau überlege, schreibst du Gedichte von einem Leben, das dir im Gedicht genügt, und ich bin auf der Suche nach einem Leben, um Gedichte schreiben zu können." (W. 27) Damit wird dem Tatendrang Waiblingers die Mörikes Unfähigkeit, zu leben, die in der früheren Künstlerbiographie thematisiert wird, entgegengesetzt. Die Einstellung zur Liebe ist ein weiterer Punkt, wo die Freunde auseinander kommen. Waiblinger wirft Mörike vor, sich nicht engagieren zu können, vor Liebe und Verantwortung, vor einem anderen Menschen zu flüchten, ohne ihn zu ergründen: „Ihr seid nie versucht, Grenzen zu übertreten, das Unbekannte dahinter zu ergründen. Ihr liebt einen Menschen, empfindet aber nicht einen Moment lang die Sehnsucht, dieser Mensch zu sein. Das will ich." (W. 27) konstatiert Waiblinger, wenn Eduard Mörike ihm seine Liebe zu Maria Meyer erklärt: „Maria blieb in ihrer Welt unerreichbar für mich. Und ich in meiner, so denke ich ebenso für sie." (W. 26) Der weitere Impuls für die zwischenfreundliche Auseinandersetzung bilden die gesellschaftlich-religiösen Normen, die der Liebe Waiblingers zu Julia Michaelis im Wege stehen. Zwar sehen sich alle als tolerant an, was die Religion von sie verlangt, doch lassen sich Bemerkungen seitens der Freunde hören, dass Julia Michaelis nicht „unserer" Religion angehört. Die Worte Mörikes: „Es sind Juden, Wilhelm. Allerdings getauft." (W. 28) erregt Waiblingers Zorn: „Getauft? Sie haben den Segen, unseren, Eduard! um von uns geduldet zu werden. Das ist mir gleich. [...] Ich mag ein Judenmädle, ein Heidenkind! [...] Ich pfeife auf euren Segen." (W. 29) Der religiöse Konflikt beschränkt sich nicht auf die Freunde, er erweitert sich auf das Stift, auf die Gesellschaft, schließlich erspart ihm der Ephorus aus der Tübinger Stift die Bemerkung nicht: „Es sind Juden, getaufte zwar, dennoch Juden." (W. 54)

Der Härtlingsche Waiblinger ist auch durch geopolitische Umbrüche beeinträchtigt. Mit der Französischen Revolution setzt er sich in einem ausgedachten Gespräch, das er mit einem Unsichtbaren führt, dessen Stimme der seines Freundes Anton Friedrich Eser gleicht (W. 65), auseinander. Durch dieses Gespräch macht sich Waiblinger bewusst, dass die Ideale der Revolution: „neue Namen und Begriffe: Gleichheit, Freiheit, Gerechtigkeit [...]" (W. 67) verloren gegangen sind. Übrig geblieben sind: „ein ewiges Gemetzel, [...] die Trümmer von Gebäuden, die nie erbaut wurden, [...] Eigennutz, Dünkel, Hass und Machtstreben." (W. 68) Der Künstler kommt zur Einsicht, dass er wieder mal gezwungen wird, weil die „Einschränkung der Freiheit durch die Willkür eines anderen Zwang heißt [...]" (W. 67) Ein weiterer, diesmal politischbedingter Zwang in seinem schon von der Familie, dem Stift und der Gesellschaft eingeschränkten Leben. Die „Eiszeit" (W. 65) herrscht über dem Leben Waiblingers, wie der Künstler das

Zeitalter der Restauration nennt. Der stärkste Zwang der Zeit kommt für Dichter seitens der Zensur. Nur einmal wird an Waiblinger eine Frage zum Thema Auswirkungen der Zensur gestellt. Die ist für ihn kein Faktor, der seine Poesie auf irgendwelche Art und Weise beeinflussen könnte: „Sie [die Zensur] beschäftigt mich nicht. Ich bin nicht abhängig von ihr. [...] Wer, schreibend, an die Zensur denkt, denkt schon mit ihr." (W. 100) Dadurch kommt wieder sein Drang zur Unabhängigkeit, zur Freiheit, zum Ausdruck: „Ich lebe ein Leben jenseits der Zensur." (W. 100) bekräftigt er seine frühere Äußerung, wodurch er sich als einen Unabhängigen und Unbotmäßigen ansehen will.

Der Konflikt mit der Familie, dem Vater, dem Freund, dem Stift und der Religion und schließlich mit der politischen Lage im Zeitalter der Restauration bewirken bei Waiblinger die Entfremdung, die Krise, die der Künstler zu ertragen sucht. Der anfängliche Rollenzwang, der, wie bei Eduard Mörike, zum vorübergehenden Rollenspiel wird, kann der Künstler nicht lange aushalten, denn er ist sich dessen bewusst, dass er „zu einem vorgeschriebenen Leben" (W. 116) nicht taugt. Der seines Ruhmes bewusste Dichter wiederholt es ständig, eingesperrt zu werden: „Ich bin ein Dichter. Doch eingesperrt von den Fantasien, Wünschen, Vorsätzen, Urteilen und Regeln anderer. Von Kind auf fügte ich mich Zwängen." (W. 164) Den Zwängen versucht er zu entkommen. Sie verursachen bei ihm die Fremde. Auf die Frage eines Unbekannten, ob er hier fremd ist, erwidert er: „Ja". Er hätte am liebsten hinzugefügt: „Wo bin ich es nicht?" (W. 76) Der Künstler hofft die Fremde mit der geistig-kulturellen Wanderschaft[239] zu ertragen. Auf die innere Flucht Waiblingers trifft man schon am Anfang. Die allmähliche Entfremdung des Dichters von seinem Vater neigt ihn zur eigenen Verdoppelung: „Er sah ihm zu. Sich ebenso. Das konnte er, seit er als Kind zum ersten Mal mit Puppen kleine Stücke gespielt hatte, wie im Traum aus sich hinausgetreten war, sich in der Szene sah, spielen ließ. Jetzt auch. Vor seinen Augen begannen er und der Vater sich zu bewegen, zu gestikulieren, erst stumm, nach einer Weile hörte er ihre Stimmen, etwas verändert, verstellt, und er war sicher, dass sie beide, sein Vater und er, gleich zu singen begännen;" (W. 9) Der Vater weiß, dass er den Sohn verliert, nicht mehr unter Kontrolle kriegen wird: „Ich kenne dich nur zu gut, Wilhelm. Du hast gar nicht zugehört. Du bist in Gedanken weit fort. Ich rede zu einem Tauben." (W. 10) Was mit der Verdoppelung in der Kinderzeit anfängt, entwickelt sich mit der Zeit zur Zweistimmigkeit Waiblingers Bewusstseins, was der Künstler in einem Brief an Eser beklagt: „Seine Empfindungen spalteten sich in eigene und beunruhigend fremde." (W. 62) Die Stimmen in seinem Kopf

---

239 Vgl.: Ebenda, S. 28.

finden den Auslass in der Literatur, in der Poesie (W. 160). Nach dem Besuch bei Hölderlin wird es Waiblinger klar, dass er sich mit dem umnachteten Dichter verbrüdert fühlt. Seinen Freund Eduard Mörike erstreckt er mit der Einsicht: „dass erst der Wahnsinn die Dichtung wirklich werden lasse, dass die Sprache erst jenseits der Grenze, die Hölderlin überschritten habe, die Äußerste, das Wesen des Fühlens und Denkens fassen könne und dass er, wenn auch auf anderen Wegen, Hölderlin folgen wolle." (W. 55) Die geistige Verwandtschaft zwischen ihm und Hölderlin kommt noch einmal zum Ausdruck, wenn er beim wiederholten Lesen der von ihm verfassten Darstellung *Hölderlins Leben, Dichtung und Wahnsinn* (gedruckt 1831) zur Schlussfolgerung kommt, der erste Satz spricht nicht nur von Hölderlin, sondern auch von ihm selbst. Der Dichter Waiblinger fühlt sich verlassen wie Hölderlin. Die Einsamkeit nimmt zu. Die Welt dreht sich mit dem Rücken zu ihm wie je der Vater (W. 11). „Als letzter hatte sich Eduard von ihm zurückgezogen." (W. 169) und „Auf dem Stift hielt ihn nichts und niemand. Die Freunde waren zu stummen Schatten geworden." (W. 173) Mit diesen Sätzen endet seine Idee, Leben mit Kunst zu verbinden. Dem verlassenen Dichter bleibt nichts anderes übrig, als sich auf die topographische Flucht zu begeben und einen neuen Zufluchtsort zu finden. Der Künstler entscheidet sich für Italien, das er seiner ersten Liebe Philippine Hein als „Zuflucht der Seligen" (W. 51) geschildert hat.

Waiblingers Einstellung zur Kunst wird an mehreren Stellen vermittelt, ihre Aufgabe wird mehrmals thematisiert. Der Künstler will „Leben und Literatur" (W. 91) vereinen. Er hat vor, „Schreiben und Leben zusammenzuführen, so zu verquicken, dass mein Werk und ich eins werden, das Leben die Dichtung und die Dichtung das Leben." (W. 94) Doch die Versuche der Durchführung des Programms werden nicht geschildert. Nur sparsam bekommt man die Titel seiner Werke erwähnt: „Er habe in den vergangenen zwei Jahren den *Phaëton* geschrieben, drei weitere Romane, ungezählte Gedichte." (W. 98) Die Auslegung seiner literarischen Texte bleibt dem Leser ausgespart. Die Entstehungsgeschichte seiner Werke wird im Roman dargestellt. Die innere Entwicklung zum Außenseiter, der sich fremd in der Familie, unter den Freunden, in der Gesellschaft fühlt, die Entwicklung zum unbotmäßigen Dichter, der seine Dichteridentität allmählich gewinnt und schließlich die Einsamkeit und Entfremdung, die ihn zur Flucht zwingen, sowie die Krise der Identität werden zu den Hauptmotiven der Künstlerbiographe. Im Roman lässt sich die Stimme der Erzählfigur hören, die ganz autoritativ konstatiert, indem sie sich auf das Programm der Romantiker bezieht: „Es gelinge ihm nicht, Leben und Dichtung zu vereinen. Die unerfüllte Liebe zu Julie zerre an seinen Nerven, an seiner Vernunft." (W. 98) Waiblingers allmählich schleichende Entfremdung und Entfernung von der Familie, den Freunden und der Gesellschaft entwickelt sich zur Einsamkeit, die der Dichter in der Poesie zu überwinden sucht. Aus dem Einsamen wird der Dichter-Außenseiter. Da sein Verständnis der Poesie, d.h. das Leben soll mit der Poesie verbunden werden, scheitert, so eignet sich die Poesie nicht für seinen Zufluchtsort. Den Ausweg aus dieser Lage, wo die Poesie seine Hoffnung nicht erfüllt, versucht er durch die Wanderschaft zu finden. Deswegen begibt er sich auf die geographische Flucht nach Italien, wo er seinen neuen Zufluchtsort erhofft.

3.5. Franz Schubert – Einsamer Musiker

Franz Schubert eröffnet eine neue Reihe der Künstlerfiguren, mit denen sich Peter Härtling beschäftigt. Diesmal werden die Musiker zu den Erzählfiguren, Musiker, die „Flüchtermusik" komponieren: „Was beide für mich schreiben, ist Flüchtermusik. Es ist Musik voller fluchtartiger Bewegung, diese Achtel- und Sechzehntel, vor allem bei Schubert, auch voller Flüchterangst, vor allem bei Schumann. Ich weiß wenige Komponisten, die so viel an Angst, Unrast, Sprungheftigkeit komponiert haben, vor allem und besonders in ihrer Klaviermusik."[240] Wie bei früheren Künstlern fängt auch bei Franz Schubert die Entfremdung, die Fremde, schon zu Hause an. Ein wirkliches Zuhause, ein „Nest" (W. 8) fehlt. Die früh verstorbene Mutter – sie stirbt 1812, wenn Schubert 15 Jahre alt ist – wird zur Stimme, die nur in den Erinnerungen geblieben ist. Ihre Stimme wird im Roman zur zentralen Metapher für seine künstlerische Identität: „Ich hatte kein Zuhause mehr, ich habe meine Mutter verloren, meine Stimme dazu [...]" (F. 82) konstatiert der Künstler. Die Stimme der Mutter kennt er aus allen anderen heraus: „Alle Leute kennt er an ihren Stimmen. Es sind dunkle und helle Stimmen, weiche und harte, Stimmen, die singen, Stimmen, die nur schimpfen können. Er kennt auch Stimmen, die sich immer aufgeregt anhören." (F. 22) Doch: „Mutters Stimme kennt er aus allen heraus. Sie fasst ihn an, holt ihn zu sich, ohne dass sie unbedingt nach ihm ruft. Hört er sie, läuft er ihr nach, läuft er zu ihr hin." (W. 22) Die Stimme der Mutter drückt die Sehnsucht nach der Geborgenheit aus, die mit dem Zuhause assoziiert ist. Das Zuhause, das der Musiker im Alter von 15 Jahren verlor. Dem idealisierten Mutterbild setzt der Erzähler das Vaterbild entgegen. Der Vater ist hier derjenige, der den Weg des Sohnes bestimmen will, der keine Einsprüche erträgt. Einerseits erweist er sich als einer, der den Sohn in die Welt der Musik einführt, andererseits steht er dem Sohne im Wege zur weiteren Entwicklung auf dem Gebiet. Nicht die Karriere eines Musikers ist

---

240   P. Härtling: *Das andere Ich...* op. cit., S. 147.

ihm vorgeschrieben, sondern die des Lehrers: „[…] der Herr Vater sorgte sich bereits über die nächste Zukunft, in der er, sein Sohn, daran solle er nicht aufhören zu denken, in seine Fußstapfen treten solle […]" (F. 58) Jegliche Einsprüche, jeder Versuch, gegen den Willen des Vaters zu rebellieren, endet mit dem Hinauswurf aus dem Haus. Deswegen fügt er sich so lange es möglich ist, in den Willen des Vaters: „Er muss aushalten, denn wenn der Vater ihn aus dem Haus prügelt, das Wohnrecht untersagt, wüsste er nicht, wie er seine Ausbildung, seinen Unterhalt bestreiten sollte." (F. 82) Aus der Angst vor dem Ärger und Zorn des Vaters konstituiert sich die Existenzangst. Das gebrochene Verhältnis oder die hass-liebende Beziehung zum Vater wird in der Künstlerbiographie ständig thematisiert. Der Sohn fühlt sich verlassen, vom Vater nicht akzeptiert, seinem Vater entfremdet: „Schubert sieht dem plötzlich übergroße scheinenden Mann entgegen, der sein Vater ist, mit dem er oft musiziert hat, den er liebt, wenn er es ihm erlaubt. Er schweigt, wartet ab" (F. 138) Er gewöhnt sich an das Schweigen des Vaters, an seinen Zorn. Mit der Zeit kann er sich dagegen schützen: „So hat er oft gesessen, gestanden – abwartend, die Strafe, das Geschrei und die Prügel sich im Voraus ausmalend, was half, wie er jedes Mal, sobald das Gewitter über ihn niederging, zufrieden feststellte. Es ist mir egal. Es geht vorbei. Ich kann gehen. Ich kann aus dem Haus gehen." (F. 138) Beginnt die Atmosphäre zu Hause unerträglich zu werden, begibt er sich auf die Wanderschaft, sowohl die geographische als auch die geistig-kulturelle[241]. Sein Leben lang wird der Künstler vom Impuls getrieben, „irgendwo Zuflucht und Ruhe"[242] zu finden. Die Notwendigkeit trägt dazu bei, dass er andauernd den Zufluchtsort in der Stadt Wien wechselt. Siebzehn mal zieht es um, allein sechzehn in den letzten elf Lebensjahren. Mal kehrt er ins väterliche Schulhaus zurück, mal mietet er sich ins Haus des Bruders ein, mal zieht er zu seinen Freunden aus. Die sichtbare Form Schuberts Wanderschaft ist nur dann möglich, wenn die Freunde dabei sind. Sie sind diejenigen, die dem Künstler Beihilfe leisten, ihm eine zwar flüchtige, aber doch eine Zuflucht sichern: „Er ruft, wie von nun an immer, die Freunde zur Hilfe, braucht sie, wie er augenblicklich den Vater braucht. Sie alle werden ein mögliches vorläufiges Unterkommen gewähren, ein flüchtiges Zuhause. Nicht mehr." (F. 82) Da Schuberts Wohnsituation nicht stabil ist, kann er nicht viel mehr besitzen, als was er auf dem Leib trägt, womit er die Rolle eines „Vaganten"[243] verkörpert. Sein Hab und Gut muss doch zu jeder Zeit mitzuschleppen sein.

---

241 Vgl.: N. Hess: „Die Fremde ist das Normale"… op. cit., S. 28.
242 P. Härtling: Der Wanderer… op. cit., S. 102.
243 N. Hess: „Die Fremde ist das Normale"… op. cit., S. 48.

Die Fremde findet ihren Ausdruck in der Kunst, in der Musik: „Erklären könnte er diese Unruhe nicht, doch vorspielen auf dem Klavier. Und dann würde es sich herausstellen, dass es gar keine Unruhe ist, sondern eine wandersüchtige Melancholie. Etwas, das fortwährend in ihm aufspringt und nicht weiß, wohin. Wie ein Gedanke ohne Wörter." (F. 50) Der Fremde und der Einsamkeit, die aus der Vater-Sohn-Beziehung resultiert, versucht er nicht nur auf dem Wege des Schaffens zu überwinden, sondern auch im Akt des Musizierens selbst. Doch das gemeinsame Musizieren mit den Freunden stillt nur vorübergehend seine Einsamkeit: „Musizieren schließt nicht aus, es verbündet." (F. 43) und weiter: „Er weiß, dass er sich nur mit der Musik aus seiner Einsamkeit befreien kann. Einsam ist er im Lauschen, im Komponieren. Aus dieser Einsamkeit tritt er, sobald er musiziert. Er musiziert mit anderen und für andere." (F. 43) Die Unzulänglichkeit der Sprache, die für Lenau charakteristisch war, ist auch bei Schubert kennzeichnend. „Das Gespräch, das ihn häufig einschüchtert, weil es ihn nötigt, von sich zu sprechen, zu beurteilen und zu urteilen, verliert im Musizieren seine platte Wörtlichkeit." (F. 43) Nicht das Wort, sondern die Musik wird zum Medium, das ihm dazu verhilft, seine Stimmung, seine Gefühle auszudrücken: „[…] es entsteht eine irrwitzige Anthologie, die kaum als poetische Sammlung, aber gewiss als Kurve seiner Launen zu lesen ist, ein Seelenkauderwelsch, das sich melodisch artikuliert und ordnet." (F. 98/99) Seine Freunde kümmern sich nicht nur um sein Zuhause, auch für Schuberts Kunstwerke und seine Etablierung als Künstler sorgen sie: „Vielleicht eins von den Menuetten, die verloren gingen, weil er nicht auf sie achtete. Er brauchte sie nicht mehr. Später hat er Lieder, die er einen Monat zuvor schrieb, schlichtweg vergessen. Sie wurden überlagert und ersetzt von den neusten Erfindungen, die ja auch wieder die alten waren." (F. 78) Der Satz kann davon zeugen, dass nicht die Notenhefte, nicht die niedergeschriebene Musik sein Zuhause bilden, die sind nur das Nebenprodukt, über das sich der Künstler keine Gedanken macht.

Die Befreiungskriege[244], die sich in den Jahren 1813–1815 ereignen, nimmt er kaum wahr: „Abends nach der Schule empört sich der Vater über einen Mann, der Krieg führt gegen Österreich. Napoleon nennt er ihn, manchmal Buonaparte. Neuerdings heißt er Konsul." (F. 29) Die „Restaurationsphase"[245], die nach 1815 anbricht, bekommt der Künstler doch zu fühlen. „Ich sehe ihn als einen Wanderer, der sich seiner Zeit viel bewusster war, als seine Freunde ahnten, einer, der sich melancholisch an die Aufklärung erinnerte und der getarnt der

---

244 Vgl.: H. Schulze: *Kleine deutsche Geschichte…* op. cit., S. 87–91.
245 Vgl.: Ebenda, S. 94/95.

Restauration gewachsen war und die kommende Fremde, unsere Fremde, in seiner Musik einholte.“[246] schildert Peter Härtling „seinen“ Schubert (F. 108). Die Fremde, die aus der Vater-Sohn-Beziehung resultiert, eskaliert. Ein neuer Faktor kommt hinzu. Diesmal sind es politische Verhältnisse, der politische „Frost“, die „Eiskälte der Metternichzeit“[247]. Der Härtlingsche Schubert wird als Opfer der Politik Klemens Wenzel Lothar von Metternich. Immer wieder trifft Schubert auf verschiedene Schikanen um sich herum, sei es die polizeiliche Kontrolle bei der Zeitschrift „Beiträge zur Bildung für Jünglinge“, die Joseph von Spauns Bruder Anton mit Johann Mayrhofer und Justinus Kenner (F. 121) herausgibt. Sein Freund Mayrhofer, der beim Fürsten als Zensor tätig ist, hat immer wieder ein schlechtes Gewissen, als Dichter Zeilen zu streichen: „Ich, Schubert, dem die Poesie heilig ist, kann Sätze streichen, Wörter und Ideen madig machen, ich kann einem Buch das Leben verbieten, kann es erstricken, meucheln, Schubert, ich, Johannes Meyrhofer, Dichter und Zensor.“ (F. 151) Dies führt zu den immer wieder erneuerten Auseinandersetzungen zwischen den Freunden. Schubert selbst wird auch von der Politik Metternichs betroffen, wenn das Libretto von Leopold Kupelwieser für Schuberts Oper *Fierrabras* erst mal auf die „freundliche Genehmigung und die Änderungswünsche des Zensors“ (F. 197) uraufgeführt werden konnte. Dem Manuskript wird des Hofkonzipisten der Polizei- und Zensurhoffstelle, Alois Zettlers „omissis deletis“ (F. 197) gewährt, was für das Stück bedeutet, dass es erst dann aufgeführt werden kann, wenn die inkriminierten Stellen gestrichen oder verändert werden (F. 197). Einer der Protagonisten, Roland, darf kein „Hispanischer General“ sein, Franken und Frankreich dürfen in der Oper nicht erscheinen. Der Künstler kann und will nichts dagegen tun. Auflehnung oder Protest ist nicht sein Weg. Schuberts Mut, gegen die geopolitischen Einschränkungen zu rebellieren, schränkt sich nur auf eine aufgeregte Reaktion in einem privaten Gespräch mit seinem Freund Johann Mayrhofer ein: „Scheiß auf den Fürsten.“ (F. 144) Mehr wagt er nicht. Der Härtlingsche Schubert hat Angst vor Tat, Rebell. Das hat er als ein junger Konviktist bewiesen, wenn einer seiner Freunde ungerecht mit Karzer bestraft wurde und die anderen Mitkonviktisten sich gegen die ungerechte Strafe aufgelehnt haben, ist er untätig geblieben: „Schubert hatte sich im Hintergrund gehalten. Nicht nur das – der Aufruf war ihm unheimlich, er fürchtete, jede Parteinahme könnte seine Position im Konvikt gefährden.“ (F. 152) So wird Schuberts „Anpassung an das System“[248]

---

246 P. Härtling: *Der Wanderer...* op. cit., S. 109.
247 Ebenda, S. 60.
248 N. Hess: *„Die Fremde ist das Normale“...* op. cit., S. 47.

um des Komponierens willen thematisiert. Sich nicht einmischen, sich im Hintergrund halten, oder in die Musik flüchten ist Schuberts Lebensideologie.

Zwar wird im Roman eine einsame Künstlerfigur vermittelt, deren Leben sich in der Musik abspielt, doch die Auslegung der Musik selbst, der Kompositionen des Musikers werden in der Künstlerbiographie ausgespart. Geschildert wird die Entstehungsgeschichte einzelner ausgewählter Werke. Aufgeführt werden die Titel der Kompositionen. Seine erste Liebe, zu Therese Grob, die er erst wahrnimmt, als sie sang, wird zum ersten größeren Impuls, sich musikalisch auszudrücken. Für ihre Stimme komponiert der Künstler die Sopranpartie in seiner ersten Messe in F-Dur, die am 16. Oktober 1814 aufgeführt wird. Drei Tage später komponiert er für sie das Lied *Gretchen am Spinnrad* nach Johann Wolfgang von Goethe. An einer anderen Stelle kriegt man lediglich die Titel Schuberts aufgezählt: „Allein am 19. August 1815 entstehen ‚Heidenröslein‘, ‚Bundeslied‘, ‚Der Schatzgräber‘, ‚Der Rattenfänger‘, ‚An den Mond‘." (F. 98) Ausführlich wird auch das Motiv der Wanderschaft präsentiert. Der Härtlingsche Erzähler sieht in seiner Erzählfigur einen Wanderer, der ständig unterwegs ist. Der Erzähler, der auf den Hang des Künstlers zur Wanderschaft aufmerksam macht, beschäftigt sich in dem Roman eher mit den Liedertexten Wilhelm Müllers, den Zyklen *Die schöne Müllerin* und *Die Winterreise*, die Schubert vertonte, als mit der Musik, die der Musiker komponierte (F. 199–203). Was versucht wird, ist die Texte Müllers und die Existenz Schuberts in den Zusammenhang zu bringen.

Beiläufig kriegt man auch Kritiken erwähnt: „Die Verrisse der ‚Zauberharfe‘, die ein halbes Jahr nach den ‚Zwillingsbrüdern‘ aufgeführt wird, schmerzen ihn wohl." (F. 166). Auch über die Veröffentlichungen seiner Werke bekommt man Auskunft: „Bei Cappi & Kompagnie erscheinen die ‚Deutschen Tänze und Ecossaisen‘ als dreiunddreißigstes Werk, bei Anton Diabelli & Kompagnie kommt die ‚Forelle‘ heraus und Sauer und Leidesdorf bringen als fünfunddreißigstes Werk ‚Variations pour le Pianoforte à quatre Mains‘, eine Erinnerung an den Zselizer Sommer, das vierhändige Klavierspiel mit Karoline." (F. 222)

Der Künstler weist die romantischen Charakterzüge auf. Sein Werdegang, der in erster Linie von den familiären Verhältnissen, sei es von der früh gebrochenen Mutter-Sohn-Beziehung oder von der hass-liebenden Vater-Sohn-Beziehung, bestimmt ist, verursacht die Entfremdung des Künstlers in der Familie. Mit der Zeit nimmt auch die Entfremdung von der Umgebung an Bedeutung zu, die von den geopolitischen Verhältnissen der Metternichsera bewirkt wird. Nicht im Hause des Vaters, zu dem er regelmäßig zurückkehrt, sondern unter den Freunden findet der Künstler seine vorübergehenden Zufluchtsorte. Die Entfremdung und Einsamkeit versucht er in der und durch die Musik zu überwinden. Einerseits dient ihm die Musik als Ausdrucks- andererseits als Sozialisationsmedium.

Durch die Musik bringt der Künstler seine innere Stimmung zum Ausdruck. Sie macht es ihm auch möglich, sich an seine Freunde anzunähern. Was im Roman vermittelt wird, ist das Komponisten-Werden eines Künstlers, dessen Impuls die Stimme per se ist, die man auch als Metapher für seine Identität bewerten kann. Die Identitätseigenschaften des Künstlers sind Entfremdung, Einsamkeit und Weltfremdheit.

3.6. Robert Schumann – Gescheiterter Romantiker

Der Künstler-Musiker, der ähnlich wie Franz Schubert zur Erzählfigur gewählt wird, ist Robert Schumann. Das „erlebte Paradies" im Elternhaus endet mit dem Tod des Vaters (1826). Der Vater, Buchhändler, Verleger und Buchautor, verkörpert die Rolle des Mentors, der den kleinen Schumann in die Welt der Kunst, der Literatur und Musik einführt: „Bald kannst du alle diese Bücher lesen, Robert, hat Vater ihm versprochen, und mit einem Lächeln hinzugefügt: fast alle." (R. 15) Stundenlang weilt er unter den Büchern in der Buchhandlung des Vaters. Erste musikalische Erfahrung macht der künftige Künstler auch unter Aufsicht des Vaters, der den Sohn zur musikalischen Probe am Sonntag einlädt. Anfänglich darf er nur zuhören, es reicht aber aus, ein Impuls zu werden, im Kopfe des Kleinen die Lieder entstehen zu lassen: „In seinem Kopf sammeln sich lauter ungesungene Lieder." (R. 19) Wenn es die Mutter entdeckt, ermuntert ihn der Vater, „weiter auf dem Klavier nach Tönen zu suchen, die zusammen gehören und ihm gefallen." (R. 19) Der Vater sucht für ihn einen Musiklehrer aus, kauft ihm einen „Flügel der Klavierfabrik Streicher" (R. 22), und schließlich setzt er sich kurz vor dem Tod für ihn bei Carl Maria Friedrich Ernst von Weber ein. Den Vater verliert Robert Schumann mit sechzehn Jahren. Damit wird der freien Entwicklung der Fähigkeiten des begabten Jungen ein Ende gesetzt. Die Mutter übernimmt jetzt die Verantwortung für die weitere Karriere des Sechzehnjährigen. Die finanziellen Gründe führen dazu, dass sie den Sohn für Jura vorsieht: „Da sie aber jetzt für seine Zukunft die Verantwortung trage – da ich aber die Verantwortung für dich trage, Robert, muss ich dich bitten – und ich rechne mit deinem Verständnis –, den Plan, Klavier zu studieren oder Komposition, aufzugeben und anstelle dessen dich in Jura einzuschreiben." (R. 36) Mit seiner Zustimmung schließt sich Schumann der Reihe der Künstler an, die sich in das vorgeschriebene Leben fügen, die ihr Rollenspiel hinnehmen: „Er scheint sich zu fügen und entzieht sich mehr und mehr dem familiären Zugriff." (R. 36) Die Geduld für das Studium der Jura in Leipzig reicht ihm nur für ein Jahr aus. Mehr Zeit verbringt er am Flügel bei Friedrich Wieck, der ihm Klavierunterricht erteilt, und in den Gasthäusern, als an der Universität. Der Umzug nach

Heidelberg, wo er sein Jurastudium fortzusetzen beabsichtigt, wie er der Mutter versprochen hat, ändert seine Einstellung zu Jura und Musik nicht. Die Absicht scheitert, die „Räusche" (R. 102) und der Drang, sich als Virtuose zu etablieren, erweisen sich viel anlockender als das Studium. Es ist nicht leicht dem immer wieder Suchenden, sich für eine bestimmte Karriere zu entscheiden. „Weil ihm das Schreiben leichter fällt als das Komponieren, möchte er doch fürs erste Schriftsteller werden." (R. 31) Mit der Zeit entscheidet er sich für die Karriere eines Pianisten, die mit der Lähmung der Hand unterbrochen wird. Die ihm enthaltene Karriere wird zum Anteil seiner zukünftigen Frau Clara Josephine Schumann, was später zu verschiedenen Auseinandersetzungen zwischen den beiden beitragen wird. Nicht er, sondern sie wird bewundert. Schließlich schlägt er die Karriere eines Komponisten und Musikkritikers ein. Zum Studieren der Jura, was er wie eine „Last" (R. 59) betrachtet, kommt es nicht mehr. Mit dem Tod der Mutter (1836) endet sein Rollenspiel: „Zum Begräbnis fährt er nicht. Das kann er nicht." (R. 214) Er braucht die Mutter in ihren Erwartungen nicht mehr zu täuschen.

Der Härtlingsche Schumann ist einer, der gerne seine großen Meister besucht. Der Erzähler gönnt sich jedoch nur einen lapidaren Satz: „Er geht leicht fort, er ist gern unterwegs." (R. 56), wenn er über Schumanns Reise nach München zu Heine berichtet. Seine Reisen erinnern eher an die Pilgerfahrten. So pilgert er nach Bayreuth, an den Ort, wo sein Lieblingsdichter Jean Paul gewirkt und gelebt hat (R. 51), nach München, wo er Heinrich Heine besucht (R. 56/61), nach Frankfurt, „um den großen Paganini zu hören" (R. 109) und schließlich nach Wien, wo er Beethovens und Schuberts Gräber besucht (R. 251).

Der Härtlingsche Schumann fängt stattdessen schon als Kind „in Gedanken aus- und aufzubrechen" (R. 18). Der Erzähler stellt sogar die Frage auf, woraus die Gründe für die gedanklichen Fluchten resultieren, zu denen dem Künstler die Bücher verhelfen: „Die Welt, die ihn erwartet und herausfordert, ist ihm nicht geheuer; damit er nicht ohne Gefährten ist, teilt er sich in seiner Phantasie. Er ist selbst und zugleich ein anderer." (R. 18) Damit fängt die innere Spaltung des Künstlers an. Auf diese Art und Weise versucht der Künstler sich selbstständig zu machen und die Verlassenheit und Einsamkeit zu überwinden: „Wenn er allein liegt, redet er viel mit sich selber, verstellt seine Stimme, fistelt, flüstert, singt." (R. 296) Die Entfremdung, die aus dem vorzeitigen Verlust des Vaters und der Mutter-Sohn-Beziehung resultiert, versucht er mittels der Phantasie zu überwinden. Mit der Zeit erfindet er zwei Phantasiefiguren Eusebius und Florestan: „Später wird er für diese Brudergeburt aus dem Geist der Phantasie Namen finden. Ich bin mir sicher, dass Eusebius und Florestan namenlos zu irgendeiner Stunde, in der Robert sich allein gelassen fühlte mit seinen Träumen vom späteren Ruhm, seinem Bubenkopf entsprangen" (R. 18). Es sind Trauer und Schrecken, die Schumann aus der Kindheit stoßen, was sich durch „Gestikulationen zwischen erstrebtem Aufbruch und die Worte erstickender Depression" (R. 24) auszeichnet. Wenn die Schwester Emilie aus dem Fenster springt, um sich das Leben zu nehmen, oder wenn der Vater ein Jahr später stirbt, ist der Härtlingsche Schumann schon darauf psychisch vorbereitet. Die beiden Verluste nimmt er gelassen hin, denn wie es im Roman heißt: „[…] er hat sich bereits vorher ‚vom gewöhnlichen Leben' abgesetzt." (R. 24) Der Satz hilft Schumanns Verhalten verstehen, wenn er später weder an der Beerdigung seiner Mutter noch an der seiner Freunde teilnimmt. Die Entfremdung und Einsamkeit nehmen allmählich zu. Er lernt deswegen im Inneren leben. Die beiden Phantasiefiguren sowie die Selbstgespräche, die er führt, wenn er alleine ist, tragen dazu bei, dass die Grenzen zwischen Wahrheit und Dichtung immer undeutlicher bis sie sogar verwischen werden. Die verwischenen Grenzen rufen auch bei seinen Freunden Unruhe und Verwirrung hervor, weil sie „nicht mehr die Wahrheit von der Dichtung unterscheiden." (R. 141) Immer weiter fühlt sich der Künstler von der Wirklichkeit entfernt: „Das vergnügt und beunruhigt ihn zugleich, denn manchmal gelingt es ihm ebenso wenig, und er gerät in einen Schwebezustand, der ihm unheimlich ist: Ist mir das nun zugestoßen, habe ich es erlebt? Oder ist es mir eben eingefallen?" (R. 141) Da die Musik und die Stimmen das Leben des Künstlers bestimmen, ist auch die Musik in seiner Phantasie zugegen: „Darin bleibt seine Phantasie musikalisch. Sie wird von Motiven, Themen angeregt, variiert, wiederholt und verarbeitet sie." (R. 142) Die Erfindungen Schumanns Phantasie, seine innere Spaltung eskaliert und führt zur Weltfremdheit Schumanns. Das wiederum verursacht, dass nicht nur der Künstler, sondern auch die Freunde sowie die Umgebung (R. 147) in Verlegenheit geraten. Schumanns Weltfremdheit ist der Impuls zu seiner schöpferischen Kraft, aber auch der Grund für sein psychisches und physisches Leiden, was wieder Versagen in der ehelichen Beziehung und auf dem beruflichen Gebiet zur Folge hat. Da der Künstler sowohl als Ehemann als auch als Musikdirektor in Düsseldorf zum Scheitern verurteilt wird, so wird seine Identitäts- und Existenzkrise hervorgehoben.

Das Künstler-Werden Schumanns ist dem des romantischen Künstlers ähnlich. Der vorzeitige Verlust eines der Elternteile und das von einem anderen Elternteil vorgespielte Leben, diesmal von der Mutter, die seinem Sohn den Rollenzwang aufbürdet, der wiederum das Rollenspiel bewirkt, trägt dazu bei, dass der Sohn zu rebellieren beginnt. Der Rebell nimmt sowohl äußere als auch innere Form an. Die äußere Form ist das Nachtleben des Künstlers, das durch Zechgelage bestimmt ist, und die Musik, die er spielt bzw. komponiert. Die innere Form des Rebellen ist die innere Spaltung, die innere Welt mit den erfundenen

Freunden, die ihm die allmählich schreitende Entfremdung und Einsamkeit zu überwinden hilft. Die schleichende Entfremdung führt jedoch zur Weltfremdheit, die wiederum zur Identitätskrise des Künstlers beiträgt. Die Identitätskrise evolviert zur Existenzkrise, die sich in der Umnachtung des Künstlers auswirkt.

3.7. E.T.A. Hoffmann – Weltfremder Künstler

Der Härtlingsche Erzähler schildert die ganze, d.h. von Kind an, Karriere des Künstlers E.T.A. Hoffmann nicht. Was im Roman angeboten wird, ist die Entfaltung des Künstlers zum Außenseiter in der Stadt Bamberg. Die Entfernung und Entfremdung Hoffmanns resultiert dem Härtlingschen Erzähler zufolge aus dem Missverständnis, auf das der Künstler in der Bamberger Gesellschaft getroffen ist. Das Missverständnis ist zweier Art. Erstens wird seine Kunst nicht verstanden: „Wenn er vom Klavier aufspringt, den Takt gewissenhaft schlägt, feixen sie. Das Publikum kreischt, pfeift, lacht ihn, als er sich nach der Vorstellung verbeugt, aus." (E. 86), zweitens wird sein Verständnis der Liebe, die der Künstler als Impuls für sein Schaffen ansieht, kaum akzeptiert. Deswegen scheute er nicht vor der Liebe für eine Fünfzehnjährige zurück, obwohl es in der Bamberger Gesellschaft nicht hinzunehmen ist. Das Einzige, was der Härtlingsche Hoffmann zulässt, sind die Menschenstimmen. Durch die Stimme erst nehmen die Figuren ihre Gestalt an, werden vom Künstler wahrgenommen: „Im Herbst 1810 bekommt Julias Stimme Gestalt." (E. 117) Es wird ein paar Seiten weiter bekräftigt: „Sie hat ihre Stimme gefunden, sagt er sich, ich habe eine Stimme gefunden." (E. 120) Ähnlich wie bei Schubert kann auch beim Härtlingschen Hoffmann die Stimme als Metapher für die Identität des Künstlers betrachtet werden. Der Musiker und Dichter zugleich lebt in der Welt der Musik, von der Welt entfremdet. Damit wird die Entfremdung des Künstlers zu seiner Weltfremdheit. Erst die Klänge, die von der Außenwelt kommen, die für ihn interessant zu sein scheinen, ermöglichen es, der die Klänge ausstoßenden Figur in seine Innenwelt einzudringen. Die Außenwelt wird schließlich durch die Musik gesehen: „Es könnte, hofft er, ein Duett geben – Herr Cuno im Bass und er selber im Tenor […] Er singt es sich vor." (E. 80) Nicht die Thematik des Gesprächs, nicht die Gesprächspersonen, sondern die Stimmen behält er im Kopf: „Die Stimmen setzen sich in seinem Kopf fest." (E. 35) Solch eine Betrachtung der Außenwelt führt zu den Selbstgesprächen und zu der Verdoppelung des Künstlers: „Einmal fragt ihn ein misstrauischer Passant: Wen suchen Sie denn da? […] Und er [Hoffmann] findet eine Antwort, die ihm gefällt, die ihn selbstverständlich verdoppelt und sein Gegenüber verwirrt: Mich, Monsieur." (E. 48/49) Das Fragment erinnert den Leser an die Frage, die dem Härtlingschen Waiblinger gestellt wurde. Sowohl Waiblinger als auch Hoffmann fühlen sich fremd. An einer anderen Stelle konstatiert der Erzähler: „Oft hat er den Eindruck, er schickt sich aus sich fort, bleibt an Ort und Stelle und spürt, wie der Doppelgänger anderswo gegenwärtig ist." (E. 49) Im Zustand der Verdoppelung hört Hoffmann Stimmen, die er nie aufschreiben wird: „In solchen Zuständen kann er eine Musik hören, die er nicht aufzuschreiben wagt, wiederum eine Stimme, die sich allerdings feinstens kondensiert aus Obertönen, hell und hoch, die Nerven spannend. Er bleibt stehen, hält sich die Ohren zu, sperrt die Töne gleichsam ein, hört sie noch heftiger, gibt die Ohren frei, lässt die Arme pendeln wie einander im Rhythmus entgegnende Perpendikel." (E. 124/125) Es ist des Härtlingschen Hoffmanns Geneigtheit sich zu verdoppeln: „Kaum hört ihm einer zu, überkommt ihn schon wieder die Lust, sich zu verstellen." (E. 52) Die Neigung zur Verdoppelung verwirrt seine Gesprächspartner, wie die von Lenau und Schumann. Es werden auch hier die Nächsten davon betroffen u.a. seine Liebe Julia: „[…]und verwirrt Julia durch sein Doppelwesen." (E. 76) Nur seine Frau lässt sich nicht in Verwirrung setzen: „Sie versteht ihn sofort" (E. 140) Sie versteht auch die Art und Weise der Liebe, die Hoffmann mit Julia verbindet. Sie versteht, dass Julia nur „Ersatz für eine Liebe" (E. 140) ist, für eine Liebe, die ihm nur zum Impuls wird, sich zu verdoppeln, um die schöpferische Kraft zu aktivieren. Julia schlüpft hier in die Rolle der Frauen, in die auch die Frauen des Härtlingschen Lenaus einspringen. Nicht Julia selbst ist wichtig, genauso wie die Julie Waiblingers: „Ich begriff, dass ich gar nicht Julie liebte, sondern den Zustand der Liebe […]" (W. 164) Der Zustand der Liebe als der Impuls ist das Wesentlichste: „Ich wollte nicht die romantische Liebe erkunden, eher ein poetisches Phänomen, nein, ich wünschte mit Hoffmann in jene Ekstase zu geraten, die es nicht zulässt, dass das reale Bild der Geliebten dem gedachten gleicht. Genau genommen will er beides. Julia, Käthchen, Julchen." (E. 136) Das Verständnis der Liebe durch Hoffmann lässt sich folgendermaßen zusammenfassen. Der Künstler braucht die unerfüllte „unerreichbare" Liebe. Das Liebesobjekt soll unerreichbar sein, denn erst solche Liebe „erfindet den Dichter, sagt er Mischa, nachdem der Dichter die Liebe erfunden hat." (E. 206) Julia bleibt für den Künstler unerreichbar. Vor der Abreise aus Bamberg gibt Hoffmann zu, dass er sich nach dem „Schmetterling" sehnt. Damit wird klar, dass der Künstler ein unerreichbares Objekt braucht, dem er seine Liebe schenken, das ihm seinen künstlerischen Potential zu entwickeln helfen könnte: „Du hast recht, Mischa, ich bin noch immer süchtig nach dem Schmetterling. Meine Stimmungen wechseln heftig. Ich wünsche mir ein Ende und befürchte den Wahnsinn." (E. 210) Die Stimme lässt den Künstler eine beliebige Person wahrnehmen. Die wahrgenommene Gestalt, die Liebe zu dieser, oder der Zustand der Liebe per se verhelfen ihm dazu, seine Künstleridentität zu gewinnen: „Es fängt hier schon an, ich weiß es, was ihn zwei Jahre später derart aufwühlt, dass er ihretwegen, die ihm verloren geht, zum Dichter wird, der sich mit einer Julia nicht mehr begnügt." (E. 100/101) Die Enge der Stadt: „Die Stadt schnurrt noch mehr zusammen. Die Wege werden noch kürzer." (E. 197), der Skandal, der aus der Äußerung der Liebe zu der fünfzehnjährigen Julia resultiert, tragen dazu bei, dass der Künstler die Stadt verlässt. Sowohl die Enge der Stadt als auch die Liebesaffäre sowie die immer schneller schleichende Spaltung führen nicht nur zur Flucht aus der Stadt, sondern auch zur Flucht aus der Wirklichkeit: „[…] von Hoffmann […] der seine Liebste unaufhörlich verwandelt, durch seine Erzählungen treibt und seine rastlose Begierde in Anreden und Anschauungen befriedigt. Er zählt nicht zu jenen, die Spuren verwischen. Er sorgt im Gegenteil dafür, dass sie deutlich bleiben, allzu deutlich, weil seine Wirklichkeit immer in der Phantasie aufgeht." (H. 14) In der Innenwelt, weg von Außenwelt, die er befremdet findet, in der Kunst, sei es in der Musik oder Literatur, sucht er den Zufluchtsort, der ihn vor Einsamkeit schonen könnte, denn: „Er kostet die Einsamkeit wie eine Krankheit aus." (H. 45)

Wieder mal bekommt man eine Skizze einer Künstlerfigur. Obwohl es in der Künstlerbiographie ein Komponist und Dichter zur Erzählfigur wird, wird sein Werk nur sparsam und beiläufig erwähnt: „Seine erste Geschichte, die vom ‚Ritter Glück', würde bei Rochlitz in der ‚Allgemeinen Musikalischen Zeitung' erscheinen, ein Anfang, ein anderer und weitreichenderer, Musik und Poesie zu verknüpfen, Leben und Phantasie […]" (H. 99) Die Auslegung des Werkes von Hoffmann bekommt man nicht. Was im Roman angeboten wird, ist der Zeitpunkt im Leben Hoffmanns, in dem er zum Künstler wird. Die Schilderung des Künstler-Werdens wird zum Hauptmotiv der Künstlerbiographie. Die gesellschaftlichen Verhältnisse und die künstlerische Veranlagung Hoffmanns werden im Roman zu Hauptmotiven. Die unerlaubte Liebe, die Missverständnisse in der Gesellschaft, die innere Spaltung, die Entfremdung bis zur Weltfremdheit sind die Lebensstationen, die der Erzählfigur zum Künstler werden lassen.

3.8. Resümee – Identitäten des Härtlingschen Künstlertypus

Nach der Besprechung der einzelnen in den Künstlerbiographien geschilderten Künstlerfiguren kann man wagen, einen neuen universalen Künstlertypus herauszuarbeiten. Der Härtlingsche Künstler lebt und agiert auf einem örtlich beschränkten Bereich d.h. in der Nähe von Nürtingen, Tübingen und Württemberg (Niembsch, Hölderlin, Waiblinger, Mörike). Eine andere Reihe machen hier Franz Schubert, Robert Schumann und E.T.A. Hoffmann aus. Franz Schubert ist mit Wien, Robert Schumann mit Leipzig, Dresden, Düsseldorf und

E.T.A. Hoffmann mit Bamberg verbunden. Der Künstler lebt und schafft in der Romantik- und Biedermeierzeit, die die Jahre von 1770 (Hölderlins Geburtsjahr) bis 1856 (Schumanns Todesjahr) umfassen. Die Zeit seines Lebens und damit seiner künstlerischen Tätigkeit ist kurz. Niembsch lebt 48 Jahre, doch in Umnachtung verfällt er schon mit 42 Jahren. Hölderlin lebt zwar 73 Jahre lang, doch die letzten 36 Jahre verbringt er ebenfalls in Umnachtung. Waiblinger stirbt im Alter von 26 Jahren. Mörike lebt zwar 71 Jahre, doch schon im Alter von 39 Jahren wird er wegen seiner Kränklichkeit pensioniert. Schubert lebt lediglich 31 Jahre. Schumann stirbt im Alter von 46 Jahren, die letzten zwei Jahre verbringt er in der Nervenheilanstalt in Endenich bei Bonn. E.T.A. Hoffmann lebt und schafft nur 46 Jahre. Die Kinderzeit, in der die Künstler heranwachsen, ist weder eine unbeschwerte noch eine sorglose. Einer der Elternteile stirbt vorzeitig. Der zweite Elternteil, sei es die Mutter oder der Vater, versucht die Karriere des Sohnes zu beeinflussen. Die Mutter-Sohn- bzw. Vater-Sohn-Beziehung ist meistens eine hass-liebende Beziehung. Der Sohn, wenn er weg vom Zuhause ist, sehnt sich nach der Wärme und Geborgenheit, die er zu Hause zu finden hofft. Die verstrichene Zeit schließt jedoch die Rückkehr zu der aus der frühen Kindheit im Kopf behaltenen Atmosphäre des Hauses aus. Die zeitliche und räumliche Entfernung ruft oft die Entfremdung von der Familie hervor, was wiederum dazu führt, dass sie sich zu Hause fremd führen. Die schon erwähnte starke Persönlichkeit eines der Elternteile, der dem Sohn einen Rollenzwang aufbürdet, trägt dazu bei, dass sich der Sohn fügen lernt, dass er den Rollenzwang zum Rollenspiel entwickelt. Nicht nur die Mutter oder der Vater verlangen vom Sohn, dass er sich anpasst. Dies wird auf die Gesellschaft erstreckt, die vom jungen Künstler bestimmte Verhaltensweise fordert, die vom Künstler verlangt, dass er den Werdegang einschlägt, der ihm schon vorgesehen ist. Nicht nur der Elternteil und die Gesellschaft, aber auch die politischen Verhältnisse beeinflussen das Leben des Künstlers. Die Französische Revolution fordert vom Künstler, dass er die Stellung zu dem politischen Umbruch nimmt, die Nachrevolutionszeit stellt neue Herausforderungen, wie Spitzeleien seitens des Staates oder Zensur. Die von Härtling vorgeschlagene Künstlerfigur ist jedoch zur Tat im Sinne des sichtbaren Aufstandes, im Sinne der Tätlichkeit unfähig. Sie spielt ihre ihm aufgebürdete Rolle, mischt sich nicht ein. Der Rollenzwang, und was damit im Zusammenhang steht, das Rollenspiel schließen jedoch es nicht aus, dass sie ihre Persönlichkeit, ihre Wünsche und Träume aufgibt. Die sichtbare Form des Rebellen, die Flucht vom Zuhause, aus der Gesellschaft, in der er zu leben hat, die Wanderschaften, auf die er sich vielmals in seinem Leben begibt, scheitern. Die umgebende Wirklichkeit versucht der Künstler durch die Entwicklung einer neuen Wirklichkeit im Inneren zu ersetzen. Der Künstler wendet sich nach innen. Hier führt er Selbstgespräche, hier erfindet er seine neue Gesellschaft, seine Freunde, hier kommt es häufig zur Spaltung. Weg von der Welt, gegen die er sichtbar nicht zu rebellieren wagt, versucht er in sich selbst eine neue Welt mit einer neuen Ordnung zu schaffen. Die Entfremdung vertieft sich, eskaliert zur Weltfremdheit, womit seine Umgebung verwirrt wird. Was jedoch in seinem Inneren vorkommt, muss ein Ventil finden. Der Künstler sucht sein Ausdrucksmedium. Dieses findet er entweder in der Musik oder in der Dichtung. Seine Weltkonzeption, seine Lieben, seine Stimmung finden ihren Ausdruck in der Kunst. Durch sein Werk versucht er nicht nur das Innere zum Äußeren machen. Dies kann auch als Versuch der Kontaktaufnahme mit der äußeren Welt betrachtet werden. Dadurch wird die Kunst zum Sozialisationsmedium. Die Künstleridentität, die des Dichters oder die des Musikers, die er durch Impulse aus der Außenwelt gewinnt, erlebt jedoch Krise, indem er sich mit dem Rücken zu der Außenwelt dreht. Der Künstler ist nicht mehr im Stande, die Kluft zwischen ihm und seiner Umgebung zu überbrücken. Die allmählich schreitende Entfremdung und daraus resultierende Weltfremdheit ist nicht mehr zu eliminieren. Sein Werk ist immer weniger verständlich für dessen Empfänger. Der Künstler begibt sich immer tiefer in sich hinein, bis er in der Einsamkeit im Wahnsinn endet.

Die äußeren Faktoren, die die Identität des Künstlers determinieren, sind aus den Künstlerbiographien folgendermaßen zu ordnen: Das Elternhaus, womit die Beziehung des Künstlers zu seiner Familie und umgekehrt, die Beziehung der Familie zu dem Künstler gemeint wird; die Gesellschaft, darunter die Freundschaften und die Lieben sowie die politischen Verhältnisse, die sein Leben durchqueren. Dies alles trägt dazu bei, dass der Künstler seine Identität anfänglich gewinnt. Mit der Zeit jedoch treten bei ihm immer stärker solche Identitätseigenschaften wie Entfremdung, Einsamkeit, Weltfremdheit, Sprach-, Existenz- und schließlich die Ich-Krise in Erscheinung. Die Künstler, die sich Peter Härtling zu Erzählfiguren wählt, schreiten ihren Zeiten weit voran. Mit der Ausstattung seines Künstlers mit den oben genannten Identitätseigenschaften, die auch für den Künstler der Moderne kennzeichnend sind, wird dieses Vorankommen des Künstlers noch weiter verstärkt. Mit diesem Künstlertypus lässt sich also eine These aufstellen und verfechten, Härtling sieht im Künstler der Romantik- und Biedermeierzeit das Urbild des Künstlers der Moderne, für das solche Eigenschaften wie: Entfremdung, Einsamkeit, Weltfremdheit, Spaltung, Sprach-, Existenz- und Ich-Krise charakteristisch sind.

Schlusswort

In der Arbeit *Romantische Künstlerfiguren in der Prosa von Peter Härtling* beschäftigte ich mich mit *Niembsch oder Der Stillstand. Eine Suite, Hölderlin. Ein Roman, Die dreifache Maria. Eine Geschichte, Waiblingers Augen. Roman, Schubert. Zwölf Moments musicaux und ein Roman, Schumanns Schatten. Variationen über mehrere Personen. Roman, Hoffmann oder Die vielfältige Liebe. Eine Romanze.*

Das erste Problem, das vor Peter Härtling stand, war die Form, in der die Darstellung einer Biographie bestmöglich wäre. Die Herausforderung ist so gewichtig, dass sie im Roman selbst vom Erzähler thematisiert wird, indem er die Fragen aufwirft, ob es nicht besser wäre, ein Szenario oder ein Theaterstück zu schreiben. Nach all solchen Erwägungen und Bemerkungen kehrt jedoch der Erzähler immer wieder zur Form zurück, die er gewählt hat, womit er die Richtigkeit der Wahl der Form betont. Er scheint seiner Wahl sicher zu sein. Auf den Umschlägen wird die Form von dem Autor zusätzlich markiert, indem er da *Eine Suite, Eine Geschichte, Eine Romanze* oder *Ein Roman* drucken lässt. Die Prosaform scheint für Härtling und seinen Erzähler die entsprechende.

Da es sich um die Biographie eines Künstlers handelt, kommt ein zusätzliches Problem, vielleicht auch ein bedeutsameres hinzu. Der Erzähler wurde vor ein Problem gestellt, wie man das Faktische mit dem Fiktionalen verbinden kann. Der Ausgang zum Schreiben eines Romans macht – so der Autor, aber auch der Erzähler – ein genaues Quellstudium aus. Als Nachweis kann man die Quellverzeichnisse betrachten. Die Quellen werden nicht nur direkt in den Künstlerbiographien angegeben, sondern auch in Form der Auflistung der Quellen ans Ende der einzelnen Werke gesetzt. Solche Auflistungen sind zu finden als Nachbemerkung im Roman *Hölderlin* (H. 604), als Quellenverweis in der Erzählung *Die dreifache Maria* (M. 127), als Literatur, die Härtling anregte, die ihm half, die er brauchte im Roman *Schubert* (F. 255/256), in Form der Danksagung in der Künstlerbiographie *Schumanns Schatten* (R. 386), wobei hier nur auf Anregungsimpulse hingewiesen wird und schließlich als beiläufiger Vermerk ohne Überschrift im Roman *Hoffmann oder Die vielfältige Liebe* (E. 254). Auch der Erzähler versucht während des Erzählens für Authentizität zu borgen, den Leser davon zu überzeugen, dass in der Künstlerbiographie eben an dieser Stelle das Faktische erzählt wird. An anderen Stellen werden die Bemerkungen ganz deutlich, dass das Erzählte hier das Fiktionale ist. Peter Härtling führt zwei Begriffe ein, wobei er das Faktische als das Gefundene und das Fiktionale als das

Erfundene betrachtet. Fakten, die aus der Literaturgeschichte bekannt sind, bleiben unverändert, und wenn schon, dann nur korrigiert. Das Gefundene wird zum Gerüst eines Romans. Da die Forschung, die Briefe und Bilddokumente, die Quellen unvollständig sind, da das Vielfachmitgeteilte mit der Zeit immer mehr Lücken bekommt, müssen diese mit dem Erfundenen erschlossen werden. Das Erfundene wird zum Flicken, mit dem die Lücken geschlossen werden. Der Erzähler erlaubt sich vor allem die Alltagssituationen und -gespräche sowie die Liebesszenen zu erfinden. Die Entscheidungen des Erzählers werden meistens gekennzeichnet. Der Härtlingsche Erzähler bekennt sich zur Unsicherheit. Seine Einstellung zu der Auswahl der Dokumente wird ununterbrochen mal laut und deutlich mal unbemerkt thematisiert. Unaufhörlich werden die Vermutungen hervorgehoben. Die Richtigkeit der Wahl der Dokumente wird ständig bezweifelt. Der Erzähler sucht sich jedoch abzusichern, indem er seine Subjektivität in den jeglichen Handlungen unterstreicht. Die Künstlerbiographien sind die Annäherungen an „seine" Künstler. Die Präposition „mein" ist in fast allen Romanen zu treffen. Der Härtlingsche Erzähler scheint zerrissen zu sein. Einerseits will er die Biographie möglich tief ergründen, sie objektiv darstellen, andererseits taucht seine Absicht auf, sich an „seine" Künstler anzunähern.

Der Härtlingsche Erzähler, der gleichzeitig zwei Rollen zu erfüllen hat, die des Forschers und die des Erzählers, sorgt dafür, dass der Leser unaufhörlich über seine Entscheidungen und Erzählstrategien informiert wird. Deswegen wird die Handlung immer wieder durch die Kommentare, Einschübe oder sogar ausführlichen Erwägungen in Klammern unterbrochen. Der Erzähler-Kommentator ist mit unterschiedlicher Intensität stets zu hören.

Die zu den Erzählfiguren gewählten Künstler haben viel Gemeinsames vorzuweisen, und zwar nicht unter sich selbst, aber auch mit dem Autor Peter Härtling. Die von Härtling gefühlte Nähe zu den Romantikern war der Grund dafür, sich an sie in seiner Prosa anzunähern. Zu diesen Gemeinsamkeiten gehören vor allem dieselben Erfahrungen. In erster Linie ist es der vorzeitige Vaterverlust wie bei Hölderlin, Mörike oder Schumann. Die Männerwelt wird durch die Frauenherrschaft eingeschränkt wie bei Lenau, Hölderlin, Mörike und Schumann. Sehr schnell lernt Peter Härtling die Rolle der Männerfreundschaften verstehen, indem er sich mit Fritz Ruoff, Erich Rall und Alexander Besser befreundet, die bei ihm sehr schnell in die Rolle der Ersatzväter schlüpfen. Nicht nur die familiären Geschehnisse lassen das Gemeinsame aufspüren. Es muss auch die geistige Nähe einbezogen werden. Der Schriftsteller und seine Künstler mussten sich in ihrer Zeit als freie Schriftsteller durchsetzen, sich um seine Existenz kümmern. Der Drang, sich in der Kunst auszudrücken, sein Leben der Kunst zu widmen ist auch ein Faktor, der die Gemeinsamkeiten hervorhebt. Was Härtling und seine

Künstler verbindet, ist auch die Zerrissenheit zwischen Idee und Wirklichkeit, zwischen Tat und Gedanke. Zur Tat ist Peter Härtling wie seine Künstler unfähig. Das Schreiben soll bei ihm zum Ausdrucksmedium werden. Durch die Kunst versucht er dem Leser den Weg zu zeigen. Er mischt sich in keine Auseinandersetzungen ein. Er schafft, denkt und fühlt mit.

Auch mit den Musikern fühlt sich der Autor verbrüdert. Bei Franz Schubert bewundert Härtling die Fähigkeit, die Musikalität aus dem Wort herauszuholen. In der Musik Schuberts und Schumanns verspürt er die Motive der Fremde, Flucht und Wanderschaft, die seine Kindheit begleiteten. Die drei Motive sind auch für seine Dichter charakteristisch, die ständig unterwegs, die auf der Suche nach dem Zuhause, nach dem Zufluchtsort sind.

Die Künstler, die vieles Gemeinsames mit Peter Härtling haben, verfügen auch über die gemeinsamen Erfahrungen und Eigenschaften. Sie verweilen in denselben Umgebungen. Niembsch, Hölderlin, Waiblinger und Mörike sind mit Nürtingen, Tübingen und Württemberg verbunden. Der mit dem schwäbischen Milieu vertraute Erzähler, der „der beschriebenen Welt teils wohlwollend, teils kritisch gegenübersteht,"[249] sowie aufgrund seiner Herkunft hat Vorteile als Biograph einer Reihe der mit Schwaben verbundenen Künstler. Der Erzähler scheut auch nicht davor, seinen Protagonisten Schwäbisch sprechen zu lassen, was die schwäbischen Kontakte bzw. Wurzeln seiner Erzählfiguren sowie die Nähe des Erzählers zu den geschilderten Figuren verstärkt. So wird in der Gesellschaft Niembschs Schwäbisch gesprochen: „[…] dass die Mädle koine Männer kriaget, des ischt fei arg und Abhilf könnet Sie au et schaffe […]" (N. 67) oder an einer anderen Stelle: „so isch's doch, Meischter?" (N. 96) Hölderlins Gespräche werden auch oft auf Schwäbisch geführt: „Des isch net wahr; sag's em, Rike, dass des net wahr isch. I seh des au net, Fritz […]" (H. 141) Der vor Maria fliehende Mörike wiederholt auch einen schwäbischen Satz wie ein Refrain: „I mueß hoim." (M. 5, 7, 106) Die Gespräche mit den Familienmitgliedern werden auch auf Schwäbisch geführt (M. 18, 34). Franz Schubert, der in Wien, Robert Schumann, der in Leipzig, Dresden, Düsseldorf und E.T.A. Hoffmann, der in Bamberg agiert, machen hier die Ausnahme.

Alle Künstler leben und sind künstlerisch nur kurz tätig: Niembsch (48 Jahre), Hölderlin (73 Jahre, darunter 37 Jahre aktiv), Waiblinger (26 Jahre), Mörike (71 Jahre, darunter 39 Jahre aktiv), Schubert (31 Jahre), Schumann (46 Jahre) und schließlich E.T.A. Hoffmann (46 Jahre). Sie verlieren vorzeitig einen der Elternteile. Der zweite Elternteil versucht, einen zu großen Einfluss auf das Kind zu

---

249 H. Fritsch: *Peter Härtlings „Hölderlin"...* op. cit., S. 51.

haben. Von dem jungen Künstler wird die Erfüllung der Hoffnungen, die der verstorbene Elternteil zu erfüllen hatte, verlangt. Deswegen ist seine Karriere schon vorgeschrieben. Die Mutter-Sohn- oder Vater-Sohn-Beziehung entwickelt sich zur hass-liebenden Beziehung. Jeder Künstler versucht gegen die vorgesehene Berufskarriere zu rebellieren. Vorzeitig verlassen sie das Zuhause, nach dem sie sich sehnen, zu dem sie immer wieder zurückkehren und in dem sie nach jeder Rückkehr immer größere Entfremdung zu der Familie empfinden. Die Fremde in der Familie versuchen sie dadurch zu überwinden, dass sie sich fügen lernen. Der Rollenzwang wird zum Rollenspiel.

Auch die Gesellschaft und die Politik beeinflussen das Verhalten des Künstlers. Der zur Fügung erzogene Künstler passt sich an, wird zur Tat unfähig. Er nimmt die ihm aufgebürdete Rolle hin. Der Künstler wird zum Außenseiter. Er schlägt den Weg nach innen ein. Hier führt er Selbstgespräche, erfindet Gesprächspartner. Hier kommt es zur Spaltung. Seine Wünsche und Träume drückt er in der Kunst aus. Die Entfremdung von der ihn umgebenden Welt entwickelt sich zur Weltfremdheit. Die äußeren Umstände wie das Elternhaus und die Familie, die Gesellschaft d.h.: Freunde, Lieben und politische Verhältnisse tragen zwar zur Gewinnung der Künstleridentität bei. Sie gerät jedoch in eine Krise, die durch die Kluft zwischen der Innen- und Außenwelt bewirkt wird, die nicht mehr zu überwinden ist. Seine Kunst wird immer mehr unverständlich für Empfänger. Der Künstler endet in der Einsamkeit im Wahnsinn, wobei es möglich ist, dass er verstummt oder zu lallen beginnt. Keine Lust mehr oder keine Fähigkeit mehr sich auszudrücken ist das Merkmal der Sprachkrise.

Mit der Durchführung der Analysen der Künstlerbiographien von Peter Härtling wurde in der Abhandlung versucht, die im Vorwort aufgestellten Thesen zu verfechten. In den Thesen wurde vermutet, dass der Härtlingsche Künstler seiner Epoche voranschreitet, dass alle Härtlingschen Künstler Gemeinsamkeiten haben und schließlich, dass es sich einen neuen universalen Künstlertypus herausarbeiten lässt. Es wurde bewiesen, dass es sich bei dem Härtlingschen Künstler, der über seine literarische Epoche hinausschreitet, die Eigenschaften des Künstlers der Moderne feststellen lassen. Zu diesen gehören solche Eigenschaften wie: Entfremdung, Einsamkeit, Weltfremdheit, Spaltung. Er gerät in Sprach-, Existenz- und Ich-Krise. Die Gemeinsamkeiten zwischen dem Autor und dem Künstler wurden ebenfalls nachgewiesen. Zum Schluss wurde ein neuer universaler Künstlertypus herausgearbeitet. Es wurde gezeigt, dass der Künstler zum Außenseiter wird, der wegen der oben genannten äußeren sowie inneren Faktoren entweder sich auf die Wanderschaft begibt oder den Weg nach innen einschlägt.

Anhang

„Ich finde um zu erfinden." Peter Härtling im Gespräch mit Maciej Ganczar

Maciej Ganczar: Peter Härtling braucht nicht mehr vorgestellt zu werden. Deswegen nur kurz. Sie sind eine Zelebrität unter den zeitgenossischen deutschen Schriftstellern. Bekannt geworden sind Sie durch Ihre sogenannten Dichter- und *Erinnerungsromane.* Sie sind ein gern gelesener Kinderbücherautor. Auch Ihre lyrische Tätigkeit geht nicht ohne Echo in die Literaturgeschichte ein. Mit welchem dieser Gebiete identifizieren Sie sich am tiefsten?

Peter Härtling: Mit der Lyrik. Ich habe mit Gedichten begonnen und ich hoffe, „zum Schluss" noch ein Gedicht zu schreiben.

Maciej Ganczar: Wie gesagt, Sie sind Autor von Dichterromanen, darunter über Lenau, Hölderlin, Mörike und Waiblinger. Die Bezeichnung *Dichterromane* ist die häufigstangewandte. Da dazu noch Romane über Schubert, Schumann und Hoffmann hinzukommen, entsteht das Problem mit der Bezeichnung. In meiner Recherche zu Ihrem Leben und Werk habe ich u.a. auf *fiktionalisierte Biographien, romanhafte Biographien, Künstlerromane* und *Dichterromane* getroffen. Ich selbst habe Künstlerbiographien vorgeschlagen. Für welche Bezeichnung würden Sie plädieren?

Peter Härtling: Romane! *Hölderlin* hat als Untertitel *Ein Roman. Niembsch* firmiert als *Suite.* Und siehe die anderen Untertitel bei Schubert, Schumann etc.

Maciej Ganczar: Die Künstler, deren Biographien Sie uns erzählen wollten, sind meistens Romantiker. Was zieht Sie an diese Dichter und Musiker an? Ein paar Gemeinsamkeiten lassen sich auf den ersten Blick erkennen: die geographische Nähe, Ihre autobiographischen Erfahrungen und schließlich die geistige Verwandtschaft. Waren es die Gründe, warum Sie sich mit diesen Künstlern zu beschäftigen begonnen? Welche Gründe kommen noch dazu?

Peter Härtling: Vieles kommt zusammen: Autobiographisches, aber auch das Interesse an Grenzerfahrungen in der Kunst, an „Epochenspringern" wie Hölderlin, Schubert, Schumann und E.T.A. Hoffmann. Im Hintergrund sind da immer „meine Gegenden".

Maciej Ganczar: Ihre Dichterfiguren sind auch die ersten freien Schriftsteller. Gibt es da auch Gemeinsamkeiten zwischen Ihnen und Ihren Künstlern? Wie setzt sich der heutige freie Schriftsteller in Deutschland durch?

Peter Härtling: Hölderlin war einer der ersten „freien Schriftsteller", Schubert der erste freie, bürgerliche Komponist... Die meisten jungen Schriftsteller in Deutschland leben von Stipendien und Preisen. Ganz im Gegenteil zu uns „Anfängern" vom Jahre 1950.

Maciej Ganczar: Auf die Dichter folgten dann die Musiker: Schubert, Schumann und zum Teil Hoffmann. Warum eben diese Musiker? Ist es nur ihre „Flüchtermusik"?

Peter Härtling: Dies auch. Schuberts und Schumanns Musik suchen das „extreme" Hören und die „Empfindung an der Grenze". Alle drei sind „Wanderer".

Maciej Ganczar: Die Musik ist eins der *Bindemittel* in Ihren Künstlerbiographien. Sie verbindet nicht nur Sie mit den Musikern, aber auch mit den Dichtern. Die Musik ist in allen Biographien zu hören.

Peter Härtling: Ich höre Musik – allerdings nur Instrumentalmusik –, wenn ich schreibe.

Maciej Ganczar: Unter den Musikstücken nimmt in Ihrem Werk die Oper *Don Juan* von Wolfgang Amadeus Mozart eine besondere Rolle ein. *Don Juan* ist in fast allen Künstlerbiographien zu treffen. Welche Rolle schreiben Sie dem Protagonisten zu?

Peter Härtling: Don Juan ist für mich die Grundfigur: Wanderer, Grenzgänger, Erkunder der Nähe und der Distanz, Verbrecher aus ungekonnter Liebe.

Maciej Ganczar: Ein weiteres *Bindemittel* sind die Begriffe *Wiederholung* und *Erinnerung* im philosophischen Sinne von Søren Kierkegaard. Am stärksten ist der dänische Philosoph in der Suite *Niembsch oder Der Stillstand* zugegen. Die Erzählfigur ist von der Erinnerung belastet. Der Erinnerung versucht sie durch Wiederholung zu entkommen. Könnten Sie den Zusammenhang zwischen Erinnerung und Wiederholung näher erläutern?

Peter Härtling: Was mich seit je beim Schreiben beschäftigt, ist Kierkegaards Einsicht, dass die Erinnerung eine „Wiederholung nach vorn" sei. Es bedeutet: die erfahrene Utopie.

Maciej Ganczar: Die Erinnerung steht im Zusammenhang mit der Zeit. Könnten Sie auch die Rolle der Zeit in Ihrem Werk mal kurz charakterisieren?

Peter Härtling: Ich erlebte 1945, wie die Generation meiner Väter ihre Zeit unterschlug. Das entsetzte mich. Die Zeit stellt in meiner Lebensmusik den *basso continuo* dar.

Maciej Ganczar: Das Engagement für die Auseinandersetzung mit der Erinnerung und Zeit der Erzählfigur Niembsch trägt zu deren Entfremdung, was wiederum zur Weltfremdheit führt. Worin sehen Sie weitere Gründe für Entfremdung Ihrer Protagonisten?

Peter Härtling: Ich würde Niembsch nicht als weltfremd bezeichnen, sondern an der Welt leidend: wie Hölderlin, Mörike, Schubert, Schumann und Hoffmann.

Maciej Ganczar: In einem Aufsatz traf ich auf die Formulierung, Ihre Künstler sind Opfer oder Gefangene der Geschichte. Wie verstehen Sie die Geschichte?

Peter Härtling: Geschichte ist das unbegriffene Ganze im kollektiven wie auch im individuellen Gedächtnis.

Maciej Ganczar: Die Mutter-Sohn- oder Vater-Sohn-Beziehung sind auch ein Auslösefaktor der Entfremdung der Künstler. Welche Auswirkungen mussten die Gestalten auf die Entwicklung der Persönlichkeit Ihrer Künstler gehabt haben?

Peter Härtling: Der frühe Verlust meiner Eltern führte zu einem Trauma, das sich erst im Erzählen löste. Ich meine hier vor allem *Nachgetragene Liebe.*

Maciej Ganczar: Der vorzeitige Verlust eines der Elternteile trägt dazu bei, dass er idealisiert wird. Das idealisierte Bild des verlorenen Elternteiles bleibt auch nicht ohne Auswirkungen auf die Künstler?

Peter Härtling: Das Bild meines Vaters wirkt stärker, weil er in meiner Erinnerung mehr schweigt als meine Mutter.

Maciej Ganczar: Ihre Protagonisten lieben, sogar verehren die Frauen. Sie sind jedoch diese, die keine Beziehungen einzugehen wissen. Worin sehen Sie die Gründe für solche Unfähigkeit, Bindungen einzugehen?

Peter Härtling: Das ist die Ausschließlichkeit ihrer Kunst und die Angst, die aufgeben zu müssen.

Maciej Ganczar: Auf Ihre Künstler hat auch die große Politik einen Einfluss, sei es die Französische Revolution auf Hölderlin oder die Metternichs Ära auf Schubert. In wieweit beeinflusst die Politik das Leben Ihrer Künstler?

Peter Härtling: Die Politik sehe ich als Widerspruch zum Gegebenen, zum Gängigen – als Aufbruch und als Hoffnung bei Hölderlin und bei Schubert. Sie ist auch Einschränkung sei es bei Hoffmann, Mörike, Waiblinger oder Schumann.

Maciej Ganczar: Als Autor der Künstlerbiographien bzw. Künstlerromane mussten Sie in eine zweifache Rolle schlüpfen, in die des Erzählers und die des Biographen. Wenn Sie an einer Künstlerbiographie arbeiten, fühlen Sie sich mehr als Biograph oder als Erzähler?

Peter Härtling: Ungleich mehr als Erzähler!

Maciej Ganczar: Für viele werden Sie als Vorreiter eines neuen Umgangs mit der Geschichte angesehen. In Ihnen sehe ich den Autor des Programms, wie man Künstlerbiographien schreibt. Wie schreibt man eine Künstlerbiographie nach Peter Härtling?

Peter Härtling: Ich finde um zu erfinden. Das Vorgefundene wird in der Erfindung verändert. Das heißt: Die Fiktion schenkt der Geschichte eine zweite, neue Wirklichkeit.

Maciej Ganczar: Wie würden Sie den Härtlingschen Erzähler charakterisieren?

Peter Härtling: Ich mische mich findend ins Vorgefundene ein. Das ist eben mein Grundprinzip im Umgang mit der Geschichte.

Maciej Ganczar: Und jetzt nur noch abschließend. Haben Sie vor, sich an einen neuen Künstler anzunähern? Woran arbeitet Peter Härtling im Moment?

Peter Härtling: Ich arbeite an einer Erzählung über das reisende und „ausgestellte" Kind Mozart.

Maciej Ganczar: Haben Sie besten Dank für das Gespräch.

Kalendarium

13. 11. 1933	Geburt in Chemnitz. Kindheit in Hartmannsdorf.
1941	Umzug nach Olmütz in Mähren. Flucht vor den Nazis.
1945	Flucht nach Zwettl in Niederösterreich. Einmarsch der russischen Armee. Weitere Flucht Richtung Westen.
Juni 1945	Tod des Vaters im russischen Kriegsgefangenenlager Döllersheim.
Anfang 1946	Eintreffen in Nürtingen. Nach einem Dreivierteljahr ohne Schule wieder im Gymnasium.
Oktober 1946	Freitod der Mutter.
1948	Bekanntschaftsschließung Härtlings mit dem früheren Kommunisten und Maler Fritz Ruoff.
Winter 1951	Ausscheidung aus dem Gymnasium. Arbeit in der Buchhaltung einer Korkfabrik.
Frühjahr 1951	Besuch der von H.A.P. Grieshaber gegründeten Bernstein-Schule.
1952–1954	Volontär in der Lokalredaktion der „Nürtinger Zeitung".
1953	Veröffentlichung der ersten Gedichtssammlung *poeme und songs*.
1954–1955	Redakteur bei der „Heidenheimer Zeitung".
1956	Erster Versuch, sich als freier Schriftsteller zu etablieren.
1956–1962	Feuilleton-Redakteur bei der „Deutschen Zeitung" zuerst in Stuttgart, nach 1960 in Köln.
1959	Heirat mit Mechthild Maier, Psychologin.
1962	Redakteur bei der Zeitschrift „Der Monat".
ab Mai 1964	Mitherausgeber der Zeitschrift „Der Monat".
1963	Geburt des Sohnes Fabian.
1964	Literaturpreis des Verbandes der Kritiker für *Niembsch*.
1964	Lesung bei der Tagung der Gruppe 47 im „Alten Casino" am Wannsee/Berlin.
1965	Engagement für die SPD im Wahlkontor Deutscher Schriftsteller. Förderpreis Literatur des Landes Niedersachsen für *Niembsch*. Geburt der Tochter Friederike.
1966	Ehrengabe des Kulturkreises im Bundesverband der Deutschen Industrie für *Niembsch*. Prix du meilleur Livre Étranger für französische Ausgabe von *Niembsch*. Geburt des Sohnes Clemens.
Anfang 1967	Cheflektor im S. Fischer Verlag.
1968	Sprecher der Geschäftsleitung des S. Fischer-Verlags.
1970	Schubart-Preis der Stadt Aalen für *Das Familienfest*. Geburt der Tochter Sophie.

1971	Gerhart-Hauptmann-Preis der Freien Volksbühne Berlin für *Gilles*.
1973/1974	Ausscheidung aus der Geschäftsführung des S. Fischer-Verlags. Freier Schriftsteller.
1976	Deutscher Jugendbuchpreis für *Oma*.
1977	Stadtschreiber von Bergen-Enkheim.
1978	Wilhelmine-Lübke-Preis des Kuratoriums Deutsche Altershilfe.
1979–1980	Teilnahme am Widerstand gegen den Bau der Startbahn West am Frankfurter Flughafen.
1980	Zürcher Kinderbuchpreis „La vache qui lit" für *Ben liebt Anna* und *Sofie macht Geschichten*.
1982	Naturschutzpreis der Kreisgruppe Groß-Gerau des Bundes für Umwelt und Naturschutz.
1983/1984	Gastdozentur für Poetik an der Universität Frankfurt am Main.
1985	Preis der Stiftung zur Förderung der Geistigen und Kulturellen Arbeit.
Ab 1986	Regelmäßige Seminare und Vorträge über Franz Schubert und Liedertexte. Freundschaft mit der Sängerin Mitsuko Shirai und dem Pianisten Hartmut Höll.
1987	Hermann-Sinsheimer-Preis und Hölderlin-Preis der Stadt Bad Homburg. Erste Lesungen nach dem Vorbild der Schubertiaden.
1992	Lion-Feuchtwanger-Preis.
Frühjahr 1994	Poetik-Dozent an der Hochschule für Musik und Gestaltung „Mozarteum" in Salzburg.
1994/1995	Vorlesungen an der Musikhochschule Karlsruhe.
1994	Verleihung des Titels eines Professors durch das Land Baden-Württemberg.
1995	Stadtschreiber von Mainz.
1995	Verleihung des Großen Bundesverdienstkreuzes.
1996	Verleihung der Wilhelm-Leuschner-Medaille des Landes Hessen.
1996	Verleihung der Karl-Preusker-Medaille durch die Deutsche Literaturkonferenz.
1997	Uraufführung des Stücks *Melchinger Winterreise* durch das Theater Lindenhof, Melchingen. Voerder Jugendbuchpreis.
1998	Wahl zum Präsidenten der Hölderlin-Gesellschaft.
2000	Eichendorff-Preis.
2001	Dr. h. c. der Universität Gießen.
2001	Poetik-Dozentur der Universität Dresden.

2001	Sonderpreis des Jugendbuchpreises für das kinderliterarische Gesamtwerk.
2003	Deutscher Bücherpreis für das Lebenswerk. Verliehen vom Börsenverein des Deutschen Buchhandels in Leipzig.
2003	Ehrenbürger der Stadt Mörfelden-Walldorf.
2004	Ehrenbürger der Stadt Nürtingen am Neckar.
2006	Gerty-Spies-Literaturpreis der Landeszentrale für politische Bildung Rheinland-Pfalz
2007	CORINE Ehrenpreis des Bayerischen Ministerpräsidenten für sein Lebenswerk
2010	Kulturpreis des Kreises Groß-Gerau
2011	Großer Preis der Deutschen Akademie für Kinder- und Jugendliteratur e.V. Volkach
2012	Kulturpreis Deutsche Sprache
2014	Hessischer Kulturpreis

Peter Härtlings Werke im Überblick

Gedichtssammlungen

1. *poeme und songs.* Eßlingen 1953.
2. *Yamins Stationen.* Eßlingen 1955.
3. *In Zeilen zuhaus. Vom Abenteuer des Gedichts, des Gedichteschreibens und Gedichtelesens.* Pfullingen 1957.
4. *Unter den Brunnen.* Eßlingen 1958.
5. *Spielgeist Spiegelgeist.* Stuttgart 1962.
6. Schäfer, Hans Dieter (Hg.): *Neue Gedichte.* Darmstadt 1972.
7. *Anreden. Gedichte aus den Jahren 1972–1977.* Darmstadt, Neuwied 1977.
8. *Vorwarnung.* Darmstadt, Neuwied 1983.
9. *Die Mörsinger Pappel.* Darmstadt, Neuwied 1987.
10. *Ausgewählte Gedichte 1953–1979.* Darmstadt, Neuwied 1979.
11. *Die Gedichte 1953–1987.* Frankfurt a. M. 1989.
12. Brodwolf, Jürgen; Härtling, Peter: *Zwanzig Transparentblätter. Fünfzehn Gedichte.* Stuttgart 1989.
13. Härtling, Peter; Rainer, Arnulf: *Engel – gibt's die? 28 Gedichte und 30 Übermalungen.* Stuttgart 1992.
14. *Das Land, das ich erdachte. Gedichte 1990–1993.* Stuttgart 1993.
15. *Horizonttheater.* Köln 1997.
16. *Ein Balkon aus Papier.* Köln 2000.
17. *kommen – gehen – bleiben. Gedichte.* Stuttgart 2003.
18. *Schattenwürfe – Gedichte 2005.* Stuttgart 2005

Romane und Erzählungen

1. *Im Schein des Kometen. Die Geschichte einer Opposition.* Stuttgart 1959.
2. *Niembsch oder Der Stillstand. Eine Suite.* Stuttgart 1964.
3. *Janek. Porträt einer Erinnerung.* Stuttgart 1966.
4. *Das Familienfest oder Das Ende der Geschichte.* Stuttgart 1969.
5. *Ein Abend eine Nacht ein Morgen. Eine Geschichte.* Neuwied, Berlin 1971.
6. *Zwettl. Nachprüfung einer Erinnerung.* Darmstadt, Neuwied 1973.
7. *Eine Frau.* Darmstadt, Neuwied 1974.
8. *Hölderlin.* Darmstadt, Neuwied 1976.
9. *Hubert oder Die Rückkehr nach Casablanca.* Darmstadt, Neuwied 1978.
10. *Nachgetragene Liebe.* Darmstadt, Neuwied 1980.
11. *Der wiederholte Unfall. Erzählungen mit einem Nachwort des Autors.* Stuttgart 1980.

12. *Die dreifache Maria.* Darmstadt, Neuwied 1982.
13. *Das Windrad.* Darmstadt, Neuwied 1983.
14. *Felix Guttmann.* Darmstadt, Neuwied 1985.
15. *Brief an meine Kinder.* Stuttgart 1986.
16. *Waiblingers Augen.* Darmstadt, Neuwied 1987.
17. *Die kleine Welle. Vier Geschichten zur Schöpfungsgeschichte.* Stuttgart 1987.
18. *Der Wanderer.* Hamburg, Zürich 1988.
19. *Herzwand. Mein Roman.* Hamburg, Zürich 1990.
20. *Brief an meine Kinder: erweitert um einen zweiten Brief.* Hamburg, Zürich 1991.
21. *Schubert.* Hamburg, Zürich 1992.
22. *Božena.* Köln 1994.
23. *Schumanns Schatten.* Köln 1996.
24. *Große, kleine Schwester.* Köln 1998.
25. *Hoffmann oder Die vielfältige Liebe.* Köln 2001.
26. *Leben lernen. Erinnerungen.* Köln 2003.
27. *Die Lebenslinie. Eine Erfahrung.* Köln 2005.
28. *O'Bär an Enkel Samuel. Eine Erzählung mit fünf Briefen.* Köln 2008.
29. *Liebste Fenchel! Das Leben der Fanny Hensel-Mendelssohn in Etüden und Intermezzi.* Köln 2011.
30. *Tage mit Echo. Zwei Erzählungen.* Köln 2013.

Kinderbücher

1. *… und das ist die ganze Familie. Tagesläufe mit Kindern.* Recklinghausen 1970.
2. *Das war der Hirbel.* Weinheim 1973.
3. *Zum laut und leise Lesen. Geschichten und Gedichte für Kinder.* Darmstadt, Neuwied 1975.
4. *Oma.* Weinheim 1975.
5. *Theo haut ab.* Weinheim 1977.
6. *Ben liebt Anna.* Weinheim 1979.
7. *Sofie macht Geschichten.* Weinheim, Basel 1980.
8. *Alter John.* Weinheim, Basel 1981.
9. *Jakob hinter der blauen Tür.* Weinheim, Basel 1983.
10. *Krücke.* Weinheim, Basel 1987.
11. *Geschichten für Kinder.* Weinheim, Basel 1988.
12. *Fränze.* Weinheim, Basel 1989.
13. *Peter Härtling für Kinder. Der bunte Hund – Sonderheft.* Weinheim, Basel 1989.

14. *Mit Clara sind wir sechs. Von den Scheurers, die sich alle Mühe geben, eine Familie zu sein.* Weinheim, Basel 1991.
15. *Fundevögel. Geschichten zum Wieder- und Wiederlesen. Für Kinder von neun bis neunzig.* Stuttgart 1991.
16. *Erzählbuch. Geschichten, Gedichte, Texte, Proben,* Auswahl von Hans-Joachim Gelberg. Weinheim, Basel 1992.
17. *Lena auf dem Dach.* Weinheim, Basel 1993.
18. *Jette. Erzählbuch. Geschichten, Gedichte, Texte, Proben.* Weinheim, Basel 1995.
19. *Tante Tilli macht Theater.* Weinheim, Basel 1997.
20. *Reise gegen den Wind.* Weinheim, Basel 2000.
21. *Paul das Hauskind.* Weinheim, Basel 2010.
22. *Hallo Opa Liebe Mirjam.* Weinheim, Basel 2013.

Dramen

1. *Gilles. Ein Kostümstück aus der Revolution.* Stuttgart 1970.
2. *Melchinger Winterreise. Stationen für die Erinnerung.* Stuttgart 1998.

Essays, Aufsätze und Reden

1. *Palmström grüßt Anna Blume. Essay und Anthologie der Geister aus Poetia.* Stuttgart 1961.
2. *Die Väter. Berichte und Geschichten.* Frankfurt a. M. 1968.
3. *Das Ende der Geschichte. Über die Arbeit an einem ,historischen Roman'.* Mainzer Akademie der Wissenschaften und Literatur. Abhandlungen der Klasse der Literatur 1968, Nr. 3. Mainz 1968.
4. *Mein Lesebuch.* Frankfurt a. M. 1979.
5. *Der spanische Soldat oder Finden und Erfinden.* Frankfurter Poetik-Vorlesungen. Darmstadt, Neuwied 1984.
6. *Und hören voneinander. Reden aus Zorn und Zuversicht.* Stuttgart 1984.
7. *Zueignung. Über Schriftsteller. Erinnerungen an Dichter und Bücher.* Stuttgart 1985.
8. *Ein uneingelöstes Vermächtnis. Rede zur Eröffnung der Hermann-Kurz-Ausstellung.* Reutlingen 1988.
9. *Noten zur Musik.* Stuttgart 1990.
10. *Brüder und Schwestern. Tagebuch eines Synodalen. Mit der Rede UnserLand MeinerLand KeinerLand AllerLand.* Stuttgart 1991.

11. *Der Anspruch der Kinderliteratur. Jahresgabe 1991 des Freundeskreises des Instituts für Jugendbuchforschung.* Johann-Wolfgang-Goethe-Universität Frankfurt a. M. 1991.

12. *Vom Altern. Ein Vortrag.* Nürtingen 1992.

13. *Gegenden, Orte – Hölderlins Landschaft. Ein Festvortrag.* Stuttgart 1993.

14. *Das wandernde Wasser. Musik und Poesie der Romantik.* Salzburger Vorlesungen 1994. Stuttgart 1994.

15. *Die Gegend meines Vaters.* In: Erlebte Geschichte. Hg. v. J. Pfeiffer; G. Fichtner. Tübingen 1994.

16. *Das andere Ich. Ein Gespräch mit Jürgen Krätzer.* Köln 1998.

17. *Notenschrift. Wörter und Sätze zur Musik.* Stuttgart 1998.

18. *Reden und Essays zur Kinderliteratur.* Hrsg. von Hans-Joachim Gelberg. Weinheim 2003.

19. *Peter Härtling: Erinnerte Wirklichkeit – erzählte Wahrheit. Die Städte meiner Kindheit. Mit einer Einführungsrede von José F. A. Oliver sowie einem Nachwort und einer Bibliographie von Walter Schmitz.* Dresden 2007.

Literaturverzeichnis

Primärliteratur

Härtling, Peter: *Die dreifache Maria. Eine Geschichte.* Köln 1996.

Härtling, Peter: *Hoffmann oder Die vielfältige Liebe. Eine Romanze.* Köln 2002.

Härtling, Peter: *Hölderlin. Ein Roman.* Köln 1999.

Härtling, Peter: *Niembsch oder Der Stillstand. Eine Suite.* München 1994.

Härtling, Peter: *Schubert. Zwölf Moments musicaux und ein Roman.* München 1998.

Härtling, Peter: *Schumanns Schatten. Variationen über mehrere Personen. Roman.* Köln 1996.

Härtling, Peter: *Waiblingers Augen. Roman.* München 1998.

Sekundärliteratur

Apel, Friedmar: *Ein Sitzchen im Leben.* In: „Frankfurter Allgemeine Zeitung", 04. 11. 2003.

Apel, Friedmar: *Wanderer seiner Geschichte.* In: „Frankfurter Allgemeine Zeitung", 13. 11. 2003.

Armin, Gebhardt: *Schwäbischer Dichterkreis. Uhland, Kerner, Schwab, Hauff, Mörike.* Marburg 2004.

Arnold, Heinz Ludwig (Hg.): *Friedrich Hölderlin.* München 1996.

Auffermann, Verena: *Ich möchte verstanden werden. Zu den Poetik-Vorlesungen in Frankfurt.* In: „Süddeutsche Zeitung", 22. 02. 1984.

Barner, Wilfried: *Heim-Sucher, Nestflüchter. Porträt des Schriftstellers Peter Härtling.* In: „Stuttgarter Zeitung", 28. 11. 1985.

Barzun, Jacques: *Biography and Criticism – a Misalliance Disputed.* In: „Critical Inguiry". 1975. Vol. 1. No. 3.

Baumgart, Reinhard: *Beckett und Biedermeier.* In: „Der Spiegel", 21. 10. 1964.

Beck, Adolf: *Hölderlins Weg zu Deutschland. Fragmente und Thesen.* Stuttgart 1982.

Bertaux, Pierre: *Friedrich Hölderlin. Eine Biographie.* Frankfurt a. M. 2000.

Bertaux, Pierre: *Hölderlin und die Französische Revolution*. Frankfurt a. M. 1969.

Bichsel, Peter (Hg.): *Festgabe zum 60. Geburtstag. Für Peter Härtling*. Stuttgart 1993.

Blaich, Ute: *Zärtlichkeit und Trauer*. In: „Die Zeit", 08. 09. 1983.

Blumenberg, Hans C.: *Sturz aus der Zeit*. In: „Die Zeit", 25. 08. 1978.

Bondy, Barbara: *Bewußtwerdung*. In: „Süddeutsche Zeitung", 24./25. 08. 1974.

Bondy, Barbara: *Die Obsession: Erinnerung*. In: „Süddeutsche Zeitung", 12./13. 05. 1973.

Bormann, Alexander von: *Des Dichters Lebensstoff*. In: „Der Tagesspiegel", 25. 11. 1990.

Boucourechliev, André: *Robert Schumann mit Selbstzeugnissen und Bilddokumenten*. Reinbek bei Hamburg 1990.

Brauer, Katharina: *Vergebens verliebt*. In: „Rheinischer Merkur", 22. 06. 2001.

Braun, Peter: *Alle meine Ichs*. In: „Rheinischer Merkur", 02. 10. 2003.

Braun, Peter: *E.T.A. Hoffmann. Dichter, Zeichner, Musiker. Biographie*. Düsseldorf 2004.

Brockschmidt, Rolf: *Überlebensabenteuer*. In: „Der Tagesspiegel", 18. 10. 2000.

Burger, Ernst: *Robert Schumann – Eine Lebenschronik in Bildern und Dokumenten*. Mainz 1998.

Busch, Frank: *Wohn dich in mir ein*. In: „Die Zeit", 27. 11. 1987.

Bylow, Christina: *Jeder Morgen könnte mir fehlen*. In: „Der Tagesspiegel", 13. 11. 2003.

Chojecki, Andrzej: *Postmodernizm – poszerzanie obszarów języka czy świadomości?* In: *Ponowoczesność a tożsamość*. Hg. v. B. Tokarz, S Piskor. Katowice 1997.

Conrady, Karl-Otto: *Eine Etüde über Liebe und Fremdheit*. In: „Frankfurter Rundschau", 07. 10. 1987.

Constantine, David: *Friedrich Hölderlin*. München 1992.

Corrodi, Paul: *Das Urbild von Mörikes Peregrina*. Kirchheim a. T. 1976.

Cramer, Sibylle: *Schwäbische Windmühlenkämpfe*. In: „Frankfurter Rundschau", 02. 01. 1984.

Dankert, Birgit: *Familie: Einspruch! Peter Härtlings Roman „Lena auf dem Dach".* In: „Die Zeit", 08. 10. 1993.

Deiss, Erika: *Härtlings Erzählungen.* In: „Neue Zürcher Zeitung", 14. 06. 2001.

Demetz, Peter: *Der Sommer ist in den Winter aufgegangen. Gedichte von Rose Ausländer und Peter Härtling.* In: „Frankfurter Allgemeine Zeitung", 03. 12. 1977.

Dobretsberger, Barbara: *Der Dichter spricht – Peter Härtlings Porträt von Robert Schumann.* In: „Studia Niemcoznawcze", Bd. XXII, Warszawa 2001, S. 459–465.

Drommer, Günther (Hg.): *Zwischen Untergang und Aufbruch. Aufsätze, Reden, Gespräche.* Berlin, Weimar 1990.

Dücker, Burckhard: *Peter Härtling.* München 1983.

Durand, Beatrice: *Schubert und Ich.* In: „Die Tageszeitung", 30. 09. 1992.

Dürr, Walther; Feil, Arnold: *Franz Schubert.* Stuttgart 1991.

Ebel, Martin: *Wir dürfen staunen, aber nicht kosten.* In: „Tages-Anzeiger", 15. 10. 2003.

Eger, Christian: *Ein Herz für Cooper & Co. Gespräch.* In: „Mitteldeutsche Zeitung", 15. 03. 2003.

Ekkehart, Rudolph: *Protokoll zur Person.* In: ders.: *Autoren über sich und ihr Werk.* München 1971, S. 73–84.

Errante, Vincenzo: *Lenau. Geschichte eines Märtyrers der Poesie.* Mengen 1948.

Ewers, Hans-Heino: *Als der Krieg zu Ende war.* In: „Frankfurter Allgemeine Zeitung", 11. 04. 1987.

Feldes, Roderich: *Einübung in andere Lebensformen.* In: „Süddeutsche Zeitung", 21./22. 08. 1983.

Feldes, Roderich: *Hand an uns legen – und leben.* In: „Süddeutsche Zeitung", 29. 07. 1983.

Feldges, Brigitte; Stadler, Ulrich: *E.T.A. Hoffmann: Epoche, Werk, Wirkung.* München 1986.

Flake, Otto: *Hortense oder Die Rückkehr nach Baden-Baden.* Frankfurt a. M. 1970.

Friedmann, Käthe: *Die Rolle des Erzählers in der Epik.* Darmstadt 1965.

Frisé, Maria: *Als der Frieden noch jung war.* In: „Frankfurter Allgemeine Zeitung", 17. 10. 2000.

Fritsch, Hildegard: *Peter Härtlings „Hölderlin". Untersuchung zur Struktur des Romans.* New York, Bern, Frankfurt a. M. 1983.

Fröhlich, Hans Jürgen: *Nachprüfung einer Erinnerung.* In: „Stuttgarter Zeitung", 15. 09. 1973.

Fuld, Werner: *Unser aller Franzl.* In: „Frankfurter Allgemeine Zeitung", 27. 08. 1992.

Göltl, Reinhard: *Franz Schubert und Moritz von Schwind. Freundschaft im Biedermeier.* München 1989.

Grabowska, Małgorzata: *Małgorzata Kalisz: „Die Wirklichkeit des Fiktiven. Peter Härtlings Dichterromane".* Verlag Hans-Dieter Heinz, Akademischer Verlag Stuttgart, Stuttgart 2000, 264 S. Recenzja. In: „Studia Niemcoznawcze", Bd. XXVII, Warszawa 2004, S. 763–764.

Grabowska, Małgorzata: *Motyw ,czasu' w powieści muzycznej „Niembsch oder Der Stillstand" Petera Härtlinga.* In: „Studia Niemcoznawcze", Bd. XXVIII, Warszawa 2004, S. 759–764.

Grabowska, Małgorzata: *Musik und das Musikalische – Peter Härtlings lyrisches Werk.* In: „Studia Niemcoznawcze", Bd. XXXI, Warszawa 2005, S. 487–494.

Grabowska, Małgorzata: *Musikalität der Sprache – zu Peter Härtlings „Der Wanderer" und „Niembsch oder Der Stillstand".* In: „Studia Niemcoznawcze", Bd. XXXI, Warszawa 2005, S. 495–508.

Grabowska, Małgorzata: *Musik und Musiker im Werk Peter Härtlings.* Wrocław 2006.

Grabowska, Małgorzata: *Peter Härtlings Dichterbiographien im Blickpunkt der Forschung.* In: „Studia Niemcoznawcze", Bd. XXXII, Warszawa 2006, S. 407–416.

Grabowska, Małgorzata: *Zur Funktion der Musik in Peter Härtlings Dichterbiographien „Waiblingers Augen", „Die dreifache Maria", „Hölderlin".* In: „Studia Niemcoznawcze", Bd. XXXII, Warszawa 2006, S. 159–164.

Grabowska, Małgorzata: *Zur Rolle des Begriffs ,Freundschaften' in Peter Härtlings Romanen „Schubert", „Schumanns Schatten", „Hoffmann oder die vielfältige Liebe".* In: „Studia Niemcoznawcze", Bd. XXIX, Warszawa 2005, S. 547–554.

Gregor-Dellin, Martin: *Versuch, der Zeit zu entrinnen.* In: „Die Zeit", 30. 10. 1964.

Grimminger, Rolf (Hg.): *Deutsche Aufklärung bis zur Französischen Revolution.* München 1980.

Gröble, Susanne: *E.T.A. Hoffmann.* Stuttgart 2000.

Grub, Frank Thomas: *Die Reise zum Mittelpunkt des Ichs.* In: „Saarbrücker Zeitung", 02. 03. 2001.

Hackenbracht, Elisabeth (Hg.): *Von Dichtung und Musik. ‚Peter Härtling'.* Stuttgart 1993.

Hackenbracht, Elisabeth und Rolf (Hg.): *Peter Härtling, Materialienbuch.* Darmstadt und Neuwied 1979.

Hackenbracht, Elisabeth: *Der andere Hölderlin.* In: *Theodor-Heuss-Gymnasium (Heilbronn). Beiträge-Berichte-Zahlen* 1976. H. 1, S. 86–96.

Hackenbracht, Rolf: *Peter Härtling: Waiblingers Augen.* In: *Erzählen, Erinnern. Interpretationen.* Hg. v. H. Kaiser, G. Köpf. Frankfurt a. M. 1992, S. 305–326.

Hamburger, Michael: *Peter Härtling: „Hölderlin".* In: „Neue Deutsche Hefte", 1976. H. 4, S. 806–809.

Harig, Ludwig: *„Božena" oder die Last des Erinnerns.* In: „Süddeutsche Zeitung", 20./21. 08. 1994.

Harig, Ludwig: *Eduards nützlicher Traum.* In: „Süddeutsche Zeitung", 01. 04. 1982.

Harmsen, Torsten: *Der dubiose Herr Maier.* In: „Berliner Zeitung", 17. 10. 2000.

Härtling, Peter (Hg.): *„…und mich – mich ruft das Flügeltier". Schiller für Kinder.* Frankfurt a. M. 2004.

Härtling, Peter (Hg.): *„Ich bin ein Musikus". Mozart für Kinder.* Frankfurt a. M. 2005.

Härtling, Peter (Hg.): *„Ich bin so guter Dinge". Goethe für Kinder.* Frankfurt a. M. 1998.

Härtling, Peter: *Das andere Ich. Ein Gespräch mit Jürgen Krätzer.* Köln 1998.

Härtling, Peter: *Der Wanderer.* Darmstadt, Neuwied 1988.

Härtling, Peter: *Nachgetragene Liebe.* Darmstadt, Neuwied 1980.

Hausenstein, Wilhelm: *Lux perpetua.* Frankfurt a. M. 1972.

Häussermann, Ulrich: *Friedrich Hölderlin mit Selbstzeugnissen und Bilddokumenten.* Reinbek bei Hamburg 1989.

Heißenbüttel, Helmut: *Das Gegenteil eines historischen Romans.* In: „Merkur", 1964. H. 199, S. 892–894.

Heißenbüttel, Helmut: *Erzählte Selbstbefragung.* In: „Merkur", 1966. H. 223, S. 994–997.

Heißenbüttel, Helmut: *Literatur nicht, als sei sie eine Sache für sich*. In: „Der Monat", 1969. H. 253, S. 99–104.

Helbling, Hanno: *Näher bei Dädalus*. In: „Neue Züricher Zeitung", 16. 09. 1983

Hermann, Georg: *Kubinke*. Frankfurt a. M. 1974.

Heselhaus, Clemens: *Sachliche Illusionen*. In: „Frankfurter Allgemeine Zeitung", 06. 10. 1956.

Hess, Nicole: *Die Fremde ist das Normale. Fremde und Heimat in Peter Härtlings „Der Wanderer"*. Bern, Berlin, Frankfurt a. M., New York, Paris, Wien 1994.

Hieber, Jochen: *Das öffentliche Experiment eines Schriftstellers. Poetik-Dozent P. Härtling*. In: „Frankfurter Allgemeine Zeitung", 16. 02. 1984.

Hildebrandt, Dieter: *Härtling trifft Hoffmann – aber trifft er ihn?* In: „Die Zeit", 08. 03. 2001.

Hinderer, Walter: *Peter Härtlings verwegene Augenblicke*. In: „Frankfurter Allgemeine Zeitung", 30. 04. 1983.

Hirsch, Karl J.: *Kaiserwetter*. Frankfurt a. M. 1971.

Hochheim, Rainer: *Nikolaus Lenau. Geschichte seiner Wirkung 1850–1918*. Frankfurt a. M. 1982.

Hölderlin, Friedrich: *Sämtliche Werke und Briefe*. Zweiter Band, München 1989.

Hosp, Sabine M.: *‚Texte sind Gelehrten‘. Peter Härtling: Literatur für Kinder. Eine erziehungswissenschaftliche Analyse seiner siebzehn Kinderbücher*. Innsbruck 1999.

Hübsch, Hadayatullah: *Vom Finden und Erfinden. Härtling als Poetik-Dozent an der Frankfurter Universität*. In: „Stuttgarter Zeitung", 02. 02. 1984.

Jens, Tilman: *Wie Pastor Mörike sein Glück verpaßt*. In: „Deutsches Allgemeines Sonntagsblatt", 18. 04. 1982.

Jokostra, Peter: *Die Krankheit war sein einziges Refugium*. In: „Die Welt", 27. 03. 1982.

Jokostra, Peter: *Nun könntest du mein jüngerer Bruder sein*. In: „Die Welt", 09. 02. 1980.

Joppien, Ingeborg: *Friedrich Hölderlin. Eine Psychobiographie*. Stuttgart 1998.

Jungheinrich, Hans-Klaus: *Ein Chr. F. Gellert vom preußischen König geschenkter ‚sanftmütiger Schimmel‘. Unkonventionelle Annäherungen an Robert Schumann und Franz Schubert*. In: „Frankfurter Rundschau", 10. 12. 1996.

Kaiser, Gerhard R.: *E.T.A. Hoffmann*. Stuttgart 1988.

Kaiser, Joachim: *Unvermeidliches Schubert-Dilemma*. In: „Süddeutsche Zeitung", 22. 08. 1992.

Kaiser, Joachim: *Wilder Bericht über eine schwäbische Seele. Ende einer Trilogie.* In: „Der Monat", 1969. H. 253, S. 104–109.

Kalisz, Małgorzata: *Die Wirklichkeit des Fiktiven. Peter Härtlings Dichterromane.* Stuttgart 2000.

Kalisz, Małgorzata: *Peter Härtlings ,Dichterromane' und die Neue Subjektivität der 70er Jahre.* In: *Zeitbewusstsein und Zeitkonzeption.* Hg. v. N. Honsza. Wrocław 2000, S. 89–102.

Kalisz, Małgorzata: *Wiederholung und Erinnerung. Peter Härtling. Zum aktuellen Forschungsstand.* In: „Orbis Linguarum", Vol. 9, Wrocław 1998, S. 227–236.

Keyserling von, Eduard: *Wellen.* Frankfurt a. M. 1971.

Kierkegaard, Sören: *Die Wiederholung. Ein Versuch in der experimentierenden Psychologie von Constantin Constantinus. Übersetzt, mit Einleitung und Kommentar.* Hg. V. H. Rochol. Hamburg 2000.

Kierkegaard, Sören: *Die Wiederholung. Ein Versuch in der experimentierenden Psychologie von Constantin Constantinus.* Übersetzt von Liselotte Richter. Hamburg 1991.

Klein, Georg: *Abgrund der Anverwandlung.* In: „Die Welt", 10. 03. 2001.

Kluckert, Ehrenfried: *Eduard Mörike.* Köln 2004.

Klutzny, Monika: *Menschen glühen wie Öfen.* In: „Die Welt", 16. 12. 2000.

Koegler, Horst: *Ein anderer Typ von Musikerroman.* In: „Stuttgarter Zeitung", 30. 09. 1992.

Köhler, Andrea: *Der Blick ins eigene Gesicht.* In: „Neue Züricher Zeitung", 25. 02. 1993.

Kováríková, Alena: *Peter Härtlings Roman Große, kleine Schwester.* In: *Mährische deutschsprachige Literatur. Eine Bestandsaufnahme. Beiträge der internationalen Konferenz Olmütz, 25.–28. 04. 1999.* Olomouc 1999, S. 223–228.

Koyama, Yoko: *Außenseiterproblematik in der deutschen und japanischen Kinderliteratur. Unter besonderer Berücksichtigung der Werke von Peter Härtling und Haitani Kenjirô.* Frankfurt a. M., Berlin, Bern, New York, Paris, Wien 1992.

Krätzer, Jürgen: *Der Dichter, der Sänger, der Wanderer. Peter Härtling: Versuch einer Spurensuche.* In: „Die Horen", 1992. H. 4, S. 89.–95.

Krätzer, Jürgen: *Die Metamorphosen Julias.* In: „Neue Deutsche Literatur", 2001. H. 3, S. 173–176.

Krätzer, Jürgen: *Ein nur bedingt gestattetes Leben.* In: „Neue Deutsche Literatur", 1994. H. 6, S. 144–146.

Krätzer, Jürgen: *Endstrophen, erdenschwer. Peter Härtling probt im „Horizonttheater" den Abschied.* In: „Neue Deutsche Literatur", 1998. H. 1, S. 172–173.

Krätzer, Jürgen: *Schumanniana. Wie aus der Ferne.* In: „Neue Deutsche Literatur", 1996. H. 6, S. 130–135.

Krätzer, Jürgen: *Töne dichtenwegwohin.* In: „Neue Deutsche Literatur", 1992. H. 12, S. 147–149.

Krause, Tilman: *Schwaben als geistige Lebensform.* In: „Die Welt", 13. 11. 2003.

Krause, Tilman: *Seine Christel hieß Charitas.* In: „Der Tagesspiegel", Berlin, 25. 08. 1996.

Krolow, Karl: *Annäherung an den Vater.* In: „Der Tagesspiegel", 17. 02. 1980.

Krolow, Karl: *Gedichte mit Händedruck.* In: „Stuttgarter Zeitung", 24. 12. 1983.

Krolow, Karl: *Geisterland der Phantasie.* In: „Zeitwende", 1961, S. 485–486.

Krolow, Karl: *Peter Härtlings Liebesgeschichte.* In: „Der Tagesspiegel", 24. 10. 1971.

Krumbholz, Martin: *Des isch guet.* In: „Neue Zürcher Zeitung", 13. 11. 2003.

Lahnstein, Peter: *Eduard Mörike.* München 1986.

Lemke Matwey, Christine: *Der Schattenmann. Peter Härtling und sein Roman über den Komponisten Robert Schumann.* Interview. In: „Süddeutsche Zeitung", 25. 09. 1996.

Lenau-Chronik. 1802–1851. Bearb. v. N. O. Eke; K. J. Skrodzki. Wien 1992.

Lenz, Daniel/Pütz, Eric: *Eine hemmungslose Sehnsucht, in fremden Menschen zu sein.* In: dies: *Lebensbeschreibungen. Zwanzig Gespräche mit Schriftstellern.* München 2000, S. 39–50.

Levin, Julius: *Das Lächeln des Herrn von Golubice-Golubicki.* Frankfurt a. M. 1970.

Lewandowski, Rainer: *E.T.A. Hoffmann und Bamberg. Fiktion und Realität. Über eine Beziehung zwischen Leben und Literatur.* Bamberg 1995.

Loewy, Hanno: *Findungen. Peter Härtlings erste Poetik-Vorlesung.* In: „Frankfurter Rundschau", 19. 01. 1984.

Lüdke, W. Martin (Hg.): *Peter Härtling: Auskunft für Leser.* Darmstadt 1988.

Lüdke, W. Martin: *Die Zeichen zukünftiger Zeit*. In: „Die Zeit", 09. 03. 1984.

Lüdke, W. Martin: *Kurzstreckenläufer*. In: „Die Zeit", 07. 10. 1988.

Lutz, Bernd (Hg.): *Literaturwissenschaften und Sozialwissenschaften 3: Deutsches Bürgertum und literarische Intelligenz 1750–1800*. Stuttgart 1974.

Lyotard, Jean-François: *Instructions paiennes*. Paris 1977.

Maar, Michael: *Tränen an der Bakke eines Unbekannten*. In: „Frankfurter Allgemeine Zeitung", 25. 08. 1990.

Mádl, Antal: *Auf Lenaus Spuren. Beiträge zur österreichischen Literatur*. Wien 1982.

Malkowski, Reiner: *„Ben liebt Anna"*. In: „Süddeutsche Zeitung", 17./18. 11. 1979.

Marbacher Magazin. Sonderheft 14/1979. Wilhelm Waiblinger. Zum 175. Geburtstag 1804–1830 und zur 150. Wiederkehr seines Todestages. Bearb. v. Hans-Ulrich Simon.

Marek, Tadeusz: *Schubert*. Kraków 1955.

Martens, Gunter: *Friedrich Hölderlin*. Reinbek 1996.

Matt, Beatrice von: *Peter Härtlings Mörike-Geschichte*. In: „Neue Züricher Zeitung", 07. 07. 1982.

Matt, Beatrice von: *Zweiter Vater gesucht*. In: „Neue Züricher Zeitung", 30. 08. 1985.

Mauser, Felix: *Literatur als Gefährte, Lesen als Gewinn*. In: „Mannheimer Morgen", 20. 02. 2003.

Mayer, Birgit: *Eduard Mörike*. Stuttgart 1987.

Mayer, Hans: *Fritz Hölderlin*. In: „Frankfurter Allgemeine Zeitung", 11. 09. 1976.

Meier, Barbara: *Robert Schumann*. Reinbek 1995.

Meisel, Hans: *Torstenson*. Frankfurt a. M. 1972.

Merkle Söderholm, Katja: *Erfahrungsverarbeitung aus der Außenseiterposition in Peter Härtlings Novelle „Božena" und Libue Moníkovás Roman „Treibeis"*. In: *Erinnerte und erfundene Erfahrung. Zur Darstellung von Zeitgeschichte in der deutschsprachigen Gegenwartsliteratur*. Hg. v. E. Platen. München 2000, S. 49–60.

Michaelis, Rolf: *Unterhaltungsroman – na und? Peter Härtling: „Eine Frau"*. In: „Die Zeit", 30. 08. 1974.

Michel, Willy: *Poetische Transformationen Kierkegaardischer Denkfiguren im neueren deutschen Roman.* In: *Festschrift für Friedrich Kienecker.* Hg. v. G. Michaelis. Heidelberg 1980, S. 152–177.

Mogge, Brigitta: *Kater, Kinder, Kalahari.* In: „Rheinischer Merkur", 20. 10. 2000.

Mohr, Peter: *Kurzschläfer mit wüsten Träumen.* In: „General-Anzeiger", 10./11. 03. 2001.

Muschg, Adolf: *Nachgedrehtes Leben.* In: „Der Spiegel", 04. 09. 1978.

Mygdales, Lampros: *Wilhelm-Waiblinger-Biographie.* Heilbronn 1976.

Nefzer, Ina: *Wer hat Angst vor Tante Tilli?* In: „Frankfurter Allgemeine Zeitung", 14. 10. 1997.

Nikolaus Lenau. Deutschsprachige Personalbibliographie (1850–1981). Bearb. v. R. Hochheim. Budapest 1983.

Norbisrath, Gudrun: *Eine Liebe von gestern.* In: „Westdeutsche Allgemeine Zeitung", 06. 04. 2001.

Oesterle, Kurt: *Poetische Himmelskunde.* In: „Süddeutsche Zeitung", 17./18. 06. 2000.

Onderdelinden, Sjaak: *Gespräch mit Peter Härtling.* In: „Deutsche Bücher", 10. Jg., 2/1980, S. 85–103.

Ortheil, Hanns-Josef: *Die letzten Jahre.* In: „Neue Züricher Zeitung", 10. 10. 1996.

Pizzini, Duglore: *Exzentrisch, vielseitig, Lolita-Liebhaber.* In: „Die Presse", 09. 06. 2001.

Pulver Elsbeth: *Ein Mann ohne Ich wird zur literarischen Figur.* In: „Schweizer Monatshefte", 1978. H. 9, S. 726–730.

Pulver, Elsbeth: *Anamnese.* In: „Neue Züricher Zeitung", 21. 03. 1991.

Pulver, Elsbeth: *Annäherung an einen Fremden. Vater-Porträts in der neuen Literatur.* In: „Schweizer Monatshefte", 1980. H. 8, S. 689–701.

Pulver, Elsbeth: *Dialogische Lyrik.* In: „Neue Züricher Zeitung", 16. 09. 1977.

Pulver, Elsbeth: *Die gebundene Liebe. Vorgeschichte eines Gedichts.* In: „Schweizer Monatshefte", 1982. H. 4, S. 356–358.

Pulver, Elsbeth: *Die Wasserhaut der Welt.* In: „Neue Züricher Zeitung", 25. 06. 1983.

Pulver, Elsbeth: *Ein vorzeitig aus dem Nest gefallener Vogel.* In: „Neue Züricher Zeitung", 16. 10. 1987.

Pulver, Elsbeth: *Lyrische Chiffren*. In: „Neue Züricher Zeitung", 19. 06. 1987.

Pulver, Elsbeth: *Zeitgenosse Schubert. Vier Bemerkungen zum Roman „Schubert" von Peter Härtling.* In: „Schweizer Monatshefte", 1992. H. 12, S. 1040–1043.

Pulver, Elsbeth: *Zwischen den Fronten.* In: „Neue Züricher Zeitung", 20. 12. 1994.

Reich-Ranicki, Marcel: *Wirrwarr von Erinnerung.* In: „Die Zeit", 19. 09. 1969.

Reinhardt, Stephan: *Im Licht eines Abschieds auf Probe.* In: „Süddeutsche Zeitung", 18./19. 08. 1990.

Ritter, Michael: *Zeit des Herbstes. Nikolaus Lenau. Biografie.* Wien 2002.

Ross, Werner: *Proust, aber zu trocken. Peter Härtlings Erinnerungsbuch „Zwettl".* In: „Die Zeit", 18. 05. 1973.

Ross, Werner: *Traumland mit Feen und Nixen.* In: „Frankfurter Allgemeine Zeitung", 03. 05. 1982.

Rothenbühler, Daniel: *Es weht ein Schatten drin.* In: „Tages-Anzeiger", 30. 09. 1996.

Sabin, Stefana: *Wein, Weib und Gesang.* In: „Schweizer Monatshefte", 2001. H. 6, S. 44–45.

Sang, Jürgen: *Fiktion und Aufklärung. Werkskizzen zu Andersch, Bernhard, Böll, Fichte, Frisch, Fröhlich, Grass, Handke, Härtling, Johnson, Lenz, Loetscher, Nossack, Roth, Walser, Wellershoff, Wohmann, Zwerenz.* Bern, Frankfurt a. M. 1980.

Schafroth, Heinz F.: *Hölderlin und Hölderlins Schatten.* In: „Schweizer Monatshefte", 1976. H. 11, S. 737–741.

Scheller, Wolf: *In Traurigkeit lebensfroh.* In: „Badische Zeitung", 13. 11. 2003.

Schirnding, Albert von: *Anfang, den wir meinen.* In: „Süddeutsche Zeitung", 15./16. 06. 1991.

Schirnding, Albert von: *Bodenlose Heiterkeit.* In: „Süddeutsche Zeitung", 18. 10. 2000.

Schirnding, Albert von: *Fahndung nach dem Guten Menschen.* In: „Süddeutsche Zeitung", 17. 08. 1985.

Schirnding, Albert von: *Fliegenlernen.* In: „Süddeutsche Zeitung", 15. 10. 1997.

Schirnding, Albert von: *Fremd bin ich eingezogen...* In: „Süddeutsche Zeitung", 04. 10. 1988.

Schirnding, Albert von: *Gespannt bis zu den Ideen des Wahnsinns.* In: „Süddeutsche Zeitung", 03./04. 03. 2001.

Schirnding, Albert von: *Waiblinger oder Der Stillstand.* In: „Süddeutsche Zeitung", 05./06. 09. 1987.

Schlaffer, Hannelore: *Dichter lassen sich gut erzählen.* In: „Stuttgarter Zeitung", 30. 04. 1982.

Schlant, Ernestine: *Peter Härtling.* In: ders.: *Die Sprache des Schweigens. Die deutsche Literatur und der Holocaust. Aus dem Englischen von Holger Fliessbach.* München 2001, S. 218–225.

Schloz, Günther: *Zeithistorisches Patchwork.* In: „Die Zeit", 11. 10. 1985.

Schmid-Lotz, Christa: *Eduard Mörike.* Lahr 2004.

Schmidt-Bergmann, Hansgeorg: *Nikolaus Lenau. Zwischen Romantik und Moderne. Studien.* Wien 2003.

Schmidt-Mühlisch, Lothar: *Einer quengelt am Busen der Natur.* In: „Die Welt", 27. 08. 1983.

Schmitz, Walter: *Peter Härtling.* In: *Kritisches Lexikon zur deutschsprachigen Gegenwartsliteratur.* Hg. v. H. L. Arnold. München 1991.

Schmitz-Burckhardt, Barbara: *Das geliehene Leben.* In: „Frankfurter Rundschau", 05. 10. 1994.

Schmitz-Burckhardt, Barbara: *Schubert unerlöst – oder der einsame Künstlertypus.* In: „Frankfurter Rundschau", 11. 11. 1992.

Schmitz-Burckhardt, Barbara: *Sich selbst ausgewichen.* In: „Frankfurter Rundschau", 08. 12. 1990.

Schneider, Marcel: *Franz Schubert mit Selbstzeugnissen und Bilddokumenten.* Reinbek bei Hamburg 1989.

Schoeller, Wilfried F.: *Jungkomet, verglüht.* In: „Die Zeit", 04. 12. 1987.

Scholz, Günther: *Selbstbildnis mit Hölderlin. Peter Härtling gibt Auskunft über seine Erlebens-Beschreibung des Dichters.* In: „Deutsche Zeitung", 13. 08. 1976.

Schönfeldt, Sybil Gräfin: *Vergiss, was du gesehen hast.* In: „Süddeutsche Zeitung", 01. 12. 2000.

Schreiber, Wolfgang: *Belebt – leise innig.* In: „Süddeutsche Zeitung", 24./25. 08. 1996.

Schulz, Gerhard: *Dichter auf der Flucht.* In: „Frankfurter Allgemeine Zeitung", 15. 10. 1988.

Schulze, Hagen: *Kleine deutsche Geschichte.* München 1996.

Schwarz, Egon: *Ein Bürger, ein Citoyen*. In: „Frankfurter Allgemeine Zeitung", 04. 09. 1981.

Schwering, Markus: *Das Genie aus der Weinstube*. In: „Kölner Stadt-Anzeiger", 02. 03. 2001.

Segebrecht, Wulf: *Der Kater des Zapplers*. In: „Frankfurter Allgemeine Zeitung", 20. 03. 2001.

Seuss, Siggi: *Primels Traum*. In: „Die Zeit", 05. 10. 2000.

Siblewski, Klaus (Hg.): „*... und gehe in Worten spazieren'. Briefe an Peter Härtling 1953–1993*. Hamburg 1993.

Siblewski, Klaus (Hg.): *Meine Lektüre. Literatur als Widerstand*. Darmstadt, Neuwied 1981.

Siblewski, Klaus (Hg.): *Peter Härtling im Gespräch*. Frankfurt a. M. 1990.

Siblewski, Klaus (Hg.): *Wer vorausschreibt, hat zurückgedacht*. Frankfurt a. M. 1989.

Siblewski, Klaus: *Späte Nähe*. In: „Frankfurter Rundschau", 01. 03. 1980.

Simon, Beate: *Menschen, die wie kleine Öfen sind, werden gebraucht*. In: „Stuttgarter Zeitung", 17. 10. 2000.

Simon-Link, Beate: *Krücke ordnet Thomas die Welt*. In: „Stuttgarter Zeitung", 01. 10. 1986.

Spatz, Juliane: *Freundschaft gegen die Wolfszeit*. In: „Frankfurter Rundschau", 06. 12. 1987.

Spatz, Juliane: *Von Menschen, die die Lasten tragen*. In: „Frankfurter Rundschau", 03. 03. 1990.

Spiegel, Hubert: *Falten werfen*. In: „Frankfurter Allgemeine Zeitung", 17. 09. 1994.

Staehle, Ulrich: *Rückschau mit Hölderlin*. In: „Stuttgarter Zeitung", 08. 11. 2000.

Stanzel, Franz K.: *Theorie des Erzählens*. Göttingen 2001.

Steinecke, Hartmut: *E.T.A. Hoffmann*. Stuttgart 1997.

Steinert, Hajo: *Armes Würstel*. In: „Die Zeit", 03. 03. 1995.

Stenger, Michael: *Berührende Erinnerungen*. In: „Westdeutsche Allgemeine Zeitung", 18. 10. 2003.

Stockinger, Claudia: *Der Gliedermann gibt endlich Ruh*. In: „Berliner Zeitung", 02./03. 06. 2001.

Storz, Gerhard: *Der Lyriker als Romanheld*. In: „Die Zeit", 26. 03. 1982.

Struck, Karin: *Pflichtgang zu den Proletariern*. In: „Der Spiegel", 16. 09. 1974.

Struzyk, Brigitte: *Gegen die Krankheit vergessen*. Lion-Feuchtwanger-Preis 1992. In: „Neue Deutsche Literatur", 1993. H. 2, S. 162–166.

Stumm, Reinhardt: *Vater – lieber Vater. Themen mit Variationen in neuen Büchern*. In: „Die Zeit", 15. 02. 1980.

Szondi, Peter: *Hölderlin-Studien*. Frankfurt a. M. 1961.

Tabah, Mireille: *Peter Härtlings Erzählung „Niembsch oder der Stillstand"*. In: „Recherches Germaniques", 1981. H. 11, S. 190–202.

Tabbert, Reinbert: *Wirklichkeit und Poesie*. In: „Literaturblatt", 2002. H. 3, S. 14–15.

Tschapke, Reinhard: *Das Herz wählt nicht aus, das Herz nimmt alles. Gespräch*. In: „Die Welt", 02. 08. 1990.

Ueding, Gert: *Ein sanfter Aussteiger*. In: „Frankfurter Allgemeine Zeitung", 03. 09. 1983.

Vogel, Lieselotte: *Weite Wege im Zorn*. In: „Süddeutsche Zeitung", 07./08. 10. 1989.

Wallmann, Jürgen P.: *Peter Härtling: ‚Gilles'*. In: „Neue Deutsche Hefte", 1971. H. 1, S. 153–156.

Wasielewski von, Wilhelm J.: *Robert Schumann. Eine Biographie*. Dresden 1858.

Weber, Werner: *Sturz in die Erinnerung*. In: „Die Zeit", 10. 03. 1967.

Werth, Wolfgang: *Revisionsverfahren für Rudolf Härtling*. In: „Süddeutsche Zeitung", 23./24. 02. 1980.

Wild, Inge; Wild, Reiner (Hg.): *Mörike-Handbuch*. Stuttgart 2004.

Wirsing, Sibylle: *Alles wird am Ende irgendwie gut*. In: „Frankfurter Allgemeine Zeitung", 16. 02. 1980.

Wittkop-Ménardeau, Gabrielle: *E.T.A. Hoffmann mit Selbstzeugnissen und Bilddokumenten*. Reinbek bei Hamburg 1989.

Wittlin, Joseph: *Das Salz der Erde*. Frankfurt a. M. 1969.

Wochele, Rainer: *Ein Kinderliterat von hohem Rang*. In: „Stuttgarter Zeitung", 11. 10. 1989.

Wolf, Fritz: *Jette und das Märchen vom kleinen Muck*. In: „Süddeutsche Zeitung", 18. 03. 1996.

Zeller, Michael: *Humphrey Bogarts Affe.* In: „Frankfurter Allgemeine Zeitung", 26. 08. 1978.

Zielińska, Mirosława: *Peter Härtling – Erinnerung als literarischer Stoff.* In „Orbis Linguarum", Vol. 11, Wrocław 1999, S. 221–230.

Zimmermann, Bernhard: *Dichterfiguren in der biographischen Literatur der siebziger Jahre.* In: *Deutsche Literatur in der Bundesrepublik seit 1965.* Hg. v. P. M. Lützeler, E. Schwarz. Königstein 1980, S. 215–229.

Zimmermann, Petra: *Der Dichter Lenau in Härtlings Roman „Niembsch oder Der Stillstand".* In: „Lenau-Forum", Bd. 17. Wien 1991, S. 83–94.

Warschauer Studien zur Germanistik und zur Angewandten Linguistik

Herausgegeben von Sambor Grucza und Lech Kolago

Band 1 Sambor Grucza: Fachsprachenlinguistik. 2012.

Band 2 Paweł Bąk: Euphemismen des Wirtschaftsdeutschen aus Sicht der anthropozentrischen Linguistik. 2012.

Band 3 Der Mensch und seine Sprachen. Festschrift für Professor Franciszek Grucza. Herausgegeben von Magdalena Olpińska-Szkiełko, Sambor Grucza, Zofia Berdychowska und Jerzy Żmudzki. Unter Mitarbeit von Ewa Bartoszewicz, Monika Płużyczka und Justyna Zając. 2012.

Band 4 Urszula Topczewska: Konnotationen oder konventionelle Implikaturen? 2012.

Band 5 Agnieszka Szarkowska: Forms of Address in Polish-English Subtitling. 2013.

Band 6 Sambor Grucza / Monika Płużyczka / Justyna Zając (eds): Translation Studies and Eye-Tracking Analysis. 2013.

Band 7 Małgorzata Świderska: Theorie und Methode einer literaturwissenschaftlichen Imagologie. Dargestellt am Beispiel Russlands im literarischen Werk Heimito von Doderers. 2013.

Band 8 Justyna Zając: Communication in Global Corporations. Successful Project Management via Email. 2013.

Band 9 Lech Kolago: Die Dichterin Annette von Droste-Hülshoff als Komponistin. Zum Wort-Ton-Verhältnis in ihrem lyrisch-musikalischen Werk. 2013.

Band 10 Ewa Żebrowska: Text – Bild – Hyptertext. 2013.

Band 11 Małgorzata Guławska-Gawkowska: Somatische und emotionale Konzepte in der deutschen und polnischen Phraseologie. Ein lexikografischer Ansatz zum phraseologischen Übersetzungswörterbuch. 2013.

Band 12 Martyna Szczygłowska: Übersetzungsfehler. Eine kritische Betrachtung aus der Sicht der anthropozentrischen Translatorik. 2013.

Band 13 Silvia Bonacchi: (Un)Höflichkeit. Eine kulturologische Analyse Deutsch – Italienisch – Polnisch. 2013.

Band 14 Justyna Haas: Erinnerungsliteratur von Jehovas Zeugen als NS-Opfern. 2013.

Band 15 Sambor Grucza / Mariola Wierzbicka / Justyna Alnajjar / Paweł Bąk (Hrsg.): Polnisch-deutsche Unternehmenskommunikation. Ansätze zu ihrer linguistischen Erforschung. 2014.

Band 16 Joanna Albin: The Reflective Translator. Strategies and Affects of Self-directed Professionals. 2014.

Band 17 Katarzyna Grzywka-Kolago: Verzauberte und unverzauberte Welten. Studien zum polnischen und deutschsprachigen Volksmärchen. 2014.

Band 18 Magdalena Olpińska-Szkiełko / Loretta Bertelle (Hrsg.): Zweisprachigkeit und bilingualer Unterricht. 2014.

Band 19 Agata Zofia Mirecka: Max Brods Frauenbilder. Im Kontext der Feminitätsdiskurse einiger anderer Prager deutscher Schriftsteller. 2014.

Band 20 Roman Laskowski: Language Maintenance – Language Attrition. The Case of Polish Children in Sweden. Translated by Łukasz Wiraszka. Edited by Anna Czelakowska. 2014.

Band 21 Maciej Ganczar: Romantische Künstlerfiguren in der Prosa von Peter Härtling. 2015.

www.peterlang.com